René Guénon

LE THÉOSOPHISME
HISTOIRE D'UNE PSEUDO-RELIGION

René Guénon
(1886-1951)

Le Théosophisme,
histoire d'une pseudo-religion
1921
Première édition
par la *Nouvelle Librairie Nationale*, Paris

Publié par
Omnia Veritas Ltd

www.omnia-veritas.com

AVANT-PROPOS 8
    THÉOSOPHIE ET THÉOSOPHISME 8

CHAPITRE PREMIER 13
    LES ANTÉCÉDENTS DE Mme BLAVATSKY 13

CHAPITRE II 19
    LES ORIGINES DE LA SOCIÉTÉ THÉOSOPHIQUE 19

CHAPITRE III 32
    LA SOCIÉTÉ THÉOSOPHIQUE ET LE ROSICRUCIANISME 32

CHAPITRE IV 42
    LA QUESTION DES MAHATMAS 42

CHAPITRE V 59
    L'AFFAIRE DE LA SOCIÉTÉ DES RECHERCHES PSYCHIQUES 59

CHAPITRE VI 69
    Mme BLAVATSKY ET SOLOVIOFF 69

CHAPITRE VII 76
    POUVOIR DE SUGGESTION DE Mme BLAVATSKY 76

CHAPITRE VIII 80
    DERNIÈRES ANNÉES DE Mme BLAVATSKY 80

CHAPITRE IX 88
    LES SOURCES DES OUVRAGES DE Mme BLAVATSKY 88

CHAPITRE X 96
    LE BOUDDHISME ÉSOTÉRIQUE 96

CHAPITRE XI 102
    PRINCIPAUX POINTS DE L'ENSEIGNEMENT THÉOSOPHISTE ... 102

CHAPITRE XII 117
    LE THÉOSOPHISME ET LE SPIRITISME 117

CHAPITRE XIII 130
    LE THÉOSOPHISME ET LES RELIGIONS 130

CHAPITRE XIV 137
    LE SERMENT DANS LE THÉOSOPHISME 137

CHAPITRE XV	**143**
LES ANTÉCÉDENTS DE Mme BESANT	143
CHAPITRE XVI	**147**
DÉBUTS DE LA PRÉSIDENCE DE Mme BESANT	147
CHAPITRE XVII	**156**
AU PARLEMENT DES RELIGIONS	156
CHAPITRE XVIII	**162**
LE CHRISTIANISME ÉSOTÉRIQUE	162
CHAPITRE XIX	**169**
LA DUCHESSE DE POMAR	169
CHAPITRE XX	**177**
LE MESSIE FUTUR	177
CHAPITRE XXI	**188**
LES TRIBULATIONS D'ALCYONE	188
CHAPITRE XXII	**198**
L'ANTHROPOSOPHIE DE RUDOLF STEINER	198
CHAPITRE XXIII	**210**
L'ORDRE DE L'ÉTOILE D'ORIENT ET SES ANNEXES	210
CHAPITRE XXIV	**217**
L'ÉGLISE VIEILLE-CATHOLIQUE	217
CHAPITRE XXV	**224**
THÉOSOPHISME ET FRANC-MAÇONNERIE	224
CHAPITRE XXVI	**234**
LES ORGANISATIONS AUXILIAIRES DE LA SOCIÉTÉ THÉOSOPHIQUE	234
CHAPITRE XXVII	**247**
LE MORALISME THÉOSOPHISTE	247
CHAPITRE XXVIII	**255**
THÉOSOPHISME ET PROTESTANTISME	255
CHAPITRE XXIX	**261**
RÔLE POLITIQUE DE LA SOCIÉTÉ THÉOSOPHIQUE	261

CHAPITRE XXX **279**
    CONCLUSION 279
DÉJÀ PARUS **287**

AVANT-PROPOS

THÉOSOPHIE ET THÉOSOPHISME

Nous devons avant tout justifier le mot peu usité qui sert de titre à cette étude : pourquoi « théosophisme » et non « théosophie » ? C'est que, pour nous, ces deux mots désignent deux choses très différentes, et qu'il importe de dissiper, même au prix d'un néologisme ou de ce qui peut paraître tel, la confusion que doit naturellement produire la similitude d'appellation. Cela importe même d'autant plus, à notre point de vue, que certaines gens ont au contraire tout intérêt à entretenir cette confusion, pour faire croire qu'ils se rattachent à une tradition dont, en réalité, ils ne sauraient se recommander légitimement, non plus d'ailleurs que d'aucune autre.

En effet, bien antérieurement à la création de la Société dite Théosophique, le vocable de théosophie servait de dénomination commune à des doctrines assez diverses, mais appartenant cependant toutes à un même type, ou du moins procédant d'un même ensemble de tendances ; il convient donc de lui garder la signification qu'il a historiquement. Sans chercher ici à approfondir la nature de ces doctrines, nous pouvons dire qu'elles ont pour traits communs et fondamentaux d'être des conceptions plus ou moins strictement ésotériques, d'inspiration religieuse ou même mystique, bien que d'un mysticisme un peu spécial sans doute, et se réclamant d'une tradition tout occidentale, dont la base est toujours, sous une forme ou sous une autre, le Christianisme. Telles sont, par exemple, des doctrines comme celles de Jacob Bœhme, de Gichtel, de William Law, de Jane Lead, de Swedenborg, de Louis-Claude de Saint-Martin, d'Eckartshausen ; nous ne prétendons pas donner une liste complète, nous nous bornons à citer quelques noms parmi les plus connus.

Or l'organisation qui s'intitule actuellement « Société Théosophique », dont nous entendons nous occuper ici exclusivement, ne relève d'aucune école qui se rattache, même indirectement, à quelque doctrine de ce genre ; sa fondatrice, Mme Blavatsky, a pu avoir une connaissance plus ou moins complète des écrits de certains théosophes, notamment de Jacob Bœhme, et y puiser des idées qu'elle incorpora à ses propres ouvrages avec une foule d'autres éléments des provenances les plus diverses, mais c'est tout ce qu'il est possible d'admettre à cet égard. D'une façon générale, les théories plus ou moins cohérentes qui ont été émises ou soutenues par les chefs de la Société Théosophique n'ont aucun des caractères que nous venons d'indiquer, à part la prétention à l'ésotérisme : elles se présentent, faussement d'ailleurs, comme ayant une origine orientale, et, si l'on a jugé bon d'y joindre depuis un certain temps un pseudo-christianisme d'une nature très particulière, il n'en est pas moins vrai que leur tendance primitive était, au contraire, franchement antichrétienne. « Notre but, disait alors Mme Blavatsky, n'est pas de restaurer l'Hindouïsme, mais de balayer le Christianisme de la surface de la terre »[1]. Les choses ont-elles changé, depuis lors, autant que les apparences pourraient le faire croire ? Il est tout au moins permis de se méfier, en voyant que la grande propagandiste du nouveau « Christianisme ésotérique » est Mme Besant, la même qui s'écriait jadis qu'il fallait « avant tout combattre Rome et ses prêtres, lutter partout contre le Christianisme et *chasser Dieu des Cieux* »[2]. Sans doute, il est possible que la doctrine de la Société Théosophique et les opinions de sa présidente actuelle aient « évolué », mais il est possible aussi que leur néo-christianisme ne soit qu'un masque, car, lorsqu'on a affaire à

---

[1] Déclaration faite à M, Alfred Alexander, et publiée dans *The Medium and Daybreak* de Londres, janvier 1893, p. 23.
[2] Discours de clôture du Congrès des libres penseurs tenu à Bruxelles en septembre 1880.

de semblables milieux, il faut s'attendre à tout ; nous pensons que notre exposé montrera suffisamment combien on aurait tort de s'en rapporter à la bonne foi des gens qui dirigent ou inspirent des mouvements comme celui dont il s'agit.

Quoi qu'il en soit de ce dernier point, nous pouvons dès maintenant déclarer nettement qu'entre la doctrine de la Société Théosophique, ou du moins ce qui lui tient lieu de doctrine, et la théosophie au sens véritable de ce mot, il n'y a absolument aucune filiation, même simplement idéale. On doit donc rejeter comme chimériques les affirmations qui tendent à présenter cette Société comme la continuatrice d'autres associations telles que la « Société Philadelphienne » qui exista à Londres vers la fin du XVIIe siècle[3], et à laquelle on prétend qu'appartint Isaac Newton, ou que la « Confrérie des Amis de Dieu » qu'on dit avoir été instituée en Allemagne, au XIVe siècle, par le mystique Jean Tauler, en qui certains ont voulu, nous ne savons trop pourquoi, voir un précurseur de Luther[4]. Ces affirmations sont peut-être encore moins fondées, et ce n'est pas peu dire, que celles par lesquelles les théosophistes essaient de se rattacher aux néo-platoniciens[5], sous prétexte que Mme Blavatsky a effectivement adopté quelques théories fragmentaires de ces philosophes, sans d'ailleurs se les être vraiment assimilées.

Les doctrines, toutes modernes en réalité, que professe la Société Théosophique, sont si différentes, sous presque tous les rapports, de celles auxquelles s'applique légitimement le nom de théosophie, qu'on ne saurait confondre les unes et les autres que par mauvaise foi ou par ignorance : mauvaise foi chez les chefs de la Société, ignorance chez la plupart de ceux

---

[3] *La Clef de la Théosophie*, par H. P. Blavatsky, p. 25 de la traduction française de Mme H. de Neufville – C'est toujours à cette traduction que nous renverrons pour les citations que nous aurons à faire de ses ouvrages.

[4] *Modern World Movements*, par le Dr J. D. Buck : *Life and Action*, de Chicago, mai-juin 1913.

[5] *La Clef de la Théosophie*, pp. 4-13.

qui les suivent, et aussi, il faut bien le dire, chez certains de leurs adversaires, qui, insuffisamment informés, commettent la faute grave de prendre leurs assertions au sérieux, et de croire par exemple qu'ils représentent une tradition orientale authentique, alors qu'il n'en est rien. La Société Théosophique, comme on le verra, ne doit même son appellation qu'à des circonstances tout accidentelles, sans lesquelles elle aurait reçu une tout autre dénomination ; aussi ses membres ne sont-ils nullement des théosophes, mais ils sont, si l'on veut, des « théosophistes ». Du reste, la distinction entre ces deux termes « theosophers » et « theosophists » est presque toujours faite en anglais, où le mot « theosophism », pour désigner la doctrine de cette Société, est aussi d'un usage courant ; elle nous paraît assez importante pour qu'il soit nécessaire de la maintenir également en français, malgré ce qu'elle peut y avoir d'inusité, et c'est pourquoi nous avons tenu à donner avant tout les raisons pour lesquelles il y a là plus qu'une simple question de mots.

Nous avons parlé comme s'il y avait véritablement une doctrine théosophiste ; mais, à vrai dire, si l'on prend ce mot de doctrine dans son sens le plus strict, ou même si l'on veut simplement désigner par là quelque chose de solide et de bien défini, il faut convenir qu'il n'y en a point. Ce que les théosophistes présentent comme leur doctrine apparaît, à un examen un peu sérieux, comme rempli de contradictions ; de plus, d'un auteur à l'autre, et parfois chez un même auteur, il y a des variations considérables, même sur des points qui sont regardés comme les plus importants. On peut surtout, sous ce rapport, distinguer deux périodes principales, correspondant à la direction de Mme Blavatsky et à celle de Mme Besant ; Il est vrai que les théosophistes actuels essaient fréquemment de dissimuler les contradictions en interprétant à leur façon la pensée de leur fondatrice et en prétendant qu'on l'avait mal comprise au début, mais le désaccord n'en est pas moins réel. On comprendra sans peine que l'étude de théories aussi inconsistantes ne puisse guère être séparée de l'histoire même de la Société Théosophique ; c'est pourquoi nous n'avons pas jugé, à propos de faire dans cet ouvrage deux parties distinctes, l'une historique et l'autre doctrinale, comme il aurait été naturel de le faire en toute autre circonstance.

CHAPITRE PREMIER

LES ANTÉCÉDENTS DE Mme BLAVATSKY

Helena Petrowna Hahn naquit en 1831 à Ekaterinoslaw ; elle était fille du colonel Peter Hahn, et petite-fille du lieutenant-général Alexis Hahn von Rottenstern-Hahn, d'une famille d'origine mecklembourgeoise établie en Russie. Sa mère, Helena Fadeeff, était fille du conseiller privé André Fadeeff et de la princesse Helena Dolgorouki. La future Mme Blavatsky ne devait jamais oublier ses origines nobles, avec lesquelles les allures négligées et même grossières qu'elle affectait de se donner faisaient pourtant un étrange contraste. Dès son enfance, elle se conduisit d'une manière insupportable, entrant dans de violentes colères à la moindre contrariété, ce qui, malgré son intelligence, ne permit pas de lui donner une instruction sérieuse et suivie ; à quinze ans, elle « jurait à scandaliser un troupier », suivant l'expression de son ami Olcott lui-même, et elle conserva cette habitude toute sa vie. A seize ans, on la maria au général Nicéphore Blavatsky, qui était fort âgé ; elle partit avec son mari pour la province d'Erivan dont il était vice-gouverneur, mais, à la première remontrance, elle quitta le domicile conjugal. On a dit que le général était mort peu après ce départ, mais nous pensons qu'il n'en est rien et qu'il vécut encore au moins quinze ans, car Mme Blavatsky a déclaré l'avoir revu à Tiflis en 1863 et avoir passé alors quelques jours avec lui[6] ; ce point n'a d'ailleurs qu'une importance assez secondaire.

---

[6] Lettre à Solovioff, février 1886.

C'est donc en 1848 que commença l'extraordinaire vie d'aventures de Mme Blavatsky : en parcourant l'Asie Mineure avec son amie la comtesse Kiseleff, elle rencontra un Copte (d'autres disent un Chaldéen) nommé Paulos Metamon, qui se donnait comme magicien, et qui semble avoir été plus ou moins prestidigitateur[7]. Elle continua son voyage en compagnie de ce personnage, avec qui elle alla en Grèce et en Égypte ; ensuite, ses ressources étant presque épuisées, elle revint en Europe, et on la retrouve à Londres en 1851, donnant des leçons de piano pour vivre. Ses amis ont prétendu qu'elle était allée dans cette ville avec son père pour faire des études musicales ; cela est manifestement faux, car, à cette époque, elle était brouillée avec toute sa famille et c'est pourquoi elle n'avait pas osé rentrer en Russie. À Londres, elle fréquenta à la fois les cercles spirites[8] et les milieux révolutionnaires ; elle se lia notamment avec Mazzini et, vers 1856, s'affilia à l'association carbonariste de la « Jeune Europe ».

À la même période se rattache une histoire fantastique dont il est bon de dire quelques mots : une ambassade du Népal vint à Londres en 1851 suivant les uns, en 1854 suivant les autres ; Mme Blavatsky prétendit plus tard que, parmi les membres de cette ambassade, elle avait reconnu un personnage mystérieux que, depuis son enfance, elle voyait souvent à ses côtés et il venait toujours à son aide dans les moments difficiles ; ce protecteur, qui n'était autre que le « Mahâtmâ » Morya, lui aurait alors fait connaître le rôle qu'il lui destinait. La conséquence de cette rencontre aurait été un voyage dans l'Inde et au Thibet, où Mme Blavatsky aurait fait un séjour de trois ans, pendant lequel les « Maîtres » lui auraient enseigné la science occulte et auraient développé ses facultés psychiques. Telle est du

---

[7] Si nous nous en rapportons à certains renseignements qui nous ont été communiqués, mais qu'il ne nous a pas été possible de vérifier directement, ce Metamon serait le père d'un autre personnage qui fut quelque temps à la tête du « cercle extérieur » de la H. B. of L. (société secrète dont nous parlerons plus loin), et qui, depuis lors, a fondé une nouvelle organisation d'un caractère assez différent.

[8] C'est là qu'elle connut Dunglas Home, le médium de Napoléon III, dont il sera question plus loin.

moins la version qu'a donnée la comtesse Wachtmeister[9], pour qui ce séjour fut suivi d'un autre stage accompli en Égypte ; il ne peut s'agir ici que du second voyage que Mme Blavatsky fit dans ce dernier pays, et dont nous parlerons un peu plus loin. D'un autre côté, Sinnett déclare que « Mme Blavatsky couronna une carrière de trente-cinq à quarante années d'études mystiques par une retraite de sept ans dans les solitudes de l'Himâlaya »[10], et il semble placer cette retraite presque immédiatement avant son départ pour l'Amérique ; or, même s'il en était ainsi, comme Mme Blavatsky n'avait que quarante-deux ans lors de ce départ, il faudrait conclure qu'elle avait dû commencer ses « études mystiques » dès sa naissance, si ce n'est même un peu avant ! La vérité est que ce voyage au Thibet n'est qu'une pure invention de Mme Blavatsky, et il faut croire, d'après ce qu'on vient de voir, que les récits qu'elle en fit à différentes personnes étaient loin d'être concordants ; elle en écrivit pourtant une relation, dont Mme Besant possède le manuscrit, et, quand on prouva que le voyage n'avait pu avoir lieu à la date indiquée, Mme Besant prétendit que la relation n'était pas réellement de Mme Blavatsky, car celle-ci l'avait écrite sous la dictée d'un « Mahâtmâ » et l'on n'y reconnaissait même pas son écriture ; on a d'ailleurs raconté la même chose pour certaines parties de ses ouvrages, et c'est là une façon assez commode d'excuser toutes les contradictions et les incohérences qui s'y rencontrent. Quoi qu'il en soit, il semble bien établi que Mme Blavatsky n'alla jamais dans l'Inde avant 1878, et que, jusqu'à cette époque, il ne fut jamais question des « Mahâtmâs » ; la suite en fournira des preuves suffisantes.

Vers 1858, Mme Blavatsky se décida à retourner en Russie ; elle se réconcilia avec son père et demeura auprès de lui jusqu'en 1863, époque où elle se rendit au Caucase et y rencontra son mari, Un peu plus tard, elle est en Italie, où elle avait vraisemblablement été appelée par un ordre carbonariste ; en 1866, elle est avec Garibaldi, qu'elle accompagne dans ses

---

[9] *Lotus Bleu*, 27 juin 1894 ; cf. *Reminiscences of H. P. Blavatsky*, ch. VIII.
[10] *Le Monde Occulte*, p. 45 de la traduction française de F.-K. Gaboriau.

expéditions ; elle combat à Viterbe, puis à Mentana, ou elle est grièvement blessée et laissée pour morte sur le terrain ; elle s'en remet cependant et vient achever sa convalescence à Paris. Là, elle fut quelque temps sous l'influence d'un certain Victor Michal, magnétiseur et spirite[11], dont le nom a été parfois défiguré dans les récits qui se rapportent à cette partie de sa vie : certains l'ont appelé Martial, d'autres Marchal[12], ce qui l'a fait confondre avec un abbé Marchal qui s'occupait aussi d'hypnotisme et de recherches psychiques. Ce Michal, qui était journaliste, appartenait à la Maçonnerie, de même que son ami Rivail, dit Allan Kardec, ancien instituteur devenu directeur du théâtre des Folies-Marigny et fondateur du spiritisme français ; c'est Michal qui développa les facultés médiumniques de Mme Blavatsky, et, par la suite, il ne parlait jamais sans une sorte d'effroi de la « double personnalité » qu'elle manifestait dès cette époque, et qui rend assez bien compte des conditions très particulières dans lesquelles elle composa plus tard ses ouvrages. Mme Blavatsky était alors spirite elle-même, elle le disait du moins, et elle se donnait précisément connue appartenant à l'école d'Allan Kardec, dont elle garda ou reprit par la suite quelques idées, notamment en ce qui concerne la « réincarnation ». Si nous semblons mettre en doute la sincérité du spiritisme de Mme Blavatsky, malgré ses multiples affirmations de la période antérieure à la fondation de sa Société[13], c'est que, par la suite, elle déclara qu'elle n'avait jamais été « spiritualiste »[14] (on sait que ce mot, dans les pays anglo-saxons, est souvent pris comme synonyme de spirite) ; Il est donc permis de se demander à quel moment elle a menti.

Quoi qu'il en soit, ce qu'il y a de certain, c'est que, de 1870 à 1872, Mme Blavatsky exerça la profession de médium au Caire, où elle avait retrouvé Metamon, et où, de concert avec lui et avec des hôteliers français, les époux Coulomb, dont nous aurons à reparler, elle fonda son premier

---

[11] Né à Grenoble en 1824, mort à Paris en 1889.
[12] *Light*, de Londres, 28 août 1897 et 27 mai 1899.
[13] Notamment dans ses lettres à A. N. Aksakoff (1874-1875), qui furent publiés par Soloviof.
[14] *Light*, 19 février 1881, 11 octobre et 11 novembre 1884.

« club à miracles ». Voici en quels termes cette fondation fut annoncée alors par un organe spirite : « Une société de spiritualistes a été formée au Caire (Égypte) sous la direction de Mme Blavatsky, une Russe, assistée de plusieurs médiums. Les séances ont lieu deux fois par semaine, le mardi et le vendredi soir, et les membres seuls y sont admis. On se propose d'établir, conjointement avec la société, un cabinet de lecture et une bibliothèque d'ouvrages spiritualistes et autres, de même qu'un journal qui aura pour titre *La Revue Spiritualiste du Caire*, et qui paraîtra les 1er et 15 de chaque mois »[15]. Cependant, cette entreprise ne réussit pas, car, au bout de peu de temps, Mme Blavatsky fut convaincue de fraude, comme, un peu plus tard, elle devait l'être encore à plusieurs reprises en Amérique, où elle se remit à exercer le même métier[16]. Ce cas est fort loin d'être rare parmi les médiums professionnels ; nous ne voulons pas dire par là que tout soit faux dans les phénomènes qui servent de base au spiritisme ; ces faits, en eux-mêmes, sont d'ailleurs parfaitement indépendants de l'interprétation absurde qu'en donnent les spirites ; mais, en tout cas, ils ont été fréquemment simulés par des mystificateurs, et tout individu qui fait de la production de ces phénomènes un métier est éminemment suspect, parce que, alors même qu'il aurait quelques qualités médiumniques réelles, son intérêt l'incite à frauder lorsque, pour une raison ou pour une autre, il se trouve dans l'impossibilité de présenter de vrais phénomènes. Tel a été certainement le cas de bien des médiums connus et réputés, comme la fameuse Eusapia Paladino par exemple ; tel a été probablement aussi, au début surtout, celui de Mme Blavatsky. Celle-ci, lorsqu'elle se vit démasquée, quitta précipitamment le Caire et revint à Paris, ou elle essaya de vivre avec son frère ; mais, ne pouvant s'entendre avec lui, elle partit bientôt pour

---

[15] *Spiritual Magazine*, avril 1872.

[16] *Mind and Matter*, de Philadelphie, 21 novembre 1880 ; ce journal a fait connaître, avec preuves à l'appui, les « trucs » employés par Mme Blavatsky. – Communication faite au Congrès de Chicago, en 1893, par M, William Emmett Coleman, qui s'appliqua également à dresser un inventaire minutieux des « emprunts » faits par Mme Blavatsky pour son *Isis Dévoilée*.

l'Amérique, où elle devait, deux ans plus tard, fonder sa Société Théosophique.

CHAPITRE II

LES ORIGINES DE LA SOCIÉTÉ THÉOSOPHIQUE

En 1873, lorsqu'elle partit pour l'Amérique (elle arriva à New-York le 7 juillet de cette année), Mme Blavatsky se prétendait « contrôlée » (les spirites français diraient « guidée ») par un « esprit » du nom de John King ; ce fait est curieux à noter, parce que ce même nom se trouve invariablement mêlé à toutes les manifestations d'un certain nombre de faux médiums qui furent démasqués vers la même époque[17], comme si ces faux médiums agissaient tous sous une même inspiration. Ce qui est très significatif aussi sous ce rapport, c'est que Mme Blavatsky, en 1875, écrivait ceci : « J'ai été *envoyée* de Paris en Amérique afin de vérifier les phénomènes et leur réalité et de montrer la déception de la théorie spiritualiste »[18]. Envoyée par qui ? Plus tard, elle dira : par les « Mahâtmâs » ; mais alors il n'en est pas encore question, et d'ailleurs c'est à Paris qu'elle a reçu sa mission, et non dans l'Inde ou au Thibet.

D'autre part, il paraît que, lorsque Mme Blavatsky arriva en Amérique, elle demandait à toutes les personnes avec qui elle entrait en relations si

---

[17] Les frères Davenport (1864) ; les époux Holmes (Philadelphie, début de 1875) ; Fireman (Paris, juin 1875) ; Herne (Londres) ; C. E. Williams (La Haye, 1878), etc. – Rappelons aussi la *Katia King* de Miss Florence Cook, le fameux médium de William Crookes (1873-1875) ; cette similitude de nom n'est-elle due qu'au hasard ? Signalons à ce propos que Crookes adhéra à la Société Théosophique en 1883.

[18] Lettre à Stainton Moses : *Light*, 9 juillet 1892, p. 331. – Dans sa lettre à Solovioff de février 1886, Mme Blavatsky répète encore : « J'ai été envoyée en Amérique pour essayer mes capacités psychiques » ; on a vu que, d'ailleurs, elle les avait déjà « essayées » au Caire.

elles connaissaient quelqu'un du nom d'Olcott[19] ; et elle finit en effet par rencontrer cet Olcott, le 14 Octobre 1874, à la ferme de Chittenden (Vermont), chez les époux Eddy, où se produisaient alors des « matérialisations d'esprits » et autres phénomènes du même genre. Henry Steele Olcott était né à Orange (New Jersey) en 1832 ; fils d'honorables cultivateurs, il avait été d'abord ingénieur agronome, puis, pendant la guerre de Sécession, il avait servi dans la police militaire, et c'est là qu'il avait gagné le titre de colonel, assez facile à obtenir aux États-Unis. La guerre terminée, il se mit à faire du journalisme, tout en partageant ses loisirs entre les Loges maçonniques et les sociétés de spiritisme ; collaborant à plusieurs journaux, notamment au *New-York Sun* et au *NewYork Graphic*, il y écrivit divers articles sur les phénomènes de Chittenden, et c'est vraisemblablement par la lecture de ces articles que Mme Blavatsky sut où elle pourrait enfin trouver son futur associé.

Mais qui avait pu donner à Mme Blavatsky l'idée de se mettre en rapport avec Olcott, qui n'occupait pas dans le monde « spiritualiste » une situation particulièrement en vue ? Ce qui peut donner la clef de ce mystère, en écartant l'hypothèse d'une communication des « Mahâtmâs » qui ne peut être soutenue sérieusement, et qui n'est ici qu'une explication inventée après coup, c'est qu'Olcott connaissait déjà John King, s'il faut en croire ce qu'il écrivait en 1876, à propos de ce prétendu « esprit », à William Stainton Moses, un spirite anglais bien connu sous le pseudonyme de M. A. Oxon : « Il a été souvent à Londres ; en fait, je l'y ai rencontré moi-même en 1870. » Dans la correspondance où nous relevons cette phrase, et que Stainton Moses lui-même a publiée plus tard dans son journal[20], il y a bien des affirmations qu'il est difficile de prendre au sérieux, et on se demande souvent si Olcott cherche à tromper les autres ou s'il joue lui-même un rôle de dupe. Nous ne pensons pas, pour notre part, qu'il ait toujours été aussi naïf qu'il a bien voulu le paraître, et que l'ont cru les enquêteurs de la

---

[19] Voir le récit déjà cité de la comtesse Wachtmeister.
[20] *Light*, 9 et 23 juillet 1892.

Société des recherches psychiques de Londres en 1884, ni qu'il ait été aussi complètement suggestionné par Mme Blavatsky que certains autres, comme Judge et Sinnett par exemple. D'ailleurs, lui-même déclare qu'il n'est « ni un novice enthousiaste ni un jobard crédule », et il définit son rôle comme consistant à « braire pour attirer l'attention des gens » ; sa bonne foi est donc bien sujette à caution. Quoi qu'il en soit, la vérité arrive parfois à se faire jour à travers toutes les fantasmagories dont elle est enveloppée ; ainsi, dans une lettre datée de 1875, on lit ceci : « Essayez d'obtenir un entretien privé avec John King ; c'est un *Initié*, et ses frivolités de langage et d'action dissimulent une affaire sérieuse. » Cela est encore bien vague, mais, dans une autre lettre, celle-là même où Olcott fait allusion à ses relations personnelles avec John King, tout en parlant de celui-ci d'une façon qui, dans l'ensemble, donne à penser qu'il ne s'agit que d'une « matérialisation », il dit cependant que ce même John King est membre d'une Loge maçonnique (le verbe est au présent), comme l'était Olcott lui-même, ainsi que son correspondant, le Rév. Stainton Moses, et aussi, comme nous l'avons déjà dit, Victor Michal, le premier magnétiseur de Mme Blavatsky.

Nous aurons à signaler par la suite bien d'autres relations entre la Société Théosophique et diverses branches de la Maçonnerie ; mais ce qu'il faut retenir ici, c'est qu'il semble que le nom de John King pourrait bien dissimuler tout simplement un homme vivant, dont la véritable identité devait demeurer inconnue ; était-ce lui qui avait missionné Mme Blavatsky et qui avait préparé l'association de celle-ci avec Olcott ? C'est au moins fort vraisemblable, et, dans ce cas, il faudrait admettre que cette individualité mystérieuse agissait pour le compte de quelque groupement non moins mystérieux ; c'est ce que la suite confirmera encore en nous montrant d'autres cas similaires. Nous ne prétendons pas, cependant, résoudre la question de savoir qui était John King ; nous constaterons simplement que, dans un passage de ses *Old Diary Leaves* où il raconte un « phénomène » produit par Mme Blavatsky en avril 1875 (il s'agit d'un dessin soi-disant tracé par voie occulte sur une page d'un carnet, et dans lequel figurait un bijou de Rose-Croix maçonnique), Olcott accole le nom de John King à celui d'un certain Henry de Morgan (ces deux noms auraient été inscrits en tête du dessin en question). Peut-être y a-t-il là une indication, mais nous ne voudrions pas être trop affirmatif là-dessus ; il y eut bien un professeur de Morgan, qui fut président de la Société Mathématique de Londres et s'occupa de psychisme, mais nous ne pensons pas que ce soit de lui qu'il s'agit ici. D'un autre côté, dans une lettre adressée à Solovioff en février 1886, Mme Blavatsky parle d'un certain M... qui l'aurait « trahie et ruinée en disant des mensonges au médium Home qui l'a discréditée pendant dix ans déjà » ; on peut supposer que cette initiale désigne le même personnage, et il faudrait alors en conclure que, pour une raison quelconque, cet Henry de Morgan, si toutefois c'est là son véritable nom, aurait abandonné son ancien agent vers 1875 ou 1876, c'est-à-dire vers le moment où le nouveau « club à miracles » qui avait été établi à Philadelphie subit un échec comparable à celui qui s'était déjà produit au Caire, et dû exactement à la même cause, c'est-à-dire à la découverte des multiples fraudes de Mme Blavatsky[21].

---

[21] Certains ont prétendu que, pendant son séjour à Philadelphie, Mme Blavatsky s'était remariée avec un de ses compatriotes, médium aussi, et beaucoup plus jeune qu'elle ; mais elle n'aurait pas tardé à se séparer de lui, et, revenue à New-York, elle aurait engagé une action en divorce qui n'aurait eu sa solution qu'au bout de trois ans. Nous n'avons pu avoir aucune confirmation de ces faits, et même d'autres informations nous les font paraître peu vraisemblables ; du reste, la vie de Mme Blavatsky a été assez aventureuse pour qu'il soit superflu d'y intercaler des épisodes plus ou moins romanesques basés sur de simples racontars. – Les mêmes observations s'appliquent à ce qu'on trouve sur Mme Blavatsky dans les Mémoires récemment publiés du comte Witte (pp. 2-7 de l'édition française) ; celui-ci, bien que cousin de Mme Blavatsky par les Dolgorouki, semble n'avoir guère connu de sa jeunesse que les bruits plus ou moins vagues qui coururent en Russie, et cela n'a rien d'étonnant, puisque Mme Blavatsky n'eut pendant cette période aucun rapport avec sa famille. Certains détails de ce récit sont manifestement inexacts ; d'autres, comme ceux qui concernent les relations de Mme Blavatsky avec un chanteur nommé Mitrovitch, peuvent être vrais, mais ils se rapportent uniquement à sa vie privée, qui ne nous intéresse pas spécialement. Un résumé en a été donné par M. Lacour-Gayet dans le *Figaro* du 16 septembre 1921, sous ce titre : *La vie errante de Mme Blavatsky*.

À cette époque, en effet, il cessa d'être question de John King, en même temps que l'on pouvait remarquer un notable changement d'orientation chez Mme Blavatsky, et cette coïncidence fournit la confirmation de ce que nous venons de dire. La cause déterminante de ce changement fut la rencontre d'un certain George H. Felt, qui fut présenté à Mme Blavatsky par un journaliste nommé Stevens ; ce Felt, qui se disait professeur de mathématiques et égyptologue [22], était membre d'une société secrète désignée habituellement par les initiales « H. B. of L. » (*Hermetic Brotherhood of Luxor*) [23]. Or cette société, bien qu'ayant joué un rôle important dans la production des premiers phénomènes du « spiritualisme » en Amérique, est formellement opposée aux théories spirites, car elle enseigne que ces phénomènes sont dus, non pas aux esprits des morts, mais à certaines formes dirigées par des hommes vivants. C'est exactement le 7 septembre 1875 que John King fut remplacé, comme « contrôle » de Mme Blavatsky, par un autre « esprit » qui se faisait appeler du nom égyptien de Sérapis, et qui devait bientôt être réduit à n'être plus qu'un « élémental » ; au moment même où ce changement se produisait, le médium Dunglas Home, dans un livre intitulé *Incidents in my Life*, attaquait publiquement Mme Blavatsky, et bientôt celle-ci, qui jusqu'alors semblait ne s'être occupée que de spiritisme, allait déclarer avec une évidente mauvaise foi, qu'elle « n'avait jamais été et ne serait jamais un médium professionnel », et qu'elle avait « consacré sa vie entière à l'étude de l'ancienne kabbale, de l'occultisme, des sciences occultes » [24]. C'est que Felt venait de la faire affilier, ainsi qu'Olcott, à la H. B. of L. : « J'appartiens à une Société mystique », disait-elle en effet un peu plus tôt, « mais il ne s'ensuit pas que je sois devenue un Apollonius de Tyane en jupons » [25] ; et, après cette déclaration qui contredit expressément l'histoire de son

---

[22] *Old Diary Leaves*, par Olcott : *Theosophist*, novembre et décembre 1892.
[23] Cette société ne doit pas être confondue avec une autre qui porte le nom similaire de *Hermetic Brotherhood of Light*, et qui ne fut fondée qu'en 1895. Il y a même une troisième *Hermetic Brotherhood*, sans autre désignation, qui fut organisée à Chicago vers 1885.
[24] Lettre du 25 juin 1876.
[25] Lettre du 12 avril 1875. – Cf. *Old Diary Leaves*, par Olcott, pp.75-76.

« initiation » antérieure, elle ajoutait cependant encore : « John King et moi sommes liés depuis des temps anciens, longtemps avant qu'il ait commencé à se matérialiser à Londres. » Sans doute est-ce cet « esprit » qui, alors, était censé l'avoir protégée dès son enfance, rôle qui devait être dévolu ensuite au « Mahâtmâ » Morya, tandis qu'elle en vint à parler de John King avec le plus profond mépris :

« Ce qui se ressemble s'assemble ; je connais personnellement des hommes et des femmes d'une grande pureté, d'une grande spiritualité, qui ont passé plusieurs années de leur vie sous la direction et même sous la protection d'« esprits » élevés, désincarnés ou planétaires ; mais de telles « intelligences » ne sont pas du type des John King et des Ernest qui apparaissent durant les séances »[26]. Nous retrouverons Ernest plus tard, quand nous parlerons de M. Leadbeater, à qui il est arrivé, disons-le en passant, d'attribuer à des « fées » ou à des « esprits de la nature » la protection occulte dont aurait été entourée la jeunesse de Mme Blavatsky ; vraiment, les théosophistes devraient bien s'entendre entre eux pour faire concorder leurs affirmations ! Mais que faut-il penser, d'après son propre aveu, de la « pureté » et de la « spiritualité » de Mme Blavatsky à l'époque où elle était « contrôlée » par John King ?

Nous devons dire maintenant, pour n'avoir pas à y revenir, que Mme Blavatsky et Olcott ne restèrent pas bien longtemps attachés à la H. B. of L., et qu'ils furent expulsés de cette organisation quelque temps avant leur départ d'Amérique [27]. Cette remarque est importante, car les faits précédents ont parfois donné lieu à de singulières méprises ; c'est ainsi que le Dr J. Ferrand, dans une étude publiée il y a quelques années[28], a écrit

---

[26] *La Clef de la Théosophie*, p. 270.
[27] Un ouvrage intitulé *The Transcendental Worm*, par C. G. Harrison, qui parut en Angleterre en 1894, semble contenir des allusions à ce fait et à l'antagonisme qui exista depuis lors entre la H. B. of L. et la Société Théosophique ; mais les informations qu'il contient relativement aux origines occultes de cette dernière ont un caractère trop fantastique et sont trop dépourvues de preuves pour qu'il nous soit possible d'en faire état.
[28] *La doctrine de la Théosophie, son passé, son présent, son avenir* : *Revue de Philosophie*, août

ceci, à propos de la hiérarchie qui existe parmi les membres de la Société Théosophique :

« Au-dessus des dirigeants qui constituent l'École théosophique orientale (autre dénomination de la « section ésotérique »), il y a encore une société secrète, recrutée dans ces dirigeants, dont les membres sont inconnus, mais signent leurs manifestes des initiales H. B. of L. » Connaissant fort bien tout ce qui se rapporte à la H. B. of L. (dont les membres, d'ailleurs, ne signent point leurs écrits de ces initiales, mais seulement d'un « swastika »), nous pouvons affirmer que, depuis ce que nous venons de rapporter, elle n'a jamais eu aucune relation officielle ou officieuse avec la Société Théosophique : bien plus, elle s'est constamment trouvée en opposition avec celle-ci, aussi bien qu'avec les sociétés rosicruciennes anglaises dont il sera question un peu plus loin, quoique certaines individualités aient pu faire partie simultanément de ces différentes organisations, cc qui peut sembler bizarre dans de pareilles conditions, mais n'est pourtant pas un fait exceptionnel dans l'histoire des sociétés secrètes [29]. Nous possédons d'ailleurs des documents qui fournissent la preuve absolue de ce que nous avançons, notamment une lettre d'un des dignitaires de la H. B. of L., datée de juillet 1887, dans laquelle le « Bouddhisme ésotérique », c'est-à-dire la doctrine théosophiste, est qualifié de « tentative faite pour pervertir l'esprit occidental », et où il est dit encore, entre autres choses, que « les véritables et réels Adeptes n'enseignent pas ces doctrines de « karma » et de « réincarnation » mises en avant par les auteurs du *Bouddhisme Ésotérique* et autres ouvrages

---

1913, pp. 14-52. – Le passage que nous citons ici se trouve à la p. 28.
[29] Le plus extraordinaire est peut-être que le *Theosophist* publia, en 1885, une annonce de l'*Occult Magazine*, de Glasgow, dans laquelle il était fait appel aux personnes qui désiraient « être admises comme membres d'une Fraternité Occulte, qui ne se vante pas de son savoir, mais qui instruit librement et sans réserve tous ceux qu'elle trouve dignes de recevoir ses enseignements ». Cette Fraternité, qui n'était pas nommée, n'était autre que la H. B, of L., et les termes employés étaient une allusion indirecte, mais fort claire, aux procédés tout contraires dont usait la Société Théosophique, et qui furent précisément critiqués à plusieurs reprises dans l'*Occult Magazine* (juillet et août 1885, janvier 1886).

théosophiques », et que, « ni dans les susdits ouvrages ni dans les pages du *Theosophist*, on ne trouve une vue juste et de sens ésotérique sur ces importantes questions ». Peut-être la division de la H. B. of L. en « cercle extérieur » et « cercle intérieur » a-t-elle suggéré à Mme Blavatsky l'idée de constituer dans sa Société une « section exotérique » et une « section ésotérique » ; mais les enseignements des deux organisations sont en contradiction sur bien des points essentiels ; en particulier, la doctrine de la H. B. of L. est nettement « antiréincarnationniste », et nous aurons à y revenir à propos d'un passage d'*Isis Dévoilée* qui semble bien en être inspiré, cet ouvrage ayant été précisément écrit par Mme Blavatsky pendant la période dont nous nous occupons actuellement.

Reprenons maintenant la suite des événements : le 20 octobre 1875, soit un peu moins de deux mois après l'entrée en scène de Sérapis, fut fondée à New-York une société dite « d'investigations spiritualistes » ; Olcott en était président, Felt et le Dr Seth Pancoast vice-présidents, et Mme Blavatsky s'était contentée modestement des fonctions de secrétaire. Parmi les autres membres, nous citerons William Q. Judge, qui devait jouer par la suite un rôle considérable dans la Société Théosophique, et Charles Sotheran, un des hauts dignitaires de la Maçonnerie américaine. Disons à ce propos que le général Albert Pike, Grand-Maître du Rite Ecossais pour la juridiction méridionale des États-Unis (dont le siège était alors à Charleston), fréquenta aussi Mme Blavatsky vers cette époque ; mais ces relations semblent bien n'avoir eu aucune suite ; Il faut croire que Pike fut, en cette circonstance, plus clairvoyant que beaucoup d'autres, et qu'il reconnut vite à qui il avait affaire. Nous ajouterons, puisque l'occasion s'en présente, que la réputation d'Albert Pike comme écrivain maçonnique a été très surfaite : dans une bonne partie de son principal ouvrage, *Morals and Dogma of Freemasonry*, il n'a fait que démarquer, pour ne pas dire plagier, le *Dogme et Rituel de la Haute Magie* de l'occultiste français Éliphas Lévi.

Dès le 17 novembre 1875, la société dont nous venons de parler, qui n'avait guère encore que deux semaines d'existence, fut changée en

« Société Théosophique », sur la proposition de son trésorier, Henry J. Newton, un riche spirite qui ignorait certainement tout de la théosophie, mais à qui ce titre plaisait sans qu'il sût trop pourquoi. Ainsi, l'origine de cette dénomination est purement accidentelle, puisqu'elle ne fut adoptée que pour faire plaisir à un adhérent qu'on avait tout intérêt à ménager à cause de sa grande fortune ; du reste, les exemples abondent de gens riches qui, à un moment ou à un autre, furent séduits par les chefs de la Société Théosophique, et dont ceux-ci, en leur promettant toutes sortes de merveilles, tirèrent des subsides pour eux-mêmes et pour leur organisation. C'est donc pour cette unique raison que l'on passa outre à l'opposition de Felt, qui aurait préféré le titre de « Société Égyptologique » ; après avoir fait cependant une conférence sur la « kabbale égyptienne », Felt, qui en avait promis trois autres, disparut brusquement, laissant divers papiers entre les mains de Mme Blavatsky ; sans doute sa mission était-elle accomplie. Pour ce qui est de Newton, il ne tarda pas à se retirer de la Société, après s'être aperçu, de même que le juge R. B. Westbrook, des fraudes que Mme Blavatsky commettait avec l'aide d'une certaine dame Phillips et de sa servante[30].

La déclaration de principes de la première Société Théosophique débutait ainsi : « Le titre de la Société Théosophique explique les objets et les désirs des fondateurs : ils cherchent à obtenir la connaissance de la nature et des attributs de la puissance suprême et des esprits les plus élevés, au moyen des procédés physiques (sic). En d'autres termes, ils espèrent qu'en allant plus profondément que ne l'a fait la science moderne dans les philosophies des anciens temps, ils pourront être rendus capables d'acquérir, pour eux-mêmes et pour les autres investigateurs, la preuve de l'existence d'un univers invisible, de la nature de ses habitants s'il y en a, des lois qui les gouvernent et de leurs relations avec le genre humain. » Cela prouve que les fondateurs ne connaissaient guère, en fait de théosophie,

---

[30] Communication déjà mentionnée de M. William Emmett Coleman au Congrès de Chicago, 1893.

que la définition fantaisiste qu'en donne le Dictionnaire américain de Webster, et qui est ainsi conçue :

« Rapport supposé avec Dieu et les esprits supérieurs, et acquisition conséquente d'une science supra-humaine par des procédés physiques, les opérations théurgiques des anciens platoniciens, ou les procédés chimiques des philosophes du feu allemands. » De la déclaration de principes, nous extrairons encore les passages suivants : « Quelles que soient les opinions privées de ses membres, la Société n'a aucun dogme à faire prévaloir, aucun culte à propager…

Ses fondateurs, débutant avec l'espoir plutôt qu'avec la conviction d'atteindre l'objet de leurs désirs, sont animés seulement de l'intention sincère d'apprendre la vérité, d'où qu'elle puisse venir, et ils estiment qu'aucun obstacle, si sérieux soit-il, aucune peine, si grande soit-elle, ne saurait les excuser d'abandonner leur dessein. » C'est là, assurément, le langage de gens qui cherchent, et non celui de gens qui savent ; comment donc tout cela pourrait-il se concilier avec les prétentions extraordinaires émises ultérieurement par Mme Blavatsky ? On voit de mieux en mieux que l'initiation que celle-ci aurait reçue au Thibet est une pure fable, et que malgré ce qu'affirme la comtesse Wachtmeister, elle n'avait point étudié en Égypte les mystères du *Livre des Morts*, dont Felt fut probablement le premier à lui faire connaître l'existence.

Cependant, au bout de peu de temps, un nouveau changement se produisit : Sérapis, qui avait remplacé John King, fut remplacé à son tour par un « Kashmiri brother » ; que s'était-il donc encore passé ? Olcott et Mme Blavatsky avaient conclu, par l'entremise d'un certain Hurrychund Chintamon, (à l'égard duquel cette dernière, pour des motifs que nous ignorons, manifestait plus tard une véritable terreur), « une alliance offensive et défensive »[31] avec l'*Arya Samâj*, association fondée dans l'Inde,

---

[31] lettre de Mme Blavatsky à sa sœur, 15 octobre 1877.

en 1870, par le Swâmî Dayânanda Saraswatî, et leur Société Théosophique devait désormais être regardée comme constituant une section de cette association. C'est à ce propos que Mme Blavatsky, déguisant la vérité comme cela lui arrivait si souvent, écrivait au moment de l'apparition de son *Isis Dévoilée* : « J'ai reçu le grade d'*Arch Auditor* de la principale Loge maçonnique de l'Inde ; c'est la plus ancienne des Loges maçonniques, et l'on dit qu'elle existait avant Jésus-Christ »[32]. Or l'*Arya Samâj* était d'origine toute récente et n'avait rien de maçonnique, et d'ailleurs, à vrai dire, il n'y a jamais eu de Maçonnerie dans l'Inde que celle qui y a été introduite par les Anglais. La société dont il s'agit se donnait pour but « de ramener la religion et le culte à la simplicité védique primitive » ; comme plusieurs autres organisations qui se formèrent dans le même pays au cours du XIXe siècle, notamment le *Brahma Samâj* et ses diverses ramifications, et qui toutes échouèrent malgré l'appui que les Anglais leur fournirent en raison de leurs tendances antitraditionnelles, elle procédait d'un esprit « réformateur » tout à fait comparable à celui du Protestantisme dans le monde occidental ; Dayânanda Saraswatî n'a-t-il pas été appelé « le Luther de l'Inde »[33] ? On ne peut, certes, regarder un tel homme comme une autorité en fait de tradition hindoue ; certains ont été jusqu'à dire que « ses pensées philosophiques n'allaient pas même aussi loin que celles d'Herbert Spencer »[34], ce que nous croyons un peu exagéré.

Mais quelles raisons pouvait avoir Dayânanda Saraswatî de s'attacher Mme Blavatsky et sa Société ? Dans la déclaration de principes du 17 novembre 1875, après avoir dit que « le *Brahma Samâj* a commencé sérieusement le travail colossal de purifier les religions hindoues des écumes que des siècles d'intrigues de prêtres leur ont infusées », on ajoutait ceci : « Les fondateurs, voyant que toute tentative d'acquérir la science désirée est déjouée dans les autres contrées, se tournent vers l'Orient, d'où sont dérivés tous les systèmes de religion et de philosophie. » Si le *Brahma*

---

[32] Lettre du 2 octobre 1877.
[33] Article de M. Lalchand Gupta dans l'*Indian Review*, de Madras, 1913.
[34] The *Vedic Philosophy*, par Har Nârâyana, Introduction, p. XLI.

Samâj, déjà bien divisé alors, ne répondit pas à ces avances, c'est l'*Arya Samâj* qui le fit, et ces deux organisations, comme nous venons de le dire, procédaient des mêmes tendances et se proposaient un but à peu près identique. En outre, Mme Blavatsky elle-même a donné une autre raison de cette entente : c'est que « tous les Brâhmanes, orthodoxes ou autres, sont terriblement contre les esprits, les médiums, les évocations nécromanciennes, ou les relations avec les morts de n'importe quelle manière ou sous n'importe quelle forme »[35]. Cette affirmation est d'ailleurs parfaitement exacte, et nous croyons sans peine qu'aucune alliance de ce genre n'eût été possible sans l'attitude antispirite que Mme Blavatsky affichait depuis quelque temps, plus précisément depuis son affiliation à la H. B. of L. ; mais, tandis que les Brâhmanes orthodoxes n'auraient vu dans cet accord sur un point purement négatif qu'une garantie extrêmement insuffisante, il n'en fut pas de même pour les « autres », ou tout au moins pour l'un d'entre eux, ce Dayânanda Saraswatî qu'Olcott appelait alors « un des plus nobles Frères vivants »[36], et dont les correspondances, transmises en réalité par une voie toute naturelle, allaient bientôt se transformer en « messages astraux » émanés des « Mahâtmâs » thibétains. Pourtant, ce même Dayânanda Saraswatî devait, en 1882, rompre son alliance avec la Société Théosophique, en dénonçant Mme Blavatsky, qu'il avait eu l'occasion de voir de près dans l'intervalle, comme une « farceuse » (trickster), et en déclarant « qu'elle ne connaissait rien de la science occulte des anciens Yogîs et que ses soi-disant phénomènes n'étaient dus qu'au mesmérisme, à des préparations habiles et à une adroite prestidigitation », ce qui était en effet la stricte vérité[37].

Au point où nous en sommes arrivé, une constatation s'impose : c'est que les noms des soi-disant « guides spirituels » de Mme Blavatsky, John King d'abord, Sérapis ensuite, et enfin le « Kashmiri brother », ne faisaient en somme que traduire les différentes influences qui se sont successivement

---

[35] Lettre déjà citée du 15 octobre 1877.
[36] Lettre à Stainton Moses, 1876.
[37] Dayânanda Sarawatî mourut le 30 octobre 1883.

exercées sur elle ; c'est là ce qu'il y a de très réel sous toute la fantasmagorie dont elle s'entourait, et l'on a trop peu remarqué jusqu'ici, en général, ces rapports qui ont existé entre la Société Théosophique, à ses origines aussi bien que par la suite, et certaines autres organisations à caractère plus ou moins secret ; tout ce côté trop négligé de son histoire est pourtant des plus instructifs. De tout ce que nous avons exposé, on peut légitimement conclure que Mme Blavatsky fut surtout, dans bien des circonstances, un « sujet » ou un instrument entre les mains d'individus ou de groupements occultes s'abritant derrière sa personnalité, de même que d'autres furent à leur tour des instruments entre ses propres mains ; c'est là ce qui explique ses impostures, sans toutefois les excuser, et ceux qui croient qu'elle a tout inventé, qu'elle a tout fait par elle-même et de sa propre initiative, se trompent presque autant que ceux qui, au contraire, ajoutent toi à ses affirmations concernant ses relations avec les prétendus « Mahâtmâs ». Mais il y a encore autre chose, qui permettra peut-être d'apporter quelques précisions nouvelles au sujet de ces influences auxquelles nous venons de faire allusion : nous voulons parler de l'action de certaines organisations rosicruciennes ou soi-disant telles, qui d'ailleurs, contrairement à celles dont il a été question jusqu'ici, ont toujours continué à entretenir d'excellentes relations avec la Société Théosophique.

CHAPITRE III

LA SOCIÉTÉ THÉOSOPHIQUE ET LE ROSICRUCIANISME

En 1876, Olcott écrit à Stainton Moses qu'il est « régulièrement inscrit comme novice dans la Fraternité », qu'il a été « longtemps en relations personnelles par correspondance » aven les chefs de celle-ci, et qu'ils lui ont « écrit certaines choses que Mme Blavatsky ne soupçonne même pas qu'il sait ». De quelle « Fraternité » s'agit-il ? Ce n'est sûrement pas la H. B. of L., et ce ne doit pas être non plus l'*Arya Samâj*, avec lequel, d'ailleurs, l'alliance définitive ne devrait être conclue que l'année suivante ; quant à la fameuse « Grande Loge Blanche » ou « Fraternité du Thibet », il n'en était pas encore question, mais les termes employés étaient assez vagues pour autoriser toutes les confusions ultérieures, volontaires ou involontaires. Dans une autre lettre adressée un peu plus tard au même correspondant, et de laquelle il semble résulter que celui-ci avait accepté d'entrer dans la société à laquelle Olcott appartenait, on lit ceci :

« Je désire que vous demandiez à *Imperator*, en lui présentant mes compliments, s'il ne pourrait pas faire quelque chose, à la manière psychologique (*sic*), pour empêcher Mme Blavatsky d'aller dans l'Inde. Je suis très inquiet sur ce point ; je ne puis rien faire moi-même... Les calomnies qui ont circulé en Europe et ici l'ont abattue si profondément... que j'ai peur que *nous* ne la perdions. Ceci peut-être une petite chose pour les spiritualistes, mais c'en est une grande pour *nous trois*... Demandez à

Imperator ce que je suggère… Il semble être un esprit sage, et peut-être en est-il un puissant. Demandez-lui s'il peut et s'il veut nous aider… Il y a ici une Mme Thompson, une veuve riche de sept millions (de dollars), qui cultive le terrain sur lequel marche Mme Blavatsky. Cette dame lui offre argent et tout ce qui s'ensuit pour aller dans l'Inde et lui fournir ainsi une occasion d'étudier et de voir par elle-même… N'oubliez pas *Imperator*. » Mme Blavatsky n'était donc jamais allée dans l'Inde avant son séjour en Amérique, nous en avons cette fois l'assurance formelle ; mais elle désirait y aller, parce qu'elle éprouvait le besoin « d'étudier et de voir par elle-même », ce qui prouve qu'elle n'était pas très « initiée » et qu'elle n'était pas encore arrivée à posséder un ensemble de convictions bien fixes et bien établies. Seulement, il y avait alors une influence dont Olcott et Stainton Moses se faisaient les agents, et qui était opposée à ce départ de Mme Blavatsky pour l'Inde ; ce n'était donc pas l'influence de l'*Arya Samâj*, ni d'aucune autre organisation orientale. Maintenant, pourquoi Olcott dit-il : « pour nous trois » ? Lui et son correspondant, cela ne fait que deux ; le troisième semble bien n'être autre que cet *Imperator* dont il réclame l'appui avec tant d'insistance ; mais qui était cet être mystérieux ? C'était, paraît-il, un « esprit » qui se manifestait dans le cercle dirigé par Stainton Moises et son ami le Dr Speer ; mais ce qui est étrange, et ce qui peut donner la clef de bien des choses, c'est que cet « esprit » se soit attribué le nom ou plutôt le titre d'*Imperator*, qui est celui du chef d'une société secrète anglaise, l'*Order of the Golden Dawn in the Outer* (littéralement « Ordre de l'Aube d'Or à l'Extérieur »).

L'Ordre que nous venons de nommer se présente comme une « société d'occultistes étudiant la plus haute magie pratique », et qui « marche en quelque sorte parallèlement au vrai *Rosicrucianisme* » ; les femmes y sont admises au même titre que les hommes, et la qualité de membre demeure cachée. Il y a trois officiers principaux : l'*Imperator*, le *Præmonstrator* et le *Cancellarius*. Ce même Ordre est étroitement rattaché à la *Societas Rosicruciana in Anglia*, fondée en 1867 par Robert Wentworth Little ; celle-ci comprend neuf grades, répartis en trois ordres ; ses chefs, qui sont au nombre de trois comme ceux de la *Golden Dawn*, portent le titre de *Mages*[38]. La *Societas Rosicruciana* n'admet que des Maçons possédant le grade de Maître parmi ses membres, dont le nombre est limité à cent quarante-quatre, non compris les membres honoraires ; elle possède quatre « Collèges », qui sont établis à Londres, York, Bristol et Manchester. Une organisation similaire existe en Ecosse depuis 1877, et une autre branche fut constituée en Amérique en 1880 ; ce sont deux filiales de la société anglaise, dont elles sont cependant administrativement indépendantes.

Dans une lettre adressée au directeur de la revue théosophique *Lucifer*, en juillet 1889, par le comte Mac-Gregor Mathers, qui était alors secrétaire du Collège Métropolitain de la *Societas Rosicruciana* et membre du Haut Conseil d'Angleterre, il est dit entre autres choses : « Cette Société étudie la tradition occidentale… Des connaissances de pratique sont le privilège des plus hauts initiés, qui les tiennent secrètes ; tous les Frères tiennent secret leur grade. La Société Théosophique est en relations d'amitié avec eux… Les étudiants hermétiques de la G. D. (*Golden Dawn*) Rosicrucienne en sont, pour ainsi dire, les représentants à l'extérieur. » La publication de cette sorte de manifeste avait pour but principal de désavouer un certain « Ordre de la Rosée et de la Lumière » (*Ordo Roris et Lucis*), autre société anglaise soi-disant rosicrucienne, dont il avait été question précédemment dans la même revue[39] ; cette dernière société se trouvait en concurrence directe avec la *Golden Dawn* et la *Societas Rosicruciana*, et ses membres, qui étaient spirites pour la plupart, étaient accusés de faire de la « magie noire », suivant une habitude qui est d'ailleurs fort répandue dans les milieux théosophistes, ainsi que nous aurons l'occasion de le voir plus tard. La lettre du comte Mac-Gregor porte les devises suivantes : « *Sapiens dominabitur astris. – Deo duce, comite ferro. – Non omnis moriar. – Vincit omnia veritas* », dont la dernière, chose curieuse, est également la devise de

---

[38] En 1901, ces chefs étaient : W. Wynn Westcott, *Supreme Magus* ; J. Lewis Thomas, *Senior Substitute Magus* ; S. L. Mac-Gregor Mathers, *Junior Substitute Magus* (*Cosmopolitan Masonic Calendar*, p. 59).

[39] *Lucifer*, 15 juin 1889.

la H. B. of L., adversaire déclarée de la Société Théosophique et de la *Societas Rosicruciana*⁴⁰. Elle se termine par ces mots qui lui confèrent un caractère officiel :

« Publié par ordre du Supérieur *Sapere Aude*, Cancellarius in Londinense », et que suit ce post-scriptum assez énigmatique : « Sept adeptes qui possèdent *l'élixir de longue vie*, vivent actuellement et se réunissent chaque année dans une ville différente. » L'*Imperator* de la G. D. était-il l'un de ces « sept adeptes » mystérieux ? C'est bien possible, et il y a même pour nous d'autres indices qui semblent le confirmer ; mais sans doute le « Supérieur *Sapere Aude* » n'avait-il pas autorisé de révélations plus explicites à cet égard⁴¹.

L'auteur de la lettre que nous venons de citer, qui est mort il y a quelques années, était le frère aîné d'un autre M. MacGregor, représentant en France de l'*Order of the Golden Dawn in the Outer*, et également membre de la Société Théosophique. On fit quelque bruit à Paris, en 1899 et en 1903, autour des tentatives de restauration du culte d'Isis par M. et Mme Mac-Gregor, sous le patronage de l'écrivain occultiste Jules Bois, tentatives assez fantaisistes d'ailleurs, mais qui eurent en leur temps un certain succès de curiosité. Ajoutons que Mme Mac-Gregor, la « Grande-Prêtresse Anari », est la sœur de M. Bergson ; nous ne signalons d'ailleurs ce fait qu'à titre de renseignement accessoire, sans vouloir en déduire aucune conséquence, bien que, d'un autre côté, il y ait incontestablement

---

⁴⁰ La H. B. of L. avait une interprétation particulière du Rosicrucianisme, dérivée principalement des théories de P. B. Randolph et de la « Fraternité d'Eulis ». – Il parut à Philadelphie, en 1882, un ouvrage intitulé *The Temple of the Rosy-Cross*, dont l'auteur, F. B. Dowd, était un membre de la H. B. of L.

⁴¹ Il a été publié en 1894, sous le nom de « Sapere Aude, Fra. R. R. et A. C. », un ouvrage intitulé *La Science de l'Alchimie spirituelle et matérielle*, qui contient un assez grand nombre d'erreurs historiques, et une traduction annotée du traité kabbalistique *Æsh Mezareph*, dans laquelle n'est même pas mentionné le commentaire qu'Éliphas Levi avait fait de ce livre en l'attribuant, assez gratuitement du reste, à Abraham le Juif, l'initiateur supposé de Nicolas Flamel.

plus d'un point de ressemblance entre les tendances du théosophisme et celles de la philosophie bergsonienne. Certains ont été plus loin : c'est ainsi que, dans un article se rattachant à une controverse sur le bergsonisme, M. Georges Pécoul écrit que « les théories de la Société Théosophique sont si étrangement semblables à celles de M. Bergson qu'on peut se demander si elles ne dérivent pas toutes deux d'une source commune, et si MM. Bergson, Olcott, Leadbeater, Mme Blavatsky et Annie Besant n'ont pas tous été à l'école du même Mahâtmâ, Koot Hoomi ou,.. quelque *Autre* » ; et il ajoute : « Je signale le problème aux chercheurs, sa solution pourrait peut-être apporter un supplément de lumière sur l'origine bien mystérieuse de certains mouvements de la pensée moderne et sur la nature des « influences » que subissent, souvent inconsciemment, l'ensemble de ceux qui sont eux-mêmes des agents d'influences intellectuelles et spirituelles »[42]. Sur ces « influences », nous sommes assez de l'avis de M. Pécoul, et nous pensons même que leur rôle est aussi considérable que généralement insoupçonné ; du reste, les affinités du bergsonisme avec les mouvements « néo-spiritualistes » ne nous ont jamais paru douteuses[43], et nous ne serions même nullement étonné de voir M. Bergson, suivant l'exemple de William James, aboutir finalement au spiritisme. Nous avons un indice particulièrement frappant, sous ce rapport, dans une phrase de l'*Énergie Spirituelle*, le dernier livre de M. Bergson, où celui-ci, tout en reconnaissant que « l'immortalité elle-même ne peut être prouvée expérimentalement », déclare que « ce serait déjà quelque chose, ce serait même beaucoup que de pouvoir établir sur le terrain de l'expérience la probabilité de la survivance pour un temps x » ; n'est-ce pas là exactement ce que prétendent faire les spirites ? Nous avons même entendu dire, il y a quelques années, que M. Bergson s'intéressait d'une façon active à des « expérimentations » de ce genre, en compagnie de plusieurs savants réputés, parmi lesquels on nous a cité le professeur d'Arsonval et Mme Curie ; nous voulons croire que son

---

[42] *Les Lettres*, décembre 1920, pp. 669-670.
[43] Le *Vahan*, organe de la section anglaise de la Société Théosophique, a reproduit, avec de grands éloges, des conférences faites par M. Bergson en Angleterre.

intention était d'étudier ces choses aussi « scientifiquement » que possible, mais combien d'autres hommes de science, tels que William Crookes et Lombroso, après avoir commencé ainsi, ont été « convertis » à la doctrine spirite ! On ne dira jamais assez combien ces choses sont dangereuses ; ce n'est certes pas la science ni la philosophie qui peuvent fournir une garantie suffisante pour permettre d'y toucher impunément.

Pour revenir au Rosicrucianisme, que nous avons vu apparaître ici pour la première fois, et qui a donné lieu à cette digression, nous signalerons qu'Olcott a raconté à plusieurs reprises, dans le *Theosophist* et dans ses livres, que Mme Blavatsky portait toujours sur elle un bijou de Rose-Croix « qu'elle avait reçu d'un adepte ». Pourtant, quand il était sous l'influence de la H. B. of. L., Olcott n'avait que du mépris pour les Rosicruciens modernes : « La Fraternité (des Rose-Croix), écrivait-il à Stainton Moses en 1875, en tant que branche active de l'Ordre véritable, est morte avec Cagliostro, comme la Franc-Maçonnerie (opérative) est morte avec Wren ; ce qui en reste n'est que l'écorce. » Ici, les mots « branche active de l'Ordre véritable » font allusion à un passage des enseignements de la H. B. of L. dans lequel il est dit que « le terme de Rose-Croix ne désigne pas l'Ordre tout entier, mais seulement ceux qui ont reçu les premiers enseignements dans son prodigieux système ; ce n'est qu'un nom de passe par lequel les Frères amusent et, en même temps, mystifient le monde ». Nous n'entendons pas entrer ici dans les controverses relatives à l'origine et à l'histoire des Rose-Croix vrais et faux ; il y a là de véritables énigmes qui n'ont jamais été résolues d'une façon satisfaisante, et sur lesquelles les écrivains qui se disent plus ou moins rosicruciens ne semblent pas en savoir beaucoup plus long que les autres.

En écrivant ces derniers mots, nous pensons notamment au Dr Franz Hartmann, qui joua un rôle important dans la Société Théosophique lorsque son siège eut été transporté dans l'Inde, et avec qui, d'ailleurs, Mme Blavatsky ne semble pas avoir été toujours dans les meilleurs termes, comme nous le verrons à propos de l'affaire de la Société des recherches psychiques. Ce personnage, né en 1838 à Donauwerth, en Bavière, se prétendait rosicrucien, mais d'une autre branche que les sociétés anglaises dont il a été question précédemment ; à l'en croire, il avait « découvert » une Fraternité de vrais Rose-Croix à Kempten, localité célèbre par ses maisons hantées, et où il mourut en 1912 ; à la vérité, nous pensons que ce n'est là qu'une légende qu'il cherchait à accréditer pour donner l'apparence d'une base sérieuse à un certain « Ordre de la Rose-Croix Ésotérique » dont il fut l'un des promoteurs. Ce Dr Hartmann a publié d'assez nombreux ouvrages[44], qui furent appréciés d'une façon peu bienveillante par les chefs de la *Societas Rosicruciana in Anglia*, pourtant théosophistes comme l'auteur ; on fut particulièrement sévère pour le livre intitulé *Dans le Pronaos du Temple de Sagesse*, « contenant l'histoire des vrais et des faux Rosicruciens, avec une introduction aux mystères de la philosophie hermétique », et dédié à la duchesse de Pomar. En 1887, le Dr Hartmann fit paraître à Boston, centre de la branche américaine de l'*Order of the G. D. in the Outer*, une sorte de roman ayant pour titre *Une aventure chez les Rosicruciens*, qui contient la description d'un monastère théosophique imaginaire, supposé situé dans les Alpes ; et l'auteur raconte que ce monastère relève de l'Ordre des « Frères de la Croix d'Or et de la Rose-Croix », et que son chef porte le titre d'*Imperator*. Cela fait penser à l'ancienne « Rose-Croix d'Or » d'Allemagne, fondés en 1714 par le prêtre saxon Samuel Richter, plus connu sous le pseudonyme de Sincerus Renatus, et dont le chef portait en effet, comme plus tard celui de la *Golden Dawn*, ce titre d'*Imperator*, hérité des organisations rosicruciennes antérieures, et qui remonterait même jusqu'à l'origine du monde s'il fallait en croire certains récits légendaires, car on trouve dans le *Clypeus Veritatis*, qui date de 1618, une liste chronologique des *Imperatores* depuis Adam ! Ces exagérations et ces généalogies fabuleuses sont d'ailleurs communes à

---

[44] Voici les titres de quelques-uns des principaux, en dehors de ceux qui sont indiqués dans le texte : *Symboles secrets des Rosicruciens*, réédition d'un ouvrage ancien accompagnée de commentaires, publiée à Boston ; *La Vie de Jehoshua, le Prophète de Nazareth*, « étude occulte et clef de la Bible, contenant l'histoire d'un Initié » ; *Magie blanche et noire* ; *La Science Occulte dans la Médecine* ; *Les Principes de la Géomancie*, d'après Cornélius Agrippa.

la plupart des sociétés secrètes, y compris la Maçonnerie, où nous voyons aussi le Rite de Misraïm faire remonter ses origines jusqu'à Adam. Ce qui est plus digne d'intérêt, c'est qu'un écrivain occultiste, parlant de l'organisation rosicrucienne de 1714, déclare ceci : « Une tradition dit que cet *Imperator* existe toujours ; son action serait devenue politique »[45] ; s'agit-il encore ici du chef de la *Golden Dawn* ? En effet, la « Rose-Croix d'Or », à laquelle certains ont cru reconnaître déjà un caractère politique, n'existe plus depuis longtemps ; elle fut remplacée en 1780 par les « Frères Initiés de l'Asie », dont le centre fut établi à Vienne, et dont les supérieurs s'intitulaient, par allusion au début de l'Apocalypse, « Pères et Frères des sept Églises inconnues de l'Asie »[46] ; on ne peut s'empêcher de se demander si les « sept adeptes » du comte MacGregor n'auraient pas été leurs continuateurs. Quoi qu'il en soit, ce qu'il y a de certain, c'est que bien des associations qui prétendent se rattacher au Rosicrucianisme font encore prêter à leurs adhérents un serment de fidélité à l'*Imperator*.

Le récit romanesque du Dr Hartmann eut une conséquence qui montra que le but de l'auteur n'avait pas été purement désintéressé : en septembre 1889, une société par actions fut constituée en Suisse, sous le nom de *Fraternitas*, pour réaliser et exploiter l'établissement théosophico-monastique qu'il avait imaginé. Le Dr Hartmann eut pour associés, dans cette affaire, le Dr Thurmann, le Dr A. Pioda et la comtesse Wachtmeister ; cette dernière, dont nous avons eu déjà l'occasion de citer le nom, était une Suédoise, intime amie de Mme Blavatsky. Quant à l'« Ordre de la Rose-Croix Ésotérique », l'autre création du Dr Hartmann, il paraît avoir été en relations suivies avec l'« Ordre Rénové des *Illuminati Germaniæ* », fondé ou réorganisé par Léopold Engel, de Dresde, et qui a joué un rôle politique

---

[45] *Histoire des Rose-Croix*, par Sédir, p. 103, note.

[46] Signalons à ce propos une singulière méprise de Papus, qui, ayant trouvé un texte de Wronski où il est fait mention des « Frères Initiés de l'Asie », crut que ce titre désignait une organisation réellement orientale et qu'il s'agissait des « Mahâtmâs », dont il faisait d'ailleurs « un grade supérieur de l'Église Brâhmanique » (Glossaire des principaux termes de la Science Occulte, article Mahâtmâ : *Traité méthodique de Science Occulte*, p. 1052).

extrêmement suspect ; ce dernier Ordre se recommande, comme l'indique son nom, de l'Illuminisme de Weishaupt, auquel ne le rattache cependant aucune filiation directe. Il y eut aussi des rapports certains entre cette « Rose-Croix Ésotérique » et un certain « Ordre des Templiers Orientaux », fondé en 1895 par le Dr Karl Kellner, et propagé surtout, après la mort de celui-ci, survenue en 1905, par Theodor Reuss, un théosophiste que nous retrouverons plus tard ; il semble même que la « Rose-Croix Ésotérique » devint finalement le « cercle intérieur » des « Templiers Orientaux ».

Ces diverses associations ne doivent pas être confondues avec une autre organisation rosicrucienne austro-allemande, de création plus récente, dont le chef est le Dr Rudolf Steiner ; nous aurons à en reparler dans la suite. D'ailleurs, à vrai dire, le Rosicrucianisme n'a plus, à notre époque, une signification bien définie : une foule de gens qui s'intitulent « Rose-Croix » ou « Rosicruciens » n'ont aucun lien entre eux, non plus qu'avec les anciennes organisations du même nom, et il en est exactement de même de ceux qui s'intitulent « Templiers ». Sans même tenir compte des grades maçonniques qui, dans divers rites, portent le titre de Rose-Croix ou quelque autre qui en est dérivé, nous pourrions donner, si ce n'était en dehors de notre sujet, une longue liste de sociétés plus ou moins secrètes qui n'ont guère de commun que cette même dénomination, accompagnée le plus souvent d'une ou de plusieurs épithètes distinctives[47]. Aussi faut-il toujours bien prendre garde, lorsqu'il s'agit du Rosicrucianisme, comme d'ailleurs lorsqu'il s'agit de la Maçonnerie, de ne

---

[47] Nous signalerons seulement une de ces sociétés, qui s'intitule *A. M. O. R.-C-* (*Ancien Mystic Order of the Rosy-Cross*), et qui a été fondée en 1916 « dans le but de sauver la Civilisation » (*sic*) ; nous avons sous les yeux une circulaire qui annonce qu'une branche française est en formation, et qu'» un Envoyé spécial viendra des États-Unis en mai (1921) pour donner l'Initiation et ouvrir les travaux » (on nous a dit depuis lors que son voyage n'avait pu avoir lieu). Cette organisation a à sa tête un *Imperator*, mais qui, naturellement, n'est pas le même que celui de la *Golden Dawn* : elle n'est pas rattachée au théosophisme, mais nous savons que les théosophistes sont déjà assez nombreux parmi ses adhérents.

pas attribuer à un groupement ce qui appartient à un autre qui peut lui être tout à fait étranger.

CHAPITRE IV

LA QUESTION DES MAHATMAS

Nous avons laissé Mme Blavatsky au moment où, en 1876, elle songeait à partir pour l'Inde ; ce départ, qui ne devait s'accomplir que le 18 novembre 1878, semble bien avoir été déterminé surtout, sinon exclusivement, par les attaques très justifiées dont elle avait été l'objet. « C'est à cause de cela, écrivait-elle elle-même en faisant allusion à la publication des *Incidents in my Life* de Dunglas Home, que je vais dans l'Inde pour toujours ; et par honte et par chagrin, j'ai besoin d'aller où personne ne sache mon nom. La malignité de Home m'a ruinée pour jamais en Europe »[48], Elle devait toujours garder rancune au médium qui, à l'instigation du mystérieux M..., avait dénoncé ses supercheries, et qu'elle appelait « le Calvin du spiritisme » : « Voyez, écrivait-elle beaucoup plus tard à propos des dangers de la médiumnité, quelle a été la vie de Douglas Home, un homme dont le cœur était rempli d'amertume, qui n'a jamais dit un mot en faveur de ceux qu'il croyait doués de pouvoirs psychiques, et qui a calomnié tous les autres médiums jusqu'à la fin »[49]. A un certain moment, Mme Blavatsky avait songé aussi, pour les mêmes raisons, « à partir pour l'Australie et à changer son nom pour toujours »[50] ; puis, ayant renoncé à cette idée, elle se fit naturaliser Américaine, probablement en 1878 ; enfin, elle se décida à aller dans l'Inde, comme elle en avait eu l'intention tout d'abord. Ainsi, ce n'est pas dans l'intérêt de sa

---

[48] Lettre du 6 novembre 1877.
[49] *La clef de la Théosophie*, p. 272.
[50] Lettre du 25 juin 1876.

Société, mais dans le sien propre, qu'elle voulut entreprendre ce voyage, malgré l'opposition d'Olcott qu'elle finit pourtant par entraîner, et qui abandonna sa famille pour la suivre. En effet, trois ans plus tôt, Mme Blavatsky disait d'Olcott : « Il est loin d'être riche et n'a rien à laisser que ses travaux littéraires, et il a à entretenir sa femme et tout un tas d'enfants »[51]. Personne n'en a plus jamais entendu parler depuis lors, et Olcott lui-même ne semble pas s'être soucié le moins du monde de savoir ce qu'ils étaient devenus.

Arrivés dans l'Inde, Mme Blavatsky et son associé s'installèrent d'abord à Bombay, puis, en 1882, à Adyar, près de Madras, où le siège central de la Société Théosophique fut établi et se trouve encore aujourd'hui. Là, une « section ésotérique » fut fondée, et les phénomènes fantastiques se multiplièrent d'une façon prodigieuse : coups frappés à volonté, tintements de clochettes invisibles, « apports » et « matérialisations » d'objets de toutes sortes, et surtout « précipitation » de correspondances transmises par voie « astrale ». On peut en trouver beaucoup d'exemples rapportés dans le *Monde Occulte* d'A. P. Sinnett ; l'auteur, qui contribua peut-être plus que tout autre à faire connaître en Europe le théosophisme à ses débuts, semble bien avoir été réellement trompé, à cette époque du moins, par toutes les jongleries de Mme Blavatsky. Il n'y avait pas que des lettres « précipitées », mais aussi des dessins et même des peintures ; celles-ci étaient sans doute produites par les mêmes procédés que les tableaux soi-disant médiumniques que Mme Blavatsky fabriquait jadis à Philadelphie, et qu'elle vendait fort cher à ses dupes, entre autres au général Lippitt, qui avait d'ailleurs fini par être désillusionné. Du reste, tous ces phénomènes n'étaient pas entièrement nouveaux, et les « clochettes astrales » s'étaient déjà fait entendre en Amérique devant Olcott et le baron de Palmes ; chose curieuse, en Angleterre, on les avait alors entendues également chez le Dr Speer et Stainton Moses ; peut-être même est-ce là une des circonstances qui firent

---

[51] Lettre du 25 mars 1875.

dire plus tard à Olcott que « Stainton Moses et Mme Blavatsky avaient été inspirés par la même intelligence »[52], sans doute l'énigmatique *Imperator* dont il a été question précédemment, ce qui n'empêche que Stainton Moses, vers la fin de sa vie, avait écrit à son ami William Oxley que « la théosophie est une hallucination »[53].

C'est à l'époque où nous en sommes arrivé qu'entrent en scène les « Mahâtmâs » thibétains, à qui sera désormais attribuée la production de tous les phénomènes, et notamment, en premier lieu, le fameux Koot Hoomi Lal Singh, le nouveau « Maître » de Mme Blavatsky. Le nom sous lequel ce personnage est connu est, dit-on, « son nom mystique, d'origine thibétaine », car « les occultistes, à ce qu'il paraît, prennent de nouveaux noms au moment de leur initiation »[54] ; mais, si Koot Hoomi peut être un nom thibétain ou mongol, Lal Singh est certainement un nom hindou (de « kshatriya ») ou sikh, ce qui n'est pas du tout la même chose. Il n'en est pas moins vrai que le changement de nom est en effet une pratique qui existe dans beaucoup de sociétés secrètes, en Occident aussi bien qu'en Orient ; ainsi, dans les statuts de la « Rose-Croix d'Or » de 1714, on lit que « chaque Frère changera ses nom et prénoms après avoir été reçu, et fera de même chaque fois qu'il changera de pays » ; ce n'est là qu'un exemple parmi beaucoup d'autres, de sorte que le fait dont il s'agit est de ceux dont Mme Blavatsky pouvait avoir eu connaissance sans grande difficulté. Voici ce que Sinnet dit de Koot Hoomi, en racontant les débuts de sa correspondance avec lui : « C'était un natif du Panjab, d'après ce que j'appris plus tard, que les études occultes avaient attiré dès sa plus tendre enfance. Grâce à un de ses parents qui était lui-même un occultiste, il fut envoyé en Europe pour y être élevé dans la science occidentale, et, depuis, il s'était fait initier complètement dans la science supérieure de l'Orient »[55]. Par la suite, on prétendra qu'il était déjà parvenu à cette initiation complète

---

[52] *Theosophist*, décembre 1893.
[53] *Light*, 8 octobre 1892.
[54] *Le Monde Occulte*, p. 121 de la traduction française.
[55] *Le Monde Occulte*, pp. 120-121.

au cours de ses incarnations antérieures ; comme les « Maîtres », contrairement à ce qui a lieu pour les hommes ordinaires, conserveraient le souvenir de toutes leurs existences (et certains disent que Koot Hoomi en eut environ huit cents), ces diverses affirmations semblent difficiles à concilier.

Les « Mahâtmâs » ou « Maîtres de Sagesse » sont les membres du degré le plus élevé de la « Grande Loge Blanche », c'est-à-dire de la hiérarchie occulte qui, d'après les théosophistes, gouverne secrètement le monde. Au début, on admettait qu'ils étaient eux-mêmes subordonnés à un chef suprême unique[56] ; maintenant, il paraît que les chefs sont au nombre de sept, comme les « sept adeptes » rosicruciens qui possèdent l'« élixir de longue vie » (et la plus extraordinaire longévité fait aussi partie des qualités attribuées aux « Mahâtmâs », et que ces sept chefs représentent « les sept centres de l'Homme Céleste », dont « le cerveau et le cœur sont constitués respectivement par le Manou el le Bodhisattwa qui guident chaque race humaine »[57]. Cette union des deux conceptions du *Manou* et du *Bodhisattwa*, qui n'appartiennent pas à la même tradition, puisque la première est brâhmanique et la seconde bouddhique, fournit un exemple bien remarquable de la façon « éclectique » dont le théosophisme constitue sa prétendue doctrine. Dans les premiers temps, les « Mahâtmâs » étaient aussi appelés parfois du simple nom de « Frères » ; on préfère aujourd'hui la dénomination d'« Adeptes », terme emprunté par les théosophistes au langage rosicrucien, dans lequel, en effet, il désigne proprement les initiés qui ont atteint les plus hauts grades de la hiérarchie. Le Dr Ferrand, dans l'article que nous avons déjà mentionné, a cru devoir faire une distinction entre les « Mahâtmâs » et les « maîtres ou adeptes », et il pense que ceux-ci ne sont que les chefs réels de la Société Théosophique[58] ; c'est là une erreur, car ces derniers affectent au contraire de ne jamais se donner que le

---

[56] *Le Bouddhisme Ésotérique*, p. 26 de la traduction française de Mme Camille Lemaître.
[57] *L'Occultisme dans la Nature* (Entretiens d'Adyar, 2e série), par C. W. Leadbeater, p. 276 de la traduction française.
[58] *Revue de philosophie*, août 1913, pp. 15-16.

modeste qualificatif d'« étudiants ». Les « Mahâtmâs » et les « Adeptes » sont, pour les théosophistes, une seule et même chose, et cette identification avait été déjà suggérée par le Dr Franz Hartmann[59] ; c'est à eux aussi qu'a été appliqué exclusivement le titre de « Maîtres », d'abord d'une façon toute fait générale[60], et ensuite avec une restriction : pour Leadbeater, « tous les Adeptes ne sont pas des Maîtres, car tous ne prennent pas d'élèves », et l'on ne doit, en toute rigueur, appeler Maîtres que ceux qui, comme Koot Hoomi et quelques autres, « consentent, sous certaines conditions, à prendre comme élèves ceux qui se montrent dignes de cet honneur »[61].

La question des « Mahâtmâs », qui tient une place considérable dans l'histoire de la Société Théosophique et même dans ses enseignements, peut être grandement éclaircie par tout ce que nous avons exposé précédemment. En effet, cette question est plus complexe qu'on ne le pense d'ordinaire, et il ne suffit pas de dire que ces « Mahâtmâ » n'existèrent jamais que dans l'imagination de Mme Blavatsky et de ses associés ; sans doute, le nom de Koot Hoomi, par exemple, est une invention pure et simple, mais, comme ceux des « guides spirituels » auxquels il succédait, il a fort bien pu servir de masque à une influence réelle. Seulement, il est certain que les vrais inspirateurs de Mme Blavatsky, quels qu'ils aient été, ne répondaient point à la description qu'elle en donne et, d'un autre côté, le mot même de « Mahâtmâ » n'a jamais en en sanscrit la signification qu'elle lui attribue, car ce mot désigne en réalité un principe métaphysique et ne peut s'appliquer à des êtres humains ; peut-être est-ce même parce qu'on a fini par s'apercevoir de cette méprise qu'on a renoncé à peu près complètement à l'emploi de ce terme. Pour ce qui est des phénomènes soi-disant produits par l'intervention des « Maîtres », ils étaient exactement de même nature que ceux des « clubs à miracles » du Caire, de Philadelphie et de New-York ; c'est ce qui fut amplement établi, en 1884, par l'enquête du Dr Richard Hodgson, ainsi que nous le verrons plus loin. Les « messages

---

[59] *In the Pronaos of the Temple of Wisdom*, p. 102.
[60] *La Clef de la Théosophie*, p.338.
[61] *L'Occultisme dans la Nature*, pp. 377-378.

précipités » étaient fabriqués par Mme Blavatsky avec la complicité d'un certain Damodar K. Mavalankar (un Brâhmane qui répudia publiquement sa caste) et de quelques autres, comme le déclara dès 1883 M. Allen O. Hume, qui, après avoir commencé à collaborer avec Sinnett à la rédaction du *Bouddhisme Ésotérique*, s'était retiré en constatant les multiples contradictions contenues dans la prétendue correspondance de Koot Hoomi qui devait servir de base à ce livre ; et Sinnett lui-même a avoué, d'autre part, que « plus les lecteurs connaîtront l'Inde, moins ils voudront croire que les lettres de Koot Hoomi ont été écrites par un natif de l'Inde »[62] ! Déjà, au moment même de la rupture avec l'*Arya Samâj*, on avait découvert qu'une des lettres en question, reproduite dans le *Monde Occulte* qui parut en juin 1881[63], était tout simplement, pour une bonne partie, la copie d'un discours prononcé à Lake Pleasant, en août 1880, par le professeur Henry Kiddle, de New-York, et publié le même mois dans le journal spirite *Banner of Light*. Kiddle écrivit à Sinnett pour lui demander des explications ; celui-ci ne daigna même pas répondre, et, entre temps, des branches de la Société Théosophique furent fondées à Londres et à Paris. Mais le scandale n'allait pas tarder à éclater : en 1883, Kiddle, à bout de patience, se décida à rendre publique sa protestation[64], ce qui provoqua immédiatement, surtout dans la branche de Londres, de nombreuses et retentissantes démissions, notamment celles de C. C. Massey, qui en était alors président (et qui fut remplacé par Sinnett), de Stainton Moses, de F. W. Percival et de Miss Mabel Collins, l'auteur de la *Lumière sur le Sentier* et des *Portes d'Or*. Le Dr George Wyld, qui avait été le premier président de cette même branche de Londres, s'était déjà retiré en mai 1882, parce que Mme Blavatsky avait dit dans un article du *Theosophist* : « il n'y a pas de Dieu personnel ou impersonnel », à quoi il avait répondu fort logiquement : « S'il n'y a pas de Dieu, il ne peut y avoir d'enseignement *théo*-sophique. » Du reste, partout et à toutes les époques, nombre de

---

[62] *Le Monde Occulte*, pp. 128-129.
[63] P. 102 de l'édition anglaise, pp. 196-197 de la traduction française.
[64] *Light*, 1er septembre 1883 et 5 juillet 1884.

personnes qui étaient imprudemment entrées dans la Société Théosophique s'en retirèrent de même lorsqu'elles furent suffisamment édifiées sur le compte de ses chefs ou sur la valeur de ses enseignements.

Ces faits déterminèrent, au moins momentanément, le remplacement de Koot Hoomi par un autre « Mahâtmâ » du nom de Morya, celui-là même que Mme Blavatsky prétendit ensuite avoir rencontré à Londres en 1851, et avec lequel Mme Besant devait, elle aussi, entrer en communication quelques années plus tard. Il y avait d'ailleurs des liens très étroits et très anciens entre Morya, Mme Blavatsky et le colonel Olcott, s'il faut en croire M. Leadbeater, qui raconte à ce sujet une histoire qui se serait passée il y a quelques milliers d'années dans l'Atlantide, où ces trois personnages se trouvaient déjà réunis[65] ! Morya, que Sinnett appelait « l'Illustre », et que Mme Blavatsky appelait plus familièrement « le général », n'est jamais désigné que par son initiale dans les appendices des rééditions du *Monde Occulte* (il n'était pas encore question de lui dans la première édition) ; voici la raison qui en est donnée : « Il est parfois difficile de savoir comment appeler les « Frères », même quand on connaît leurs vrais noms ; moins on emploie ceux-ci, mieux cela vaut, pour plusieurs raisons, parmi lesquelles on peut ranger la profonde contrariété qu'éprouvent leurs vrais disciples quand de tels noms deviennent d'un usage fréquent et irrespectueux parmi les railleurs »[66]. Mme Blavatsky a dit également : « Nos meilleurs théosophes préféreraient de beaucoup que les noms des Maîtres n'eussent jamais paru dans aucun de nos livres »[67] ; c'est pourquoi l'usage a prévalu de parler seulement des « Maîtres » K. H. (Koot Hoomi), M. (Morya), D. K. (Djwal Kûl). Ce dernier, qu'on donne pour la réincarnation d'Aryasanga, un disciple de Bouddha, est un nouveau venu parmi les « Mahâtmâs » ; il n'a atteint l'« Adeptat » qu'à une date toute récente,

---

[65] *L'Occultisme dans la Nature*, pp. 408-409.
[66] *Le Monde Occulte*, pp. 248-249, note.
[67] *La Clef de la Théosophie*, p.400.

puisque M. Leadbeater dit qu'il n'y était pas encore parvenu lorsqu'il se montra à lui pour la première fois[68].

Koot Hoomi et Morya sont toujours regardés comme les deux principaux guides de la Société Théosophique, et il paraît qu'ils sont destinés à une situation encore plus élevée que celle qu'ils occupent actuellement ; c'est aussi M. Leadbeater qui nous en informe en ces termes : « Beaucoup, parmi nos étudiants, savent que le Maître M., le Grand Adepte auquel se rattachaient plus particulièrement nos deux fondateurs, a été choisi pour être le Manou de la sixième race-mère (celle qui doit succéder à la nôtre), et que son ami inséparable, le Maître K. H., doit en être l'instructeur religieux »[69], c'est-à-dire le Bodhisattwa. Dans les « vies d'Alcyone », dont nous aurons à parler plus tard, Morya est désigné sous le nom de *Mars* et Koot Hoomi sous celui de *Mercure* ; Djwal Kûl y est appelé *Uranus*, et le Bodhisattwa actuel *Sûrya*, nom sanscrit du soleil. Mars et Mercure sont, d'après l'enseignement théosophiste, celles des planètes physiques du système solaire qui appartiennent à la même « chaîne » que la terre : l'humanité terrestre se serait précédemment incarnée sur Mars, et elle devrait s'incarner ultérieurement sur Mercure. Le choix des noms de ces deux planètes, pour désigner respectivement le futur Manou et le futur Bodhisattwa, semble avoir été déterminé par le passage suivant de la *Voix du Silence* : « Regarde *Migmar* (Mars), alors qu'à travers ses voiles cramoisis son « Œil » caresse la terre ensommeillée. Regarde l'aura flamboyante de la « Main » de *Lhagpa* (Mercure) étendue avec amour protecteur sur la tête de ses ascètes »[70]. Ici, l'œil correspond au cerveau, et la main correspond au cœur ; ces deux centres principaux de l'« Homme Céleste » représentent, d'autre part, dans l'ordre des facultés, la mémoire et l'intuition, dont la

---

[68] *L'Occultisme dans la Nature*, pp. 403-404.
[69] *L'Occultisme dans la Nature*, p. 381.
[70] P. 54 de la traduction française d'Amaravella (E.-J. Coulomb). – Le traducteur de ce livre (qui a d'ailleurs, comme bien d'autres, fini par quitter la Société Théosophique) n'a rien de commun, si ce n'est le nom, avec les époux Coulomb que Mme Blavatsky avait connus au Caire, et qu'elle retrouva dans l'Inde comme nous le verrons plus loin.

première se réfère au passé de l'humanité, et la seconde à son avenir ; ces concordances sont au moins curieuses à signaler à titre documentaire, et il faut y ajouter que le nom sanscrit de la planète Mercure est *Budha*. À propos de Mercure, il y a lieu de remarquer encore, dans la série des « vies d'Alcyone », une histoire où il apparaît sous la forme d'un pêcheur grec dont il avait pris le corps après avoir été tué par des barbares ; on profite de cette occasion pour citer un passage de Fénelon[71] où il est dit que le philosophe Pythagore avait été auparavant le pêcheur Pyrrhus, et qu'il avait passé pour le fils de Mercure, et on ajoute que « le rapprochement est intéressant »[72] ; il doit l'être en effet pour les théosophistes, qui croient fermement que leur « Maître » Koot Hoomi est la réincarnation de Pythagore.

Les théosophistes regardent les « Adeptes » comme des hommes vivants, mais des hommes qui ont développé en eux des facultés et des pouvoir qui peuvent paraître surhumains : telle est, par exemple, la possibilité de connaître les pensées d'autrui et de communiquer directement et instantanément, par « télégraphie psychique », avec d'autres « Adeptes » ou avec leurs disciples, en quelque lieu qu'ils se trouvent, et celle de se transporter eux-mêmes, dans leur forme « astrale », non seulement d'une extrémité à l'autre de la terre, mais même sur d'autres planètes. Mais il ne suffit pas de savoir quelle idée les théosophistes se font de leurs « Mahâtmâs », et même ce n'est pas là ce qui importe le plus ; il faudrait encore, et surtout, savoir à quoi tout cela correspond dans la réalité. En effet, quand on a fait la part très large de la fraude et de la supercherie, et nous avons montré qu'il faut la faire, tout n'est pas encore dit sur ces personnages fantastiques, car il est peu d'impostures qui ne reposent pas sur une imitation, ou, si l'on préfère, sur une déformation de la réalité, et c'est d'ailleurs le mélange du vrai et du faux qui, lorsqu'il est habilement fait, les rend plus dangereux et plus difficiles à démasquer. La

---

[71] *Abrégé de la vie des plus illustres philosophes de l'antiquité*, publié en 1823.
[72] *De l'an 25 000 avant Jésus-Christ à nos jours*, par G.Revel, p. 234.

célèbre mystification de Léo Taxil fournirait à cet égard toute une série d'exemples fort instructifs ; et il y a là un rapprochement qui se présente assez naturellement à la pensée[73], parce que, comme Léo Taxil a fini par déclarer qu'il avait tout inventé, Mme Blavatsky a fait de même, quoique moins publiquement, dans certains moments de colère et de découragement. Non seulement elle a dit dans un de ses derniers ouvrages que l'accusation d'avoir imaginé les « Mahâtmâs » et leurs enseignements, loin de lui porter préjudice, fait un honneur excessif à son intelligence, ce qui est d'ailleurs contestable, et « qu'elle en est presque venue à préférer que l'on ne croie pas aux Maîtres »[74] ; mais encore, en ce qui concerne les « phénomènes », nous trouvons sous la plume d'Olcott cette déclaration fort nette :

« À certains jours, elle se trouvait dans des dispositions telles qu'elle se prenait à nier les pouvoirs mêmes dont elle nous avait donné le plus de preuves soigneusement contrôlées par nous ; elle prétendait alors qu'elle avait mis son public dedans ! »[75]. Et Olcott se demande à ce propos « si elle n'avait pas voulu se moquer de ses propres amis » ; c'est bien possible, mais est-ce lorsqu'elle leur montrait des « phénomènes » qu'elle se moquait d'eux, ou lorsqu'elle les prétendait faux ? Quoi qu'il en soit, les négations de Mme Blavatsky faillirent bien dépasser le cercle de ses familiers, car elle écrivit un jour ceci à son compatriote Solovioff : « Je dirai et publierai dans le *Times* et dans tous les journaux que le « Maître » (Morya) et le « Mahâtmâ Koot Hoomi » sont seulement le fruit de ma propre imagination, que je les ai inventés, que les phénomènes sont plus ou moins des apparitions spiritualistes, et j'aurai vingt millions de spirites derrière moi »[76]. Si cette menace n'avait pas suffi à produire l'effet voulu sur certains milieux qui devaient être visés à travers le destinataire de cette lettre, Mme

---

[73] L'idée en est d'ailleurs venue aussi à d'autres qu'à nous (voir un article de M. Eugène Tavernier dans le *Nouvelliste du Nord et du Pas-de-Calais*, 29 juin 1921).
[74] *La Clef de la Théosophie*, pp. 395-397.
[75] Extrait des *Old Diady Leaves* reproduit dans le *Lotus Bleu*, 27 novembre 1895, p. 418.
[76] Lettre de février 1886.

Blavatsky n'aurait sans doute pas hésité à la mettre à exécution, et ainsi son équipée aurait fini exactement comme celle de Taxil ; mais celui qui a trompé en affirmant la vérité de tout ce qu'il racontait peut bien tromper encore en déclarant que tout cela était faux, soit pour échapper à des questions indiscrètes, soit pour toute autre raison. En tout cas, il est de toute évidence qu'on ne peut imiter que ce qui existe : c'est ce qu'on peut faire remarquer notamment au sujet des phénomènes dits « psychiques », dont la simulation même suppose qu'il existe au moins dans cet ordre quelques phénomènes réels. De même, si les soi-disant « Mahâtmâs » ont été inventés, ce qui ne fait pour nous aucun doute, non seulement ils l'ont été pour servir de masque aux influences qui agissaient effectivement derrière Mme Blavatsky, mais encore cette invention a été conçue d'après un modèle préexistant. Les théosophistes présentent volontiers les « Mahâtmâs » comme les successeurs des *Rishis* de l'Inde védique et des *Arhats* du Bouddhisme primitif[77] ; sur les uns et les autres, ils ne savent d'ailleurs pas grand'chose, mais l'idée très fausse qu'ils s'en forment a bien pu, en effet, fournir quelques-uns des traits qu'ils prêtent à leurs « Maîtres ». Seulement, l'essentiel est venu d'ailleurs, et de beaucoup moins loin : presque toutes les organisations initiatiques, même occidentales, se sont toujours réclamées de certains « Maîtres », auxquels des dénominations diverses ont été données ; tels furent précisément les « Adeptes » du Rosicrucianisme ; tels furent également les « Supérieurs Inconnus » de la haute Maçonnerie du XVIIIe siècle. Là aussi, il s'agit bien d'hommes vivants, possédant certaines facultés transcendantes ou supranormales ; et Mme Blavatsky, bien que n'ayant certainement jamais eu la moindre relation avec des « Maîtres » de ce genre, avait pu cependant recueillir sur eux plus d'informations que sur les *Rishis* et les *Arhats*, qui d'ailleurs, n'ayant jamais été regardés en aucune façon comme les chefs d'une organisation quelconque, ne pouvaient en cela servir de type aux « Mahâtmâs ».

---

[77] *Le Bouddhisme Ésotérique*, pp. 18-24.

Nous avons vu que Mme Blavatsky fut en rapport avec des organisations rosicruciennes qui, tout en étant extrêmement éloignées à tous points de vue de la Rose-Croix originelle, n'en avaient pas moins conservé certaines notions relatives aux « Adeptes ». D'autre part, elle avait eu connaissance de divers ouvrages où se trouvent quelques données sur cette question ; ainsi, parmi les livres qu'elle étudia en Amérique en compagnie d'Olcott, et dont nous aurons à reparler, on trouve mentionnées l'*Étoile Flamboyante* du baron de Tschoudy et la *Magia Adamica* d'Eugenius Philalethes[78]. Le premier de ces deux livres, publié en 1766, et dont l'auteur fut le créateur de plusieurs hauts grades maçonniques, contient un « Catéchisme des Philosophes Inconnus »[79], dont la plus grande partie est tirée des écrits du Rosicrucien Sendivogius, appelé aussi le Cosmopolite, et que certains croient être Michel Maier. Quant à l'auteur du second, qui date de 1650, c'est un autre Rosicrucien dont le vrai nom était, dit-on, Thomas Vaughan, bien qu'il ait été connu aussi sous d'autres noms dans divers pays : Childe en Angleterre, Zheil en Amérique, Carnobius en Hollande[80] ; c'est d'ailleurs un personnage fort mystérieux, et ce qui est peut-être le plus curieux, c'est qu'« une tradition prétend qu'il n'a pas encore quitté cette terre »[81]. Les histoires de ce genre ne sont pas si rares qu'on pourrait le croire, et l'on cite des « Adeptes » qui auraient vécu plusieurs siècles et qui, apparaissant à des dates diverses, semblaient avoir toujours le même âge : nous citerons comme exemples l'histoire du comte de Saint-Germain, qui est sans doute la plus connue, et celle de Gualdi, l'alchimiste de Venise ; or les théosophistes racontent exactement les

---

[78] Lettre d'Olcott à Stainton Moses, 22 juin 1875.

[79] Cette dénomination est celle d'un grade qui se retrouve dans plusieurs rites, notamment dans celui des *Philalèthes* ; on sait qu'elle servit de pseudonyme à Louis-Claude de Saint-Martin.

[80] On l'a parfois confondu avec un autre Rosicrucien dont le pseudonyme était Eirenæus Philalethes ; suivant certains, ce dernier est George Starkey, qui vécut en Amérique ; suivant d'autres, c'est lui dont le vrai nom aurait été Childe, et Starkey n'aurait été que son disciple, au lieu d'être, comme le pensent les précédents, celui de Thomas Vaughan.

[81] *Histoire des Rose-croix*, par Sédir, p. 158. – Léo Taxil donnait sa fameuse Diana Vaughan pour une descendante de ce personnage (voir *Lotus Bleu*, 27 décembre 1895).

mêmes choses au sujet des « Mahâtmâs »[82]. Il n'y a donc pas lieu de chercher ailleurs l'origine de ceux-ci, et l'idée même de situer leur demeure dans l'Inde ou dans l'Asie centrale provient des mêmes sources ; en effet, dans un ouvrage publié en 1714 par Sincerus Renatus, le fondateur de la « Rose-Croix d'Or », il est dit que les Maîtres de la Rose-Croix sont partis pour l'Inde depuis quelque temps, et qu'il n'en reste plus aucun en Europe ; la même chose avait déjà été annoncée précédemment par Henri Neuhaus, qui ajoutait que ce départ avait eu lieu après la déclaration de la guerre de Trente Ans. Quoi qu'il faille penser de ces assertions (dont il convient de rapprocher celle de Swedenborg, que c'est désormais parmi les Sages du Thibet et de la Tartarie qu'il faut chercher la « Parole perdue », c'est-à-dire les secrets de l'initiation), il est certain que les Rose-Croix eurent des liens avec des organisations orientales, musulmanes surtout ; en dehors de leurs propres affirmations, il y a à cet égard des rapprochements remarquables : le voyageur Paul Lucas, qui parcourut la Grèce et l'Asie Mineure sous Louis XIV, raconte qu'il rencontra à Brousse quatre derviches dont l'un, qui semblait parler toutes les langues du monde (ce qui est aussi une faculté attribuée aux Rose-Croix), lui dit qu'il faisait partie d'un groupe de sept personnes qui se retrouvaient tous les vingt ans dans une ville désignée à l'avance ; il lui assura que la pierre philosophale permettait de vivre un millier d'années, et lui raconta l'histoire de Nicolas Flamel que l'on croyait mort et qui vivait aux Indes avec sa femme[83].

Nous ne prétendons pas formuler ici une opinion sur l'existence des « Maîtres » et la réalité de leurs facultés extraordinaires ; il faudrait entrer dans de longs développements pour traiter comme il convient ce sujet, qui est d'une importance capitale pour tous ceux qui s'intéressent à l'étude des questions maçonniques, et en particulier de la question si controversée des « pouvoirs occultes » ; peut-être aurons-nous quelque jour l'occasion d'y revenir. Tout ce que nous avons voulu montrer, c'est que Mme Blavatsky a

---

[82] *Le Monde Occulte*, pp. 269-270.
[83] *Voyage du sieur Paul Lucas*, ch. XII.

simplement attribué aux « Mahâtmâs » ce qu'elle savait ou croyait savoir au sujet des « Maîtres » ; elle commit en cela certaines méprises, et il lui arriva de prendre à la lettre des récits qui étaient surtout symboliques ; mais elle n'eut pas de grands efforts d'imagination à faire pour composer le portrait de ces personnages, qu'elle relégua finalement dans une région inaccessible du Thibet pour rendre toute vérification impossible. Elle dépassait donc la mesure quand elle écrivait à Solovioff la phrase que nous avons citée plus haut, car le type selon lequel elle avait conçu les « Mahâtmâs » n'était nullement de son invention ; elle l'avait seulement déformé par sa compréhension imparfaite, et parce que son attention était surtout tournée du côté des « phénomènes », que les associations initiatiques sérieuses ont toujours regardés au contraire comme une chose fort négligeable ; de plus, elle établissait, plus ou moins volontairement, une confusion entre ces « Mahâtmâs » et ses vrais inspirateurs cachés, qui ne possédaient assurément aucun des caractères qu'elle leur prêtait ainsi fort gratuitement. Par la suite, partout où les théosophistes rencontrèrent quelque allusion aux « Maîtres », dans le Rosicrucianisme ou ailleurs, et partout où ils trouvèrent quelque chose d'analogue dans le peu qu'ils purent connaître des traditions orientales, ils prétendirent qu'il s'agissait des « Mahâtmâs » et de leur « Grande loge Blanche » ; c'est là proprement renverser l'ordre naturel des choses, car il est évident que la copie ne peut être antérieure au modèle. Ces mêmes théosophistes ont d'ailleurs cherché à utiliser de la même façon des éléments de provenances fort diverses et parfois inattendues ; c'est ainsi qu'ils ont voulu tirer parti des visions d'Anne-Catherine Emmerich, en identifiant au séjour mystérieux de leurs « Maîtres de Sagesse » le lieu, peut-être symbolique, que la religieuse westphalienne décrit sous le nom de « Montagne des Prophètes »[84]. La plupart des « Maîtres », avons-nous dit, sont censés habiter le Thibet : tels sont ceux que nous avons eu l'occasion de mentionner jusqu'ici, et ce sont ces « Maîtres » thibétains qui sont proprement les « Mahâtmâs », bien que ce terme, comme nous l'avons fait remarquer, soit quelque peu tombé en

---

[84] Voir notamment *Le Théosophe*, 16 février et 1er mars 1912, 16 août 1913.

désuétude. Il en est pourtant quelques autres dont la résidence est moins lointaine, au dire des théosophistes, du moins depuis que les « Mahâtmâs » se sont décidément identifiés aux « Adeptes » au sens rosicrucien du mot ; l'un d'eux, notamment, séjournerait habituellement dans les Balkans ; il est vrai que le rôle qui est attribué à celui-là concerne plutôt le Rosicrucianisme, précisément, que le théosophisme ordinaire. A ce « Maître », qui paraît bien être un des « sept adeptes » dont parlait le comte MacGregor, se rattache pour nous un souvenir personnel : il y a quelques années, en 1913 si nous ne nous trompons, on nous proposa de nous mettre en rapport avec lui (il s'agissait d'ailleurs d'une affaire avec laquelle, en principe, le théosophisme n'avait rien à voir) ; comme cela ne nous engageait à rien, nous acceptâmes volontiers, sans pourtant nous faire beaucoup d'illusions sur ce qui en résulterait. Au jour qui avait été fixé pour la rencontre (laquelle ne devait point avoir lieu « en astral »), il vint seulement un membre influent de la Société Théosophique, qui, arrivant de Londres où devait alors se trouver le « Maître », prétendit que celui-ci n'avait pu l'accompagner dans son voyage, et trouva un prétexte quelconque pour l'en excuser. Depuis lors, il ne fut plus jamais question de rien, et nous apprîmes seulement que la correspondance adressée au « Maître » était interceptée par Mme Besant. Sans doute, cela ne prouve pas l'inexistence du « Maître » dont il s'agit ; aussi nous garderons-nous bien de tirer la moindre conclusion de cette histoire, à laquelle, d'autre part, se trouva encore mêlé, comme par hasard, le nom du mystérieux *Imperator*.

La foi aux « Maître », et aux « Maîtres » rigoureusement tels qu'ils ont été définis par Mme Blavatsky et ses successeurs, est en quelque sorte la base même de tout le théosophisme, dont les enseignements ne peuvent avoir que cette seule garantie : ou ils sont l'expression du savoir acquis par les « Maîtres » et communiqué par eux, ou ils ne sont qu'un amas de rêveries sans valeur ; aussi la comtesse Wachtmeister a-t-elle dit que, « s'il n'existait pas de Mahâtmâs ou Adeptes, les enseignements dits

« théosophiques » seraient faux »[85], tandis que Mme Besant, de son côté, a déclaré formellement : « Sans les Mahâtmâs, la Société est une absurdité »[86]. Avec les « Mahâtmâs », au contraire, la Société prend un caractère unique, une importance exceptionnelle : « elle occupe dans la vie moderne une place toute spéciale, car son origine diffère entièrement de celle de toutes les institutions actuelles »[87], « elle est un des grands monuments de l'histoire du monde »[88], et « le fait d'entrer dans la Société Théosophique équivaut à se placer sous la protection directe des guides suprêmes de l'humanité »[89]. Donc, si les « Maîtres » ont pu sembler, à certains moments, rentrer un peu dans l'ombre, il n'en est pas moins vrai qu'ils n'ont jamais disparu et ne pouvaient pas disparaitre du théosophisme ; peut-être ne se manifestent-ils pas par des « phénomènes » aussi éclatants qu'au début, mais, dans la Société, on parle tout autant d'eux aujourd'hui que du temps de Mme Blavatsky.

Malgré cela, les membres subalternes de la Société Théosophique reportent parfois sur leurs chefs visibles la vénération dont les « Maîtres » seuls étaient primitivement l'objet, vénération qui va jusqu'à une véritable idolâtrie ; est-ce parce qu'ils trouvent les « Maîtres » trop éloignés et trop inaccessibles, ou parce que le prestige de ces êtres extraordinaires rejaillit sur ceux que l'on croit être en relations constantes avec eux ? Peut-être l'une et l'autre de ces deux raisons y ont-elles une part ; on conseille à l'« étudiant » qui désire se mettre en rapport avec les « Maîtres » de passer d'abord par l'intermédiaire de leurs disciples, et surtout de la présidente de la Société Théosophique : « Il pourra, dit M. Wedgwood, mettre son esprit à l'unisson du sien (c'est-à-dire de celui de Mme Besant) au moyen de ses ouvrages, de ses écrits ou de ses conférences. Il s'aidera de son image pour atteindre à elle dans sa méditation. Chaque jour, à intervalles réguliers, il

---

[85] *Reminiscences of H. P. Blavatsky*, ch. IV.
[86] *Lucifer*, 11 décembre 1890.
[87] *L'Occultisme dans la Nature*, p. 377.
[88] *Ibid*, p.380.
[89] *De l'an 25000 avant Jésus-Christ à nos jours*, pp. 66-67.

fixera cette image dans son esprit et lui enverra des pensées d'amour, de dévotion, de gratitude et de force »[90]. Quand nous parlons d'idolâtrie, il ne faut pas croire qu'il y ait là la moindre exagération de notre part ; outre le texte précédent, où l'emploi du mot « dévotion » est déjà assez significatif, on pourra en juger par ces deux exemples : il y a quelques années, dans une lettre confidentielle qu'il adressait à ses collègues en une circonstance critique, M. George S. Arundale, principal du « Central Hindu College » de Bénarès, appelait Mme Besant « la future conductrice des dieux et des hommes » ; et plus récemment, dans une ville du Midi de la France, à la fête du « Lotus Blanc » (commémoration de la mort de Mme Blavatsky), un délégué du « Centre Apostolique » s'écriait devant le portrait de la fondatrice : « Adorez-la, comme je l'adore moi-même ! » Tout commentaire serait superflu, et nous n'ajouterons qu'un mot à ce sujet : si absurdes que soient des choses comme celles-là, il n'y a pas lieu de s'en étonner outre mesure, car, quand on sait à quoi s'en tenir sur les « Mahâtmâs », on est autorisé, par la déclaration de Mme Besant en personne, à conclure que le théosophisme n'est qu'une « absurdité ».

---

[90] *Revue Théosophique française*, 27 janvier 1914.

CHAPITRE V

L'AFFAIRE DE LA SOCIÉTÉ DES RECHERCHES PSYCHIQUES

L'incident du professeur Kiddle avait été un premier coup porté publiquement à la Société Théosophique ; Sinnett, qui avait tout d'abord gardé le silence sur cette affaire, se décida à présenter, dans la quatrième édition du *Monde Occulte*, une explication assez maladroite fournie par Koot Hoomi lui-même : l'apparence du plagiat était due, disait celui-ci, à la maladresse et à la négligence d'un « chéla » (disciple régulier) qu'il avait chargé de « précipiter » et de transmettre son message, et qui en avait omis précisément la partie qui montrait que le passage incriminé n'était qu'une citation. Le « Maître » se trouvait obligé d'avouer qu'il avait eu l'« imprudence » de laisser partir sa lettre sans l'avoir relue pour la corriger ; il paraît qu'il était très fatigué, et il faut le croire car il avait singulièrement manqué de « clairvoyance » en cette occasion[91]. Après avoir rétabli ce qui devait être le texte intégral du message et avoir présenté à M. Kiddle de bien tardives excuses, Sinnett, faisant contre fortune bon cœur, terminait en ces termes : « Nous ne devons pas regretter trop l'incident, car il a donné lieu à des explications utiles et nous a permis de connaître plus intimement quelques détails pleins

---

[91] *Le Monde Occulte*, pp. 279-284. – Voir à ce sujet une chronique d'Anatole France dans le *Temps* du 24 avril 1887, et une autre de Georges Montorgueil dans le *Paris* du 29 avril 1887.

d'intérêt, ayant rapport aux méthodes dont les adeptes se servent parfois pour leur correspondance »[92].

Sinnett voulait parler des explications du soi-disant Koot Hoomi sur les procédés de « précipitation » ; mais les vraies méthodes qui étaient employées réellement pour cette correspondance, ce sont les déclarations de M. Allen O. Hume qui, vers la même époque, avaient commencé à les faire connaître. Si les phénomènes se produisaient plus facilement et plus abondamment au quartier général de la Société que partout ailleurs, les causes n'en étaient peut-être pas « le magnétisme supérieur et sympathique possédé par Mme Blavatsky et une ou deux autres personnes, la pureté de vie de tous ceux qui y résident habituellement, et les influences que les Frères eux-mêmes y répandent constamment »[93]. La vérité est que Mme Blavatsky, à Adyar, était entourée de compères qu'elle n'aurait pu emmener partout avec elle sans éveiller des soupçons : sans parler d'Olcott, il y avait là tout d'abord les époux Coulomb, ses anciens associés du « club à miracles » du Caire, qu'elle avait retrouvés dans l'Inde peu après son arrivée ; il y avait aussi un certain Babula, qui avait été au service d'un prestidigitateur français, et qui se vanta lui-même d'avoir « fabriqué et montré des Mahâtmâs en mousseline », tout comme les faux médiums à « matérialisations » ; il y avait encore plusieurs des prétendus « chélas », comme Damodar K. Mavalankar, Subba Rao et Mohini Mohun Chatterjee, qui aidaient Mme Blavatsky à écrire les « lettres précipitées », ainsi qu'ellemême l'avoua plus tard à Solovioff[94]. Enfin, quand tous ces aides conscients ne suffisaient pas, il y avait encore les complices inconscients et involontaires, comme Dhabagiri Nath Bavadjî, qui, suivant la déclaration écrite qu'il fit le 30 septembre 1892, était totalement sous l'influence magnétique de Mme Blavatsky et de Damodar K. Mavalankar, croyait tout ce qu'ils lui disaient et faisait tout ce qu'ils lui suggéraient de faire. Avec un pareil entourage, bien des choses devaient être possibles, et Mme Blavatsky

---

[92] *Le Monde Occulte*, p. 295.
[93] *Ibid.*, p. 245.
[94] *A modern priestess of Isis*, p. 157.

savait s'en servir à merveille lorsqu'il s'agissait de convertir des gens à ses théories, ou même d'en tirer des profits plus tangibles : « À présent, ma chère, écrivait-elle un jour à Mme Coulomb en parlant d'un M. Jacob Sassoon, changeons de programme ; il veut donner dix mille roupies, si seulement il voit un petit phénomène »[95].

Cependant, la multiplicité même des complices n'allait pas sans quelques inconvénients, car il était difficile de s'assurer de leur entière discrétion, et il paraît que les Coulomb ne furent pas irréprochables sous ce rapport. Aussi, voyant que les choses tournaient mal, Mme Blavatsky s'embarqua pour l'Europe avec Olcott ct Mohini Mohun Chatterjee, après avoir formé un conseil d'administration composé de MM. Saint-George Lane Fox, le Dr Franz Hartmann, Devân Bahadur Ragunath Rao, Srinivas Rao et T. Subba Rao ; et elle avait demandé à M. Lane Fox de faire en sorte de la débarrasser des Coulomb. C'est ce qui fut fait sous un prétexte quelconque, en mai 1884, au moment même où Mme Blavatsky venait de proclamer à Londres : « Ma mission est de renverser le spiritualisme, de convertir les matérialistes et de prouver l'existence des Frères du Thibet »[96]. Furieux, les Coulomb ne tardèrent pas à se venger ; on dit qu'ils vendirent à des missionnaires les lettres de Mme Blavatsky qui étaient en leur possession ; toujours est-il que ces lettres furent publiées peu après dans un journal de Madras[97]. Il faut croire que cette riposte fut particulièrement sensible à Mme Blavatsky, car celle-ci, dès les premières nouvelles qu'elle en reçut, dépêcha Olcott à Adyar pour « arranger les choses » et écrivit à Solovioff : « Tout est perdu, même l'honneur. J'ai envoyé ma démission et je me retirerai de la scène d'action. J'irai en Chine, au Thibet, au diable s'il le faut, où personne ne me trouvera, ne me verra, ne saura où je suis. Je serai morte pour tous, excepté pour deux ou trois amis dévoués comme vous, et je désire que l'on croie que je suis morte. Alors, dans un couple d'années, si la mort m'épargne, je reparaîtrai avec une force renouvelée.

---

[95] *Some account of my intercourse with Mme Blavatsky*, par Mme Coulomb.
[96] *Pall Mall Gazette*, 26 avril 1884.
[97] *Christian College Magazine*, septembre à décembre 1884.

Cela a été décidé et signé par le « général » (Morya) lui-même... l'effet de ma démission publiquement annoncée par moi sera immense »[98]. Quelques jours après, elle écrivait encore : « J'ai démissionné, et à présent c'est le gâchis le plus étrange. Le « général » a ordonné cette stratégie, et il sait. Naturellement, je reste membre de la Société, mais un simple membre, et je vais disparaître pour un an ou deux du champ de bataille... Je désirerais aller en Chine, si le Mahâtmâ le permet ; mais je n'ai pas d'argent. Si l'on sait où je suis, tout est perdu... Mon programme est celui-ci : qu'on parle de nous aussi mystérieusement que possible, et vaguement. Que les théosophes soient entourés d'un tel mystère que le diable lui-même soit incapable d'y voir quoi que ce soit, même à travers des lunettes »[99]. Mais elle se ravisa tout à coup : de Paris où elle se trouvait alors, elle se rendit à Londres pour quinze jours, puis repartit pour Adyar, où elle arriva au commencement de décembre 1884.

Or, pendant ce temps, la Société des recherches psychiques de Londres, dont l'attention avait été attirée par la propagande que la Société Théosophique faisait un peu partout en Europe, avait nommé une commission pour étudier la nature des « phénomènes » de Mme Blavatsky. Délégué par cette commission, le Dr Richard Hodgson se rendit à Adyar ; il y arriva en novembre 1884, et il y fit une minutieuse enquête qui dura jusqu'en avril 1885. Le résultat fut un long rapport dans lequel étaient exposés en détail tous les « trucs » employés par Mme Blavatsky, et qui aboutissait à cette conclusion formelle « qu'elle n'est pas le porte-parole de voyants que le public ignore, ni une aventurière vulgaire, mais qu'elle a conquis sa place dans l'histoire comme un des plus accomplis, des plus ingénieux et des plus intéressants imposteurs dont le nom mérite de passer à la postérité »[100]. Ce rapport ne fut publié qu'en décembre 1885, après avoir été soigneusement examiné par la Société des recherches psychiques, qui déclara en conséquence Mme Blavatsky « coupable d'une combinaison

---

[98] *A modern priestess of Isis*, pp. 94-95.
[99] Ibid., p. 99.
[100] *Proceedings of the Society for Psychical Research*, décembre 1885, p. 503.

longuement continuée avec d'autres personnes, en vue de produire, par des moyens ordinaires, une série d'apparentes merveilles pour le soutien du mouvement théosophique ». Cette nouvelle affaire eut un bien plus grand retentissement que les précédentes ; non seulement elle provoqua encore beaucoup de démissions à Londres, mais elle fut bientôt connue hors d'Angleterre[101], et, jointe à d'autres incidents que nous rapporterons plus loin, elle fut pour la branche de Paris la cause d'une ruine presque complète.

Le rapport du Dr Hodgson était appuyé de nombreux documents probants, et notamment de la correspondance échangée entre Mme Blavatsky et les Coulomb, correspondance dont il est impossible de contester l'authenticité :

M. Alfred Alexander, qui se fit l'éditeur de ces lettres, défia Mme Blavatsky de les poursuivre en justice. Quelque temps après, les Coulomb ayant fait citer celle-ci comme témoin dans un procès qu'ils avaient intenté à un membre de la Société Théosophique, le général Morgan, dont ils avaient à se plaindre, elle s'empressa, quoique malade, de repartir pour l'Europe, laissant cette fois Olcott à Adyar ; c'était au début d'avril 1885. D'autre part, cette correspondance, soumise à l'examen de deux des plus habiles experts d'Angleterre, a été reconnue authentique par eux ; elle l'a été également par M. Massey, l'ancien président de la branche de Londres, qui, lors de l'affaire Kiddle, avait découvert que l'arrivée de « lettres précipitées » dans sa maison n'était due qu'à l'habileté d'une domestique aux gages de Mme Blavatsky[102]. Ajoutons que les experts anglais examinèrent également les diverses lettres des « Mahâtmâs » que le Dr Hodgson avait pu se faire remettre, et qu'ils affirmèrent qu'elles étaient l'œuvre de Mme Blavatsky et de Damodar K. Mavalankar, ce qui est en

---

[101] Voir *Revue Scientifique*, 16 avril 1887, p. 503 ; *Revue Philosophique*, avril 1887, p. 402 ; *Revue de l'Hypnotisme*, février 1887, p. 251, etc.
[102] *Daily Chronicle*, de Londres, 17 et 18 septembre 1893 ; *Religio-Philosophical Journal*, de Chicago, juin 1885, article de M. William Emmett Coleman.

parfait accord avec les différentes déclarations que nous avons déjà reproduites ; du reste, Mavalankar quitta Adyar en même temps que Mme Blavatsky, et l'on prétendit qu'il était parti pour le Thibet.

Nous venons de dire que Mme Blavatsky était souffrante au moment de son départ ; elle profita de cette circonstance pour emmener avec elle le Dr Hartmann, qu'elle tenait à écarter d'Adyar, parce que son rôle avait été fort équivoque ; elle l'accusa même nettement d'avoir joué un double jeu et d'avoir fourni des armes à ses adversaires. « Cet homme affreux, écrivait-elle en parlant de lui, m'a fait plus de mal par sa défense, et souvent par sa fourberie, que les Coulomb par leurs francs mensonges… Un jour, il me défendit dans des lettres à Hume et à d'autres théosophes, et il insinua alors de telles infamies, que tous ses correspondants se retournèrent contre moi. C'est lui qui a converti d'ami en ennemi Hodgson, le représentant envoyé par la Société psychique de Londres pour enquêter sur les phénomènes dans l'Inde. C'est un cynique, un menteur, astucieux et vindicatif ; sa jalousie contre le Maître (*sic*) et son envie contre quiconque recevait du Maître la moindre attention, sont simplement répulsives… Actuellement, j'ai pu en débarrasser la Société en consentant à le prendre avec moi, sous prétexte qu'il est docteur. La Société et Olcott à sa tête en étaient si effrayés qu'ils n'ont pas osé l'expulser. Et il a fait tout cela dans l'intention de me dominer, de tirer de moi tout que je sais, de ne pas me voir accorder à Subba Rao d'écrire la *Doctrine Secrète*, et de l'écrire lui-même sous ma direction. Mais il s'est grandement abusé. Je l'ai amené ici, et je lui ai dit que je n'écrirais pas à présent la *Doctrine Secrète*, mais que j'écrirais pour les revues russes, et j'ai refusé de lui parler d'un simple mot d'occultisme. Voyant que j'avais fait le vœu de garder le silence et de ne rien lui enseigner, il est enfin parti. Aucun doute qu'il ne se mette à répandre des mensonges à mon sujet dans la Société allemande ; mais cela m'est égal maintenant, laissez-le mentir »[103]. Vraiment, il faut convenir que ces apôtres de la « fraternité universelle » ont une façon tout à fait charmante de se traiter

---

[103] Lettre datée de Naples, 23 mai 1885.

entre eux ! Les faits qui avaient donné lieu à ces accusations de Mme Blavatsky sont d'ailleurs assez obscurs : Hartmann avait, sur l'ordre des « Mahâtmâs », préparé une réponse au rapport d'Hodgson, mais, le général Morgan ayant menacé de faire du bruit parce que son nom s'y trouvait, Olcott avait fait détruire ce travail[104] ; le rôle de ce Morgan, général de l'armée des Indes, est encore un point énigmatique. Hartmann prit sa revanche quelques années plus tard, en 1889, en faisant publier (et on se demande comment il y parvint) par la revue théosophiste *Lucifer*, organe personnel de Mme Blavatsky, une nouvelle intitulée *L'Image parlante d'Urur*, qui n'était, sous le voile d'une allégorie transparente (Urur est le nom d'une localité voisine d'Adyar), qu'une âpre satire de la Société et de ses fondateurs.

À entendre Mme Blavatsky, ce qui arrivait était la faute de la Société qu'elle avait fondée et dont les membres n'avaient cessé de lui demander des merveilles : « C'est le « karma » de la Société Théosophique, disait-elle à la comtesse Wachtmeister, et il tombe sur moi. Je suis le bouc émissaire ; je suis destinée à supporter tous les péchés de la Société… O phénomènes maudits, que j'ai seulement produits pour plaire à des amis particuliers et pour instruire ceux qui m'entouraient ![105]… Les gens me tourmentaient continuellement. C'était toujours : « Oh ! matérialisez ceci », ou : « Faites-moi entendre la clochette astrale », et ainsi de suite. Alors, comme je n'aimais pas les désappointer, j'accédais à leurs demandes ; à présent, je dois en souffrir »[106].

« Ces phénomènes maudits, lui écrivait-elle encore un peu plus tard, ont perdu ma réputation, ce qui est une petite affaire et ce que j'accepte allègrement, mais ils ont perdu aussi la Théosophie en Europe… Les phénomènes sont la malédiction et la ruine de la Société »[107]. Quoi qu'il en

---

[104] *Le Lotus*, mars 1889, p. 708.
[105] *Reminiscences of H. P. Blavatsky*, par la comtesse Constance Wachtmeister, ch. IV.
[106] *Ibid.*, ch. VIII.
[107] *Ibid.*, ch. IX.

soit, et si malheureuse que Mme Blavatsky ait été réellement alors, il est à supposer que, si ses « phénomènes » avaient été de bon aloi, elle n'aurait pas manqué, dès son retour en Europe, de demander à les reproduire devant la Société des recherches psychiques, dont le jugement définitif n'était pas encore rendu à cette époque, et dont plusieurs membres, d'ailleurs, appartenaient en même temps à la branche théosophique de Londres[108] ; mais elle se garda bien de recourir à cette expérience, qui aurait cependant constitué la seule réponse valable qu'elle pût faire à ses accusateurs. Au lieu de cela, elle se borna à dire que, « si on ne la retenait pas », et « s'il n'était des questions auxquelles elle avait solennellement juré de ne jamais répondre », elle poursuivrait ceux-ci devant les tribunaux, et à traiter de « mensonges », maintenant qu'elle était au loin, les révélations des Coulomb[109] ; et les « phénomènes » cessèrent à peu près complètement, tandis qu'ils s'étaient produits en abondance durant le séjour qu'elle avait fait en Europe au cours de l'année précédente[110].

À ce propos, nous devons dire que certains croient qu'il n'est plus question aujourd'hui, dans le théosophisme, de ces phénomènes occultes qui tinrent une si grande place dans ses débuts, soit parce qu'on aurait fini par se désintéresser de leur étude, soit parce qu'ils ne servaient au fond qu'à attirer des adhérents (Mme Blavatsky elle-même leur attribuait ce rôle, au dire de la comtesse Wachtmeister)[111] et qu'on pourrait désormais se passer d'y avoir recours pour cet usage. En réalité, si les mésaventures de Mme Blavatsky ont mis fin aux exhibitions tapageuses, parce qu'elles n'avaient que trop montré combien certaines maladresses sont dangereuses pour la réputation de leurs auteurs, les théosophistes n'en ont pas moins continué

---

[108] Myers lui-même, son président-fondateur, avait appartenu pendant trois ans à la Société Théosophique.
[109] Voir la protestation, datée du 14 janvier 1886, qu'elle fit insérer dans une brochure de Sinnett intitulée *The Occult World Phenomena and the S. F. P. R.* – Voir aussi un article intitulé *Juges ou calomniateurs ?* qu'elle publia un peu plus tard dans le *Lotus* (juin 1887).
[110] Voir *Le Monde Occulte*, postface du traducteur, pp. 327-349.
[111] *Reminiscences of H. P. Blavatsky*, ch. VIII.

à s'occuper du « développement des pouvoirs latents de l'organisme humain », et tel a toujours été le but essentiel de la « section ésotérique », appelée aussi « École théosophique orientale ». Voici un extrait de la déclaration de principes de la Société Théosophique (assez différente de la première déclaration de New-York) qui en donne la preuve : « La Société Théosophique a pour but : 1° de former le noyau d'une fraternité universelle, sans distinction de sexe, couleur, race, rang, credo ni parti ; 2° d'encourager l'étude des littératures, religions et sciences âryennes et orientales ; 3° d'approfondir les lois inexpliquées de la nature et les pouvoirs psychiques latents chez l'homme. Les deux premiers de ces objets sont *exotériques* et se basent sur l'unité de la Vie et de la Vérité sous toutes les divergences de Forme et d'époque. Le troisième est *ésotérique* et s'appuie sur la possibilité de réaliser cette unité et de comprendre cette vérité. » Du reste, pour se convaincre qu'il en est toujours ainsi, il n'y a qu'à parcourir les ouvrages de M. Leadbeater, où il n'est question que de « clairvoyance », de manifestations d'« Adeptes », d'« élémentals » et autres entités du « monde astral », et cela même dans les plus récents. Assurément, ces choses n'ont, en elles-mêmes, qu'un intérêt fort limité, mais les théosophistes ne les jugent pas de cette façon, elles ont le plus vif attrait pour la plupart d'entre eux, et il en est même qui ne s'intéressent à rien d'autre ; en tout cas, elles ont sur les théories, même d'un ordre peu élevé, le grand avantage d'être à la portée de toutes les intelligences et de pouvoir donner quelque apparence de satisfaction aux esprits les plus grossiers et les plus bornés[112].

Il y a des personnes qui pensent que la « section ésotérique » n'existe plus dans la Société Théosophique, mais il n'en est rien ; la vérité est que, pour donner le change, on en a fait une organisation nominalement séparée de la Société, mais néanmoins toujours soumise à la même direction. D'autre part, on a jugé bon de supprimer les signes de reconnaissance qui

---

[112] Un Hindou nous disait un jour, en parlant de M. Leadbeater : « He is one of the most coarse-minded men I ever knew. »

étaient autrefois en usage parmi les membres de la Société Théosophique, à l'imitation de la Maçonnerie et de bien d'autres sociétés secrètes, et qu'on regarde communément, mais à tort, comme constituant un des traits caractéristiques essentiels de toute société secrète. Nous disons à tort, car nous savons qu'il y a, surtout en Orient, certaines organisations qui sont précisément parmi les plus fermées de toutes, et qui ne font usage d'aucun moyen extérieur de reconnaissance ; cela, les théosophistes l'ignorent peut-être, et leur organisation ne peut à aucun égard être comparée à celles-là ; mais nous entendons simplement montrer par là que la suppression des signes ne prouve absolument rien et qu'il n'y faut attacher aucune importance, d'autant plus que ces signes, contrairement à ce qui a lieu ailleurs, pour la Maçonnerie par exemple, ne pouvaient pas avoir, dans cette société de création si récente, la moindre valeur symbolique traditionnelle.

CHAPITRE VI

Mme BLAVATSKY ET SOLOVIOFF

Après son retour en Europe, Mme Blavatsky s'installa d'abord en Allemagne, à Wurtzbourg ; là se passèrent encore des faits qu'il est intéressant de rapporter. Mme Blavatsky avait invité Solovioff à venir passer quelque temps auprès d'elle, en lui promettant de tout lui enseigner et de lui montrer autant de phénomènes qu'il en voudrait[113] ; mais Solovioff se méfiait, et, chaque fois que Mme Blavatsky tenta quelque chose, elle fut prise en flagrant délit de fraude, d'autant plus facilement qu'elle n'avait plus alors pour aide que le seul Bavadjî, qui l'avait accompagnée dans son voyage, ainsi que le Dr Hartmann et une certaine Miss Flynes. En septembre 1885, Bavadjî, de passage à Paris, déclara à Mme Emilie de Morsier, alors secrétaire de la branche parisienne, et qui devait bientôt démissionner, que « Mme Blavatsky, sachant qu'elle ne pouvait gagner M. Solovioff que par l'occultisme, lui promettait toujours de lui enseigner de nouveaux mystères », et qu'elle demandait parfois : « Mais que puis-je lui dire encore ? Bavadjî, sauvezmoi, trouvez quelque chose ; je ne sais plus qu'inventer. » Mme de Morsier écrivit ces déclarations et, un peu plus tard, les remit sous sa signature à Solovioff ; celui-ci devait à son tour, en 1892, publier le récit de tout ce qu'il avait vu, ainsi que les lettres de Mme Blavatsky et les confidences orales qu'elle lui avait faites, dans des articles qui furent ensuite réunis en volume et traduits en anglais par le Dr Leaf,

---

[113] *A modern priestess of Isis*, p. 138.

sous le titre *A modern priestess of Isis* ; cette traduction parut sous les auspices de la Société des recherches psychiques.

Un jour, Solovioff trouva Bavadjî, plongé dans un état hypnotique, écrivant péniblement quelque chose en russe, langue qu'il ignorait entièrement ; c'était un prétendu message dicté par un « Mahâtmâ », mais, par malheur, il s'y glissa une grossière erreur : par l'omission de quelques lettres, une phrase comme celle-ci : « Heureux sont ceux qui croient », était devenue : « Heureux sont ceux qui mentent »[114] ; en voyant cela, Mme Blavatsky entra dans une véritable fureur et prétendit que Bavadjî avait été le jouet d'un « élémental »[115]. Une autre fois, une involontaire maladresse de Mme Blavatsky révéla à Solovioff le secret de la « clochette astrale » : « Un jour que sa fameuse clochette d'argent se faisait entendre, un objet tomba soudainement auprès d'elle sur le parquet. Je m'empressai de le ramasser. C'était une petite pièce d'argent, délicatement travaillée et façonnée. Helena Petrowna changea aussitôt de contenance et m'arracha l'objet des mains. Je toussai d'une manière significative et tournai la conversation sur des choses indifférentes »[116]. Un autre jour encore, Solovioff trouva dans un tiroir un paquet d'enveloppes chinoises, exactement pareilles à celles dans lesquelles étaient habituellement contenues les prétendues lettres des « Maîtres »[117].

Solovioff finit par déclarer à Mme Blavatsky qu'il était temps de cesser toute cette comédie, et qu'il y avait déjà longtemps qu'il était convaincu de la fausseté de ses phénomènes ; mais, pour provoquer ses confidences, il ajouta :

---

[114] En anglais, « Blessed are they that *lie* », au lieu de « Blessed are they that *believe* » ; il paraît qu'un semblable jeu de mots peut aussi se produire en russe.
[115] *A modern priestess of Isis*, p. 147.
[116] *Ibid.*, p. 149.
[117] *Ibid.*, p. 152.

« Remplir le rôle que vous jouez, vous faire suivre des foules, intéresser les savants, fonder des sociétés dans des terres lointaines, créer un mouvement comme celui-là ! Pourquoi donc suis-je attiré à vous contre ma volonté ? De ma vie, je n'ai jamais rencontré une femme aussi extraordinaire que vous, et je suis sûr de ne jamais en rencontrer une autre. Oui, Helena Petrowna, je vous admire comme une force véritable. » Mme Blavatsky, se laissant prendre à cette flatterie, répondit : « Ce n'est pas pour rien que nous nous sommes rencontrés... Olcott est utile dans sa place, mais il est généralement semblable à un âne (*sic*). Combien de fois il m'a laissée là, combien de soucis il m'a causés par son incurable stupidité ! Si vous voulez seulement me venir en aide, nous étonnerons le monde à nous deux, nous aurons toutes choses dans nos mains »[118]. C'est alors que Solovioff se fit désigner les véritables auteurs des lettres de Koot Hoomi ; il se fit même montrer encore la clochette magique que Mme Blavatsky dissimulait sous son châle, mais elle ne voulut pas lui en laisser examiner le mécanisme à loisir. Pour conclure cet entretien, Mme Blavatsky lui dit : « Préparez le terrain pour que je travaille en Russie ; je croyais que je ne pourrais jamais y retourner, mais à présent c'est possible. Quelques personnes font là-bas tout ce qu'elles peuvent, mais vous pouvez plus qu'aucune d'elles maintenant. Ecrivez davantage, louangez la Société Théosophique, excitez l'intérêt, et créez les lettres russes de Koot Hoomi ; je vous donnerai tous les matériaux pour cela »[119]. Solovioff aurait certainement pu rendre à Mme Blavatsky les services qu'elle lui demandait, car, fils d'un historien célèbre et écrivain lui-même, il occupait en outre une situation à la Cour de Russie ; mais, loin d'accepter, il prit congé d'elle deux ou trois jours après et partit pour Paris, en se promettant bien de ne rien tenter en sa faveur, soit dans les milieux littéraires et les journaux russes, soit auprès de la Société des recherches psychiques dont le rapport était alors sous presse.

---

[118] *A modern priestess of Isis*, p. 153-154.
[119] *Ibid.*, p. 158.

Au bout de quelque temps, Mme Blavatsky adressa à Solovioff la lettre dont nous avons déjà reproduit des extraits, et dans laquelle, pensant bien que le destinataire la communiquerait à quelques membres de la Société, elle menaçait de proclamer publiquement l'inexistence des « Mahâtmâs », tout en s'étendant beaucoup sur sa vie privée qui ne regardait personne. Quelques jours plus tard, elle écrivait encore une autre lettre, suppliant son compatriote de ne pas la « trahir » ; pour toute réponse, Solovioff adressa, le 16 février 1886, sa démission à M. Oakley, secrétaire de la Société d'Adyar, en donnant comme principal motif celui-ci : « Mme Blavatsky a voulu profiter de mon nom et m'a fait signer et publier le récit d'un phénomène obtenu par fraude au mois d'avril 1884. » C'était d'ailleurs l'habitude de Mme Blavatsky d'agir ainsi, et elle pensait tenir ses dupes par leur signature : « Croiriez-vous, avait-elle dit à Solovioff, qu'avant comme après la fondation de la Société Théosophique, je n'ai pas rencontré plus de deux ou trois hommes capables d'observer, de voir et de remarquer ce qui se passait autour d'eux ? C'est simplement étonnant. Au moins neuf personnes sur dix sont entièrement dépourvues de la capacité d'observation et du pouvoir de se rappeler exactement ce qui a eu lieu quelques heures auparavant. Combien de fois il est arrivé que, sous ma direction et sous ma révision, des procès-verbaux relatifs à des phénomènes ont été rédigés ! Les personnes les plus innocentes et les plus consciencieuses, même des sceptiques, même ceux qui me suspectent actuellement, ont signé en toutes lettres comme témoins au bas des procès-verbaux ; et toujours je savais que ce qui était arrivé n'était nullement ce qui était rapporté dans ces procès-verbaux »[120].

Si Solovioff avait signé comme bien d'autres, il y eut pourtant quelques exceptions ; en effet, voici ce que le Dr Charles Richet écrivit à Solovioff le 12 mars 1893 :

---

[120] *A modern priestess of Isis*, p. 157.

« J'ai connu Mme Blavatsky à Paris, en 1884, par l'entremise de Mme de Barrau… Lorsque je vous ai vu, vous m'avez dit : « Réservez votre jugement, elle m'a montré des choses qui me paraissent très étonnantes, mon opinion n'est pas faite encore, mais je crois bien que c'est une femme extraordinaire, douée de propriétés exceptionnelles. Attendez, et je vous donnerai de plus amples explications. » J'ai attendu, et vos explications ont été assez conformes à ce que je supposais tout d'abord, à savoir que c'était sans doute une mystificatrice, très intelligente assurément, mais dont la bonne foi était douteuse. Alors sont arrivées les discussions que la Société anglaise des recherches psychiques a publiées, et le doute n'a plus été possible. Cette histoire me paraît fort simple. Elle était habile, adroite, faisait des jongleries ingénieuses, et elle nous a, au premier abord, tous déroutés. Mais je mets au défi qu'on cite une ligne de moi, imprimée ou manuscrite, qui témoigne d'autre chose que d'un doute immense et d'une réserve prudente. À vrai dire, je n'ai jamais cru sérieusement à son pouvoir, car, en fait d'expériences, la seule vraie constatation que je puisse admettre, elle ne m'a jamais rien montré de démonstratif »[121]. Il eût été bien souhaitable que le Dr Richet continuât toujours à faire preuve d'autant de prudence et de perspicacité qu'à cette époque ; mais lui aussi devait en arriver plus tard à signer des procès-verbaux de phénomènes médiumniques qui valaient bien ceux de Mme Blavatsky, et de « matérialisations » de tout point comparables à celles de John King et aux « Mahâtmâs en mousseline » de Babula.

Les informations de Solovioff, confirmant le rapport d'Hodgson, provoquèrent la démission de Mme de Morsier, de M. Jules Baissac et des autres membres les plus sérieux de la branche parisienne *Isis*, qui avait été organisée en 1884 sous la présidence d'un ancien membre de la Commune, Louis Dramard, ami intime de Benoît Malon et son collaborateur à la Revue

---

[121] Il paraît cependant, au dire de Mme Blavatsky, que Solovioff et Mme de Barreau avaient décidé le Dr Richet, alors directeur de la *Revue Scientifique*, à adhérer à la Société Théosophique (*Le Lotus*, juin 1887, p. 194) ; lorsqu'il eut ensuite pris parti contre Mme Blavatsky, celle-ci le traita de « sorcier inconscient » (*id.*, octobre-novembre 1888, p.389).

Socialiste[122] ; aussi cette branche ne tarda-t-elle pas à être obligée de se dissoudre, et Dramard attribua ce résultat aux menées des « cléricaux »[123]. Un peu plus tard, une autre branche fut constituée pour remplacer l'*Isis* par Arthur Arnould[124], ancien « communard » lui aussi (de même encore qu'Edmond Bailly, l'éditeur des publications théosophistes), et reçut le titre distinctif d'*Hermès* ; elle compta d'abord parmi ses membres le Dr Gérard Encausse (papus), qui en était le secrétaire, et plusieurs occultistes de son école[125]. Mais en 1890, à la suite d'un différend dont les causes n'ont jamais été complètement éclaircies, Papus et ses partisans démissionnèrent ou furent expulsés ; Papus lui-même prétendit ensuite que, alors qu'il avait déjà donné sa démission, il avait appris des faits particulièrement graves qui l'auraient déterminé à demander son expulsion[126]. Quoi qu'il en soit, cette affaire provoqua encore la dissolution de l'*Hermès*, qui fut décidée le 8 septembre 1890, et une autre réorganisation eut lieu presque aussitôt ; la nouvelle branche, appelée *Le Lotus*, fut aussi présidée par Arthur Arnould, « sous la haute direction de Mme Blavatsky », et elle devait à son tour, en 1892, être transformée en « Loge *Ananta* ». Par la suite, les théosophistes accusèrent à maintes reprises les occultistes français de « faire de la magie noire » ; leurs adversaires ripostèrent en leur reprochant leur « orgueil » et leur « ivresse mentale », Du reste, les querelles de ce genre sont loin d'être rares entre les différentes écoles que l'on peut appeler « néo-spiritualistes », et elles sont presque toujours d'une violence et d'une âpreté inouïes ; comme nous le faisions déjà remarquer précédemment, tous ces gens qui

---

[122] La *Revue Socialiste* fut spécialement recommandée aux théosophistes dans le *Lucifer*, 15 mai 1888, p. 229.

[123] Lettre du 8 mars 1886, publiée dans le Lotus Bleu du 7 septembre 1890.
C'est ce même Dramard qui écrivait dans une autre lettre : « Rien de bien ne peut nous venir du Christianisme, quelque déguisé qu'il puisse être » (Le Lotus, janvier 1889, p. 633).

[124] Arthur Arnould avait pris, nous ne savons pour quelle raison, le pseudonyme de Jean Matthéus ; c'était le nom d'un négociant de Rouen, qui avait été nommé, en 1786, Grand-Maître Provincial de l'« Ordre Royal d'Ecosse » pour la France.

[125] Papus et quelques autres avaient déjà précédemment quitté l'*Isis* (Le Lotus, juillet 1888), mais non la Société Théosophique.

[126] *Le Voile d'Isis*, 11 et 18 février 1891.

prêchaient la « fraternité universelle » feraient bien de commencer par faire preuve de sentiments un peu plus « fraternels » dans les rapports qu'ils ont entre eux[127].

Pour ce qui est spécialement de l'accusation de « magie noire », elle est celle que les théosophistes portent le plus habituellement, et à peu près indistinctement, contre tous ceux qu'ils regardent comme leurs ennemis ou leurs concurrents ; nous avons déjà vu cette accusation formulée contre les membres de l'« Ordre de la Rosée et de la Lumière », et nous en trouverons encore un autre cas plus loin, cette fois dans une dispute entre théosophistes. D'ailleurs, Mme Blavatsky elle-même fut la première à donner l'exemple d'une semblable attitude, car, dans ses ouvrages, elle fait de fréquentes allusions aux « magiciens noirs », qu'elle appelle aussi *Dougpas* et « Frères de l'Ombre », et qu'elle oppose aux « Adeptes » de la « Grande Loge Blanche ». En réalité, les *Dougpas* sont, au Thibet, les Lamas rouges, c'est-à-dire les Lamas du rite primitif, antérieur à la réforme de Tsongkhapa ; les Lamas jaunes, ceux du rite réformé, sont appelés *Gelougpas*, et il n'y a d'ailleurs aucun antagonisme entre les uns et les autres. On peut se demander pourquoi Mme Blavatsky avait voué aux *Dougpas* une telle haine ; peut-être est-ce tout simplement qu'elle avait échoué dans quelque tentative pour entrer en relations avec eux, et qu'elle en avait ressenti un profond dépit ; c'est du moins, sans que nous puissions rien affirmer d'une façon absolue, l'explication qui nous paraît la plus vraisemblable, et d'ailleurs la plus conforme au caractère colère et vindicatif que ses meilleurs amis n'ont pu s'empêcher de reconnaître à la fondatrice de la Société Théosophique.

---

[127] Voir Traité méthodique de Science Occulte, par Papus, pp. 997-998, 10211022 et 1061.

CHAPITRE VII

POUVOIR DE SUGGESTION DE Mme BLAVATSKY

Malgré tout ce qu'on peut dire contre Mme Blavatsky, il reste cependant qu'elle avait une certaine habileté, et même quelque valeur intellectuelle, très relative sans doute, mais qui semble bien faire totalement défaut à ses successeurs ; avec ceux-ci, en effet, le côté doctrinal du théosophisme a tendu de plus en plus à passer au second plan, pour faire place à des déclamations sentimentales de la plus déplorable banalité. Ce qu'on ne saurait non plus contester à la fondatrice de la Société Théosophique, c'est un étrange pouvoir de suggestion, de fascination en quelque sorte, qu'elle exerçait sur son entourage et qu'elle se plaisait parfois à souligner dans les termes les plus désobligeants pour ses disciples : « Vous voyez comme ils sont fous, disait-elle à propos de Judge qui jeûnait et voyait des apparitions, et de quelle manière je les conduis par le nez »[128]. Nous avons déjà vu comment, plus tard, elle appréciait Olcott, dont la stupidité ne devait pourtant pas être aussi « incurable » que celle de certains autres, mais qui se comportait parfois maladroitement dans les fonctions présidentielles qu'elle lui avait confiées pour pouvoir s'abriter derrière lui, et qui tremblait devant tous ceux qui, comme Franz Hartmann, en savaient trop long sur les dessous de la Société.

Au cours de ses confidences à Solovioff, Mme Blavatsky dit encore : « Que doit-on faire quand, pour gouverner les hommes, il est nécessaire de

---

[128] Lettre datée de New-York, 15 juin 1877.

les tromper ; quand, pour leur persuader de se laisser conduire où vous voulez, vous devez leur promettre et leur montrer des joujoux ?... Supposez que mes livres et le *Theosophist* aient été mille fois plus intéressants et plus sérieux, croyez-vous que j'aurais eu le moindre succès quelque part, si derrière tout cela il n'y avait pas eu les « phénomènes » ?... Savez-vous bien que, presque invariablement, plus un « phénomène » est simple et grossier, plus il a de chances de réussir ?... L'immense majorité des individus qui se considèrent et que les autres considèrent comme habiles est inconcevablement bête. Si vous saviez seulement combien de lions et d'aigles, dans tous les coins du globe, se sont changés en ânes à mon coup de sifflet, et ont agité avec obéissance leurs grandes oreilles au moment où je forçais la note ! »[129]. Ces passages sont tout à fait caractéristiques de la mentalité de Mme Blavatsky, et ils définissent admirablement le vrai rôle des « phénomènes », qui furent toujours le principal élément de succès du théosophisme dans certains milieux, et qui contribuèrent puissamment à faire vivre la Société… et ses chefs.

Ainsi, comme l'a reconnu Solovioff, « Mme Blavatsky était douée d'une sorte de magnétisme qui attirait avec une force irrésistible »[130] ; lui-même, s'il sut finalement se soustraire à cette influence, n'y avait pas toujours échappé complètement, puisqu'il avait signé au moins un des fameux procès-verbaux que Mme de Morsier, avec la plus entière bonne foi, elle aussi, rédigeait « sous la direction et la révision » de Mme Blavatsky. Arthur Arnould a déclaré également que « sa puissance de suggestion était formidable » ; il racontait à ce propos que souvent, à Londres, il lui arrivait de dire à quelqu'un : « Regardez sur vos genoux » ; et celui qui regardait apercevait, épouvanté, une araignée énorme ; alors elle disait en souriant : « Cette araignée n'existe pas, c'est moi qui vous la fais voir. » Olcott, de son côté, a écrit ceci dans ses *Old Diary Leaves* : « Nul ne fascinait mieux qu'elle quand elle le voulait, et elle le voulait quand elle désirait attirer les

---

[129] *A modern priestess of Isis*, pp. 154-157.
[130] *Ibid.*, p. 220.

personnes dans son travail public. Alors, elle se faisait caressante de ton et de manières, donnait à sentir à la personne qu'elle la regardait comme sa meilleure, sinon sa seule amie... Je ne saurais dire qu'elle était loyale... Nous n'étions pour elle, je crois, rien de plus que des pions dans un jeu d'échecs, car elle n'avait pas d'amitié sincère. »

Nous avons cité plus haut le cas de Bavadjî, amené par la suggestion hypnotique à se faire le complice des fraudes de Mme Blavatsky, et cela d'une façon inconsciente, tout au moins tant qu'il fut à Adyar. Le plus souvent, cependant, Mme Blavatsky usait de la suggestion à l'état de veille, comme on le voit dans l'anecdote rapportée par Arthur Arnould ; ce genre de suggestion est habituellement plus difficile à réaliser que l'autre et demande une force de volonté et un entraînement beaucoup plus grands, mais il était généralement facilité par le régime alimentaire fort restreint que Mme Blavatsky imposait à ses disciples sous prétexte de les « spiritualiser ». C'est déjà ainsi que les choses se passaient à New-York : « Nos théosophes, disait-elle, sont en général tenus, non seulement de ne pas prendre une goutte de boisson, mais de jeûner continuellement. Je leur enseigne à ne pas manger quoi que ce soit ; s'ils ne meurent pas, ils apprendront ; mais ils ne peuvent pas résister, ce qui est tant mieux pour eux »[131]. Il va sans dire que Mme Blavatsky elle-même était loin de s'appliquer un semblable régime : tout en recommandant énergiquement le végétarisme et en le proclamant même indispensable au « développement spirituel », elle ne l'adopta jamais pour son propre compte, non plus qu'Olcott d'ailleurs ; elle avait de plus l'habitude de fumer presque sans interruption du matin au soir. Mais tout le monde n'est pas également accessible à la suggestion ; c'est probablement quand celle-ci était impuissante à provoquer des hallucinations de la vue et de l'ouïe que Mme Blavatsky avait recours aux « Mahâtmâs de mousseline » et à sa clochette d'argent.

---

[131] Lettre du 15 juin 1877.

L'attraction qu'exerçait Mme Blavatsky est d'autant plus étonnante que son aspect physique était fort loin d'être agréable ; W. T. Stead a même dit qu'elle était « hideusement laide, monstrueusement grosse, avec des manières grossières et violentes, un caractère horrible et une langue profane », et encore qu'elle était « cynique, moqueuse, insensible, passionnée », en un mot qu'elle était « tout ce qu'un hiérophante des mystères divins ne doit pas être »[132]. Malgré cela, son action magnétique est indéniable, et l'on en trouve encore un exemple frappant dans l'influence qu'elle prit tout de suite sur Mme Annie Besant lorsque celle-ci lui fut présentée, en 1889, par le socialiste Herbet Burrows. La farouche libre penseuse qu'avait été jusqu'alors la future présidente de la Société Théosophique fut conquise dès la première entrevue, et sa « conversion » fut d'une telle soudaineté qu'on aurait peine à y croire, si elle-même n'en avait raconté toutes les circonstances avec une naïveté vraiment déconcertante[133]. Il est vrai que Mme Besant semble avoir été, à cette époque tout au moins, particulièrement changeante et impressionnable ; un de ses anciens amis a dit : « Elle n'a pas le don de l'originalité ; elle est à la merci de ses émotions et spécialement de ses derniers amis »[134]. Aussi fut-elle très probablement de bonne foi au début, peut-être même tant que vécut Mme Blavatsky, qui en fit sa secrétaire, et qui, au cours d'un voyage à Fontainebleau, fit apparaître devant elle le « Mahâtmâ » Morya. Par contre, il est extrêmement douteux, pour ne pas dire plus, qu'il ait continué à en être de même par la suite, quoique, comme Mme Blavatsky elle-même, comme Olcott et d'autres encore, elle ait pu souvent être suggestionnée avant de suggestionner les autres. Ce qui fait hésiter avant de porter un jugement absolu en pareille matière, c'est que tous ces personnages paraissent n'avoir été, ni vraiment inconscients du rôle qu'ils ont joué, ni tout à fait libres de s'y soustraire à volonté.

---

[132] *Borderland*, juillet 1895, pp. 208-209.

[133] *Weekly Sun*, 1er octobre 1893. – Ce récit a été reproduit ensuite par Mme Besant dans son livre intitulé *An Autobiography*, publié en 1895.

[134] *Mrs. Besant's Theosophy*, par G. W. Foote, directeur du *Freethinker*.

CHAPITRE VIII

DERNIÈRES ANNÉES DE Mme BLAVATSKY

Après son séjour à Wurtzbourg, qui avait été entrecoupé de quelques voyages à Elberfeld où elle avait des amis, M. et Mme Gebhard, anciens disciples d'Éliphas Lévi, Mme Blavatsky alla à Ostende, où elle vécut quelque temps avec la comtesse Wachtmeister, et où elle se remit à la rédaction de la *Doctrine Secrète*. Il paraît, au dire des témoins, qu'elle travaillait avec un véritable acharnement, écrivant de six heures du matin à six heures du soir, et ne s'interrompant que tout juste pour prendre ses repas. Au commencement de 1887, elle retourna s'installer en Angleterre, à Norwood d'abord, puis, en septembre de la même année, à Londres ; elle était alors aidée dans son travail par les frères Bertram et Archibald Keightley, qui corrigeaient son mauvais anglais, et par D. E. Fawcett, qui collabora à la partie de l'ouvrage qui traite de l'évolution. C'est aussi en 1887 que fut fondée la revue anglaise *Lucifer*, sous la direction immédiate de Mme Blavatsky ; la Société n'avait eu jusqu'alors qu'un organe officiel, le *Theosophist*, publié à Adyar, auquel il faut ajouter le *Path*, organe spécial de la section américaine.

En 1887 parut également la première revue théosophiste française, intitulée *Le Lotus*, qui, dépourvue d'ailleurs de caractère officiel, fit preuve d'une certaine indépendance ; cette revue cessa sa publication au bout de deux ans, en mars 1889[135], et son directeur, F.-K. Gaboriau, s'exprima alors

---

[135] La *Revue Théosophique* dirigée par la comtesse d'Adhémar, et qui parut un peu plus tard, ne dura qu'une année ; en 1890 commença la publication du *Lotus Bleu*, qui, sous le titre de

fort sévèrement sur ce qu'il appelait le « cas pathologique » de Mme Blavatsky, et avoua qu'il avait été entièrement trompé sur son compte lorsqu'il l'avait vue à Ostende en novembre 1886, « réfutant avec une habileté merveilleuse, que nous prenions alors pour de la sincérité, toutes les attaques portées contre elle, dénaturant les choses, faisant dire aux personnes des paroles que nous avons reconnues erronées longtemps après, bref, nous offrant, pendant les huit jours que nous avons demeuré dans la solitude avec elle, le type parfait de l'innocence, de l'être supérieur, bon, dévoué, pauvre et calomnié... Comme je suis plus porté à défendre qu'à accuser, il m'a fallu des preuves indubitables de la duplicité de cette personne extraordinaire pour que je vienne l'affirmer ici. » Suit un jugement peu flatteur sur la *Doctrine Secrète*, qui venait de paraître : « C'est une vaste encyclopédie sans ordre, avec une table des matières inexacte et incomplète, de tout ce qui s'agite depuis une dizaine d'années dans le cerveau de Mme Blavatsky... M. Subba Rao, qui devait corriger *Secret Doctrine*, y a renoncé en déclarant que c'était « un fouillis inextricable »[136]... Certes, ce livre ne saurait prouver l'existence des Mahâtmâs, il en ferait plutôt douter... J'aime croire que les Adeptes du Thibet n'existent pas ailleurs que dans les *Dialogues philosophiques* de M. Renan, qui avait inventé avant Mme Blavatsky et M. Olcott une fabrique de Mahâtmâs au centre de l'Asie sous le nom d'*Asgaard*, et rédigé des entretiens dans le style de Koot Hoomi avant la manifestation de celui-ci. » Enfin, voici l'appréciation qui était formulée sur le compte d'Olcott : « Le jour où il est venu en personne, à Paris, se mêler de nos travaux, ç'a été une désillusion complète pour tous les théosophes, qui se sont retirés alors, laissant la place à de plus novices. Un aplomb américain imperturbable, une santé de fer, pas la moindre éloquence, pas la moindre instruction, mais des qualités spéciales de compilateur (encore un trait américain), pas de savoir-vivre, une crédulité frisant la complicité et excusant à la rigueur

---

Revue Théosophique française qu'il a pris en 1898, existe encore aujourd'hui.
[136] Subba Rao n'abandonna pourtant pas le théosophisme ; il mourut d'ailleurs en 1890, à l'âge de trente-quatre ans, d'une maladie fort mystérieuse, à propos de laquelle certains n'hésitèrent pas à prononcer le mot d'empoisonnement.

ses maladresses, et, je dois l'ajouter, car cela contraste avec son associée et dominatrice, une certaine bonté qui serait plutôt de la bonhomie : tel est l'homme qui, actuellement, est le commis-voyageur du Bouddhisme »[137].

Tout en abandonnant les fonctions administratives à Olcott, définitivement établi au quartier général d'Adyar, Mme Blavatsky s'était réservé ce qui concernait la « section ésotérique », où nul ne pouvait être admis sans son approbation. Cependant, le 25 décembre 1889, elle nomma Olcott « agent secret et unique représentant officiel de la section ésotérique pour les pays d'Asie » ; et, à la même date, Olcott, qui se trouvait alors à Londres, la nomma en retour directrice d'un bureau ayant pour membres Mme Annie Besant, William Kingsland et Herbert Burrows, avec le titre de « représentants personnels et fondés de pouvoirs officiels du président pour la Grande-Bretagne et l'Irlande ». De cette façon, Mme Blavatsky avait entre les mains, pour le Royaume-Uni, toute la direction de la Société dans ses deux sections, et il en était de même d'Olcott pour l'Inde ; nous disons l'Inde seulement, car nous ne pensons pas qu'il y ait eu alors de branches théosophiques dans les autres pays d'Asie. Par contre, en Europe, il y avait déjà des branches dans plusieurs pays ; et six mois plus tard, exactement le 9 juillet 1890, Olcott délégua à Mme Blavatsky pleine autorité pour s'entendre avec ces diverses branches et les grouper dans une section européenne unique. Cette section devait jouir d'une autonomie complète, au même titre que la section américaine, déjà constituée sous la direction de William Q. Judge, vice-président de la Société ; il y avait ainsi trois sections autonomes dans la Société Théosophique. Aujourd'hui, il y a autant de « Sociétés Théosophiques nationales », c'est-à-dire de sections autonomes, qu'il y a de pays où se trouvent des théosophistes en nombre suffisant pour en former une ; mais, bien entendu, toutes, sauf les groupements dissidents, sont toujours rattachées au quartier général

---

[137] Sur le passage d'Olcott à Paris et « la façon tout américaine dont il embauchait des membres à la fournée », voir aussi Le *Lotus*, octobre-novembre 1888, p.510, et février 1889, pp. 703-704 – Ajoutons encore que F.-K. Gaboriau avait adressé à Olcott, le 12 décembre 1888, sa démission de membre de la Société Théosophique (*id.*, décembre 1888, p. 575).

d'Adyar et en reçoivent les directions, qui sont acceptées sans la moindre discussion ; il n'y a donc d'autonomie réelle que pour l'organisation purement administrative.

À l'époque où nous en sommes arrivé, des incidents fâcheux se produisirent dans la section américaine : le Dr Elliott E. Cowes, un savant connu qui s'y était fourvoyé, mais qui n'avait pas tardé à s'apercevoir de bien des choses, forma une Société indépendante à laquelle adhérèrent plusieurs des branches qui existaient aux États-Unis ; naturellement, on se hâta de prononcer son exclusion. Le Dr Cowes riposta en publiant un article dans lequel il faisait connaître que les prétendues révélations des « Mahâtmâs », à qui on attribuait maintenant l'inspiration d'*Isis Dévoilée* aussi bien que celle de la *Doctrine Secrète*, avaient été tirées en bonne partie, en ce qui concerne du moins le premier de ces deux ouvrages, des livres et manuscrits légués à Mme Blavatsky par le baron de Palmes ; et il faisait remarquer que ce qui aurait dû mettre sur la voie, c'est qu'un des auteurs les plus fréquemment cités dans ces communications soi-disant venues du Thibet était l'occultiste français Éliphas Lévi[138]. Le baron de Palmes était mort à New-York en 1876, en léguant à la Société Théosophique tout ce qu'il possédait ; Sinnett a prétendu que, en dehors de sa bibliothèque, il n'avait absolument rien laissé[139] ; pourtant, Mme Blavatsky écrivait en juillet 1876 : « Il a laissé toute sa propriété à notre Société », et le 5 octobre suivant : « La propriété consiste en une bonne quantité de riches mines d'argent et dix-sept mille acres de terre. » Cela n'était sans doute pas à dédaigner ; mais, en tout cas, ce qui semble le mieux établi, c'est que le contenu de la bibliothèque fut largement utilisé pour la rédaction d'*Isis Dévoilée*, qui devait paraître l'année suivante. Les divulgations du Dr Cowes eurent quelque retentissement en Amérique, surtout à cause de la personnalité de leur auteur ; aussi Judge crut-il devoir engager un procès en dommages intérêts contre celui-ci et contre le journal où son article

---

[138] *New-York Sun*, 20 juillet 1890.

[139] *Incidents in the life of Mme Blavatsky*, p. 204.

avait paru, pour « calomnies contre l'honneur des fondateurs de la Société »[140] ; ce procès n'eut ailleurs aucune suite, car il fut abandonné au moment de la mort de Mme Blavatsky, au nom de laquelle il avait été intenté. Cette dernière avait pris prétexte de cette affaire pour adresser aux membres de la branche française, le 23 septembre 1890, une longue lettre dans laquelle, se plaignant que des « calomnies » analogues fussent répandues à Londres, elle déclarait que ses « ennemis personnels » étaient aidés par « un membre des plus actifs de la Société en France », qui n'était autre que Papus, et qui avait « traversé une ou deux fois la Manche *dans ce but honorable* » ; elle ajoutait que sa patience était à bout, et menaçait d'assigner devant les tribunaux quiconque se permettrait désormais de porter contre elle de semblables accusations.

Mme Blavatsky mourut à Londres le 8 mai 1891 ; elle était malade depuis longtemps, et il paraît même qu'elle avait été deux ou trois fois abandonnée par les médecins[141] ; mais on prétendit qu'elle était mieux au moment de sa mort, qu'on attribua à l'intervention d'une influence occulte. D'après Sinnett, elle serait alors passée immédiatement dans un autre corps, masculin cette fois, et déjà en pleine maturité ; plus récemment, M. Leadbeater a écrit de même à ce sujet : « Ceux qui furent dans l'intimité de notre grande fondatrice, Mme Blavatsky, savent généralement que, lorsqu'elle quitta le corps dans lequel nous la connûmes, elle entra dans un autre corps qui venait d'être à l'instant quitté par son premier occupant. Quant à savoir si ce corps avait été spécialement préparé pour son usage, je n'en ai aucune information ; mais il y a d'autres exemples connus où cela fut fait »[142]. Nous aurons par la suite à revenir sur cette singulière idée du remplacement d'une personnalité par une autre, la première ayant été simplement chargée de préparer à la seconde un organisme approprié que celle-ci devait venir occuper au moment voulu. En mai 1897, soit tout juste

---

[140] *New-York Daily Tribune*, 10 septembre 1890.

[141] D'après Olcott, la maladie dont elle souffrait était le mal de Bright (*Le Lotus*, juillet 1888, p. 225).

[142] *Adyar Bulletin*, octobre 1913.

six ans après la mort de Mme Blavatsky, Mme Besant annonça la prochaine manifestation de sa réincarnation masculine ; cette manifestation ne s'est pas encore produite, mais M. Leadbeater continue à répéter en toute occasion que Mme Blavatsky est déjà réincarnée, et que le colonel Olcott doit se réincarner très prochainement, lui aussi, pour travailler de nouveau à ses côtés[143].

Ce sont là de remarquables exceptions à la loi qui avait été formulée par Mme Blavatsky elle-même et par Sinnett, et d'après laquelle il doit s'écouler normalement, entre deux vies successives, un intervalle de douze ou quinze cents ans ; il est vrai que, même pour les cas ordinaires, on a renoncé à cette prétendue loi, et c'est là, un exemple assez curieux de la variation des doctrines théosophistes, en même temps que de la façon dont on s'efforce de la dissimuler. Mme Blavatsky avait écrit ceci dans la Doctrine Secrète : « Sauf dans le cas de jeunes enfants et d'individus dont la vie a été écourtée par quelque accident, aucune entité spirituelle ne peut se réincarner avant qu'une période de plusieurs siècles ne se soit écoulée »[144]. Or M. Leadbeater a découvert que « l'expression *entités spirituelles* semble signifier que Mme Blavatsky n'avait en vue que les individus hautement développés »[145] ! Et il donne un tableau où, suivant les « degrés d'évolution » des individus humains, les intervalles vont de deux mille ans et plus pour « ceux qui sont entrés sur le sentier », sauf exceptions, et de douze cents ans pour « ceux qui en approchent », jusqu'à quarante ou cinquante ans, et s'abaissent même à cinq ans quand on arrive aux « bas-fonds de l'humanité »[146]. Pour ce qui est du passage où Sinnett disait nettement que « parler d'une renaissance avant *au moins quinze cents ans* est une chose presque impossible »[147], voici l'explication qu'en donne le même auteur : « On est fondé à croire que les lettres qui ont servi de base

---

[143] *L'Occultisme dans la Nature*, pp. 72 et 414.
[144] *Secret Doctrine*, t. II, p. 317 de l'édition anglaise.
[145] *L'Occultisme dans la Nature*, p. 325.
[146] *Ibid.*, pp. 327-333.
[147] *Le Bouddhisme Ésotérique*, p. 128 ; cf. *ibid.*, p. 173.

au *Bouddhisme Ésotérique* furent écrites par différents disciples des Maîtres sous la direction générale de ces derniers ; donc, tout en tenant compte des inexactitudes qui ont pu s'y introduire (nous savons qu'il s'en est glissé), il est impossible de supposer que les auteurs aient ignoré des faits très aisément accessibles à quiconque peut observer le processus de la réincarnation[148]. Souvenons-nous que la lettre en question ne fut pas écrite pour le public, mais adressée particulièrement à M. Sinnett, afin sans doute qu'elle fût communiquée aux quelques personnes qui travaillaient avec lui. Une telle moyenne, établie pour *eux*, serait exacte, mais nous ne pouvons l'admettre pour la race humaine tout entière au temps présent »[149]. Il est vraiment trop commode de s'en tirer ainsi, et la même méthode pourrait servir à effacer toutes les contradictions que M. Hume avait constatées dès 1883 ; quant aux « inexactitudes » mises sur le compte des disciples maladroits, n'est-ce pas Koot Hoomi lui-même qui, à propos de l'affaire Kiddle, avait donné l'exemple sur ce point ? Nous savons d'autre part que Mavalankar, Subba Rao et autres se donnaient pour des « chélas » ou disciples directs des « Maîtres » ; rien ne s'opposerait donc, d'après la citation que nous venons de faire, à ce qu'ils fussent les auteurs des lettres en question, comme ils le furent en effet, mais « sous la direction » de Mme Blavatsky. Dès lors qu'on n'attribue plus aux « Maîtres », dans la rédaction de ces messages, qu'un rôle de « direction générale », en passant d'ailleurs sous silence les procédés de « précipitation », il devient assurément beaucoup plus difficile de dénoncer une fraude manifeste. Il faut donc convenir que cette tactique ne manque pas d'une certaine habileté ; mais, pour s'y laisser prendre, il faudrait ignorer, comme l'ignorent peut-être bien des théosophistes actuels, toute l'histoire de la première période de la Société Théosophique ; Il est vraiment regrettable pour celle-ci que, contrairement à l'usage des anciennes sociétés secrètes dont elle se prétend

---

[148] Au moyen de la « clairvoyance », à laquelle s'intéresse tout spécialement M. Leadbeater.
[149] *L'Occultisme dans la Nature*, pp. 325-326.

l'héritière, elle ait laissé derrière elle une telle abondance de documents écrits.

CHAPITRE IX

LES SOURCES DES OUVRAGES DE Mme BLAVATSKY

Maintenant que nous avons suffisamment fait connaître la vie et le caractère de Mme Blavatsky, nous devons parler un peu de ses ouvrages : s'ils ne sont dus aux révélations d'aucun « Mahâtmâ » authentique, d'où proviennent les connaissances assez variées dont ils témoignent ? Ces connaissances, elle les avait acquises d'une façon toute naturelle au cours de ses nombreux voyages, et aussi par des lectures diverses, faites d'ailleurs sans méthode et assez mal assimilées ; elle possédait « une culture vaste, quoique un peu sauvage », a dit Sinnett lui-même[150]. On raconte que, pendant ses premières pérégrinations dans le Levant en compagnie de Metamon, elle avait pénétré dans certains monastères du mont Athos, et que c'est dans leurs bibliothèques qu'elle découvrit, entre autres choses, la théorie alexandrine du *Logos*. Pendant son séjour à New-York, elle lut les ouvrages de Jacob Bœhme, qui furent sans doute à peu près tout ce qu'elle connut jamais en fait de théosophie authentique, et ceux d'Éliphas Lévi, qu'elle cite si fréquemment ; elle lut probablement aussi la *Kabbala Denudata* de Knorr de Rosenroth, et divers autres traités de kabbale et d'hermétisme. Dans les lettres qu'Olcott adressait à cette époque à Stainton Moses, il est fait mention de quelques ouvrages de caractère assez varié ; nous y lisons par exemple ceci : « Je vous renvoie pour une intéressante compilation des faits magiques, aux travaux de (Gougenot) des Mousseaux qui, quoique étant un catholique aveugle et un croyant implicite au diabolisme, a recueilli une multitude de faits

---

[150] *Le Monde Occulte*, p. 45.

précieux, que votre esprit plus éclairé et émancipé estimera à leur valeur. Vous trouverez aussi du bénéfice à lire les travaux sur les sectes orientales et les ordres sacerdotaux ; et quelques intéressantes particularités se trouvent dans les *Modern Egyptians* de Lane »[151], Dans une lettre suivante, outre l'*Étoile Flamboyante* et la *Magia Adamica* dont nous avons déjà parlé, il est question d'un écrit hermétique anonyme, intitulé *The Key to the conceiled things since the beginning of the world*[152]. Dans une autre lettre encore, Olcott recommande à son correspondant la lecture du *Spiritisme dans le Monde* de Jacolliot et des autres livres du même auteur sur l'Inde, livres qui, d'ailleurs, ne contiennent absolument rien de sérieux[153] ; et toutes ces lectures étaient sans doute celles qu'Olcott lui-même faisait alors avec Mme Blavatsky, dont il disait dans cette même lettre, écrite en 1876 : « Attendez jusqu'à ce que *nous* ayons le temps de finir *son* livre, et vous trouverez alors l'occultisme traité en bon anglais ; beaucoup de mystères de Fludd et de Philalethes, de Paracelse et d'Agrippa, sont interprétés de manière que quiconque cherche peut lire. »

Ainsi, d'après cette dernière phrase, Olcott et d'autres collaborèrent à la rédaction d'*Isis Dévoilée*, de même que, plus tard, Subba Bao et d'autres collaborèrent à celle de la *Doctrine Secrète* ; c'est là une explication toute simple des variations de style qui se remarquent dans ces ouvrages, et que les théosophistes rapportent à des passages dictés par des « Maîtres » différents. On a même raconté, à ce propos, que Mme Blavatsky trouvait parfois à son réveil vingt ou trente pages d'une écriture différente de la sienne, faisant suite à ce qu'elle avait rédigé la veille ; nous ne contestons d'ailleurs pas ce fait en lui-même, car il est parfaitement possible qu'elle ait été somnambule et qu'elle ait réellement écrit pendant la nuit ce qu'elle

---

[151] Lettre du 18 mai 1875.
[152] Lettre du 22 juin 1875.
[153] Nous lisons aussi dans le *Lotus Bleu* du 7 novembre 1890 que la « Loge *Blavatsky* », de Londres, recommandait la lecture de traductions anglaises de plusieurs ouvrages de cet auteur ; il est vrai que, dans le numéro suivant, une « note rectificative » déclara que la publication de ces traductions avait été simplement « annoncée » par le *Lucifer*.

trouvait ainsi le lendemain ; les cas de ce genre sont même assez communs pour qu'il n'y ait pas lieu de s'en émerveiller. Du reste, somnambulisme naturel et médiumnité vont assez souvent ensemble, et nous avons déjà expliqué que les fraudes dûment constatées de Mme Blavatsky ne devaient pas forcément lui faire dénier toute faculté médiumnique ; nous pouvons donc admettre qu'elle joua parfois le rôle de « médium écrivain », mais, comme il arrive le plus souvent en pareille occurrence, ce qu'elle écrivait alors n'était en somme que le reflet de ses propres pensées et de celles de son entourage.

Pour ce qui est de la provenance des livres dont Mme Blavatsky se servit à New-York, et dont certains pouvaient être assez difficiles à trouver, nous savons par Mme Emma Hardinge-Britten, ancien membre de la première Société Théosophique, et aussi membre de la H. B. of L.[154], que, « avec l'argent de la Société, Mme Blavatsky acheta et garda, en sa qualité de bibliothécaire, beaucoup de livres rares dont le contenu a paru dans *Isis Dévoilée* »[155]. D'autre part, nous avons vu qu'elle hérita de la bibliothèque du baron de Palmes, et que cette bibliothèque contenait en particulier des manuscrits qui eurent le même usage, comme l'a dit le Dr Cowes, et qui partagèrent avec les lettres du Swâmî Dayânanda Saraswatî l'honneur d'être transformés ultérieurement en communications des « Mahâtmâs ». Enfin, Mme Blavatsky avait pu trouver divers renseignements dans les papiers de Felt et dans les livres dont celui-ci se servait pour préparer ses conférences sur la magie et la « kabbale égyptienne », et qu'il lui laissa lorsqu'il disparut ; c'est à Felt que semble être due la première idée de la théorie des « élémentals », qu'il attribuait assez gratuitement aux anciens Égyptiens[156].

Quant aux doctrines proprement orientales, Mme Blavatsky n'a connu du Brâhmanisme et même du Bouddhisme que ce que tout le monde peut

---

[154] Certains la regardent comme l'auteur des ouvrages anonymes intitulés *Art Magic* et *Ghostland*, qui se rattachent aux thèmes de cette école.

[155] Lettre au journal *Light*, de Londres, 9 décembre 1893.

[156] Cf. *Old Diary Leaves*, par Olcott.

en connaître, et encore n'y a-t-elle pas compris grand'chose, comme le prouvent les théories qu'elle leur prête, et aussi les contresens qu'elle commet à chaque instant dans l'emploi des termes sanscrits. Du reste, M. Leadbeater a reconnu formellement qu'« elle ignorait le sanscrit », et que « l'arabe semble être la seule langue orientale qu'elle ait connue » (sans doute l'avait-elle appris pendant son séjour en Égypte)[157] ; et il attribue à cette ignorance du sanscrit la plupart des difficultés de la terminologie théosophique, difficultés telles qu'elles ont déterminé Mme Besant à remplacer par des équivalents anglais la plupart des termes d'origine orientale[158]. Ceux-ci étaient pris bien souvent dans un sens qu'ils n'ont jamais eu en réalité ; nous en avons vu un exemple pour le mot « Mahâtmâ », qui a été remplacé par « Adepte », et nous en trouverons un autre pour le mot « karma », qui a cependant été conservé. Quelquefois, Mme Blavatsky forgeait des mots qui ne peuvent exister en sanscrit sous la forme qu'elle leur donne, comme « Fohat », qui semble bien n'être qu'une corruption de « Mahat » ; d'autres fois encore, elle en fabriquait avec des éléments empruntés à des langues orientales différentes : on rencontre ainsi des composés moitié sanscrits et moitié thibétains ou mongols, comme « dêvachan », au lieu du sanscrit « dêva-loka », ou encore « Dhyan-Chohan », pour « Dhyâni-Bouddha ». Du reste, d'une façon générale, ces termes orientaux, employés un peu à tort et à travers, ne servent presque toujours qu'à déguiser des conceptions purement occidentales ; au fond, ils ne sont guère là que pour jouer un rôle analogue à celui des « phénomènes », c'est-à-dire pour attirer une clientèle qui s'en laisse facilement imposer par les apparences, et c'est pourquoi les théososophes ne pourront jamais y renoncer complètement. En effet, il y a bien des gens qui sont séduits par l'exotisme, même de la plus médiocre qualité, et qui sont d'ailleurs parfaitement incapables d'en vérifier la valeur ; un

---

[157] *L'Occultisme dans la Nature*, p. 404.
[158] *Ibid.*, pp. 222 et 263.

« snobisme » de ce genre n'est pas étranger au succès du théosophisme dans certains milieux.

Nous ajouterons encore un mot en ce qui concerne spécialement l'origine des textes thibétains soi-disant très secrets que Mme Blavatsky a cités dans ses ouvrages, notamment les fameuses *Stances de Dzyan*[159], incorporées dans la *Doctrine Secrète*, et la *Voix du Silence*. Ces textes contiennent bien des passages qui sont manifestement « interpolés » ou même inventés de toutes pièces, et d'autres qui ont été tout au moins « arrangés » pour les accommoder aux idées théosophistes ; quant à leurs parties authentiques, elles sont tout simplement empruntées à une traduction de fragments du *Kandjur* et du *Tandjur*, publiée en 1836, dans le XXe volume des *Asiatic Researches* de Calcutta, par Alexandre Csoma de Körös. Celui-ci, qui était d'origine hongroise, et qui se faisait appeler Scander-Beg, était un original qui avait voyagé longtemps dans l'Asie centrale pour y découvrir, par la comparaison des langues, la tribu dont sa nation était issue[160].

C'est de l'amalgame de tous les éléments hétérogènes que nous venons d'indiquer que sortirent les grands ouvrages de Mme Blavatsky, *Isis Dévoilée* et la *Doctrine Secrète* ; et ces ouvrages furent ce qu'ils devaient être normalement dans de semblables conditions : des compilations indigestes et sans ordre, véritable chaos où quelques documents intéressants sont comme noyés au milieu d'une foule d'assertions sans aucune valeur ; assurément, ce serait perdre son temps que de chercher là-dedans ce qu'on peut trouver beaucoup plus facilement ailleurs. Du reste, les erreurs y abondent, ainsi que les contradictions, qui sont telles que les opinions les plus opposées pourraient y trouver leur satisfaction : par exemple, il est dit

---

[159] Dzyan doit être une corruption d'un mot sanscrit, soit *jnâna*, connaissance, soit *dhyâna*, contemplation ; Mme Blavatsky a indiqué elle même ces deux dérivations (la première dans le *Lotus* de décembre 1887, la seconde dans l'introduction de la *Doctrine Secrète*), sans paraître se rendre compte de leur incompatibilité.

[160] Voir *Correspondance de Victor Jacquemont*, t. I, pp.226-227, 255 et 357.

successivement qu'il y a un Dieu, puis qu'il n'y en a pas, que le « Nirvâna » est une annihilation, puis qu'il est tout le contraire, que la métempsychose est un fait, puis qu'elle est une fiction, que le végétarisme est indispensable au « développement psychique », puis qu'il est simplement utile, et ainsi du reste[161]. D'ailleurs, tout cela se comprend sans trop de peine, car, outre que les idées mêmes de Mme Blavatsky ont certainement varié dans une large mesure, elle écrivait avec une rapidité prodigieuse, sans jamais se reporter aux sources, ni probablement à ce qu'elle-même avait déjà rédigé. Pourtant, c'est cette œuvre si défectueuse qui a toujours formé le fond de l'enseignement théosophiste ; en dépit de tout ce qui a pu venir s'y adjoindre ou s'y superposer par la suite, et même des corrections qu'on a pu lui faire subir sous le couvert de l'« interprétation », elle jouit toujours, dans la Société, d'une autorité incontestée, et, si elle ne contient pas la doctrine tout entière, elle en contient tout au moins les principes fondamentaux, si tant est qu'on puisse parler de doctrine et de principes lorsqu'on se trouve en présence d'un ensemble aussi incohérent.

Quand nous parlons ici d'autorité incontestée, cela s'applique surtout à la *Doctrine Secrète*, car il ne paraît pas en être tout à fait de même pour *Isis Dévoilée* ; ainsi, M. Leadbeater, établissant une sorte de « plan d'études » pour le théosophisme, recommande vivement la première, qu'il appelle « le livre le meilleur de tous », mais ne mentionne même pas la seconde[162]. Nous allons indiquer une des raisons principale de cette réserve, qui s'explique aisément, car c'est surtout la comparaison de ces deux ouvrages qui fait ressortir les variations et les contradictions que nous signalions tout à l'heure. Entre autres choses, Mme Blavatsky a écrit ceci dans *Isis Dévoilée* : « La réincarnation, c'est-à-dire l'apparition du même individu ou plutôt de sa monade astrale deux fois sur la même planète, n'est pas une règle dans la nature ; elle est une exception, comme le phénomène tératologique d'un enfant a deux têtes. Elle est précédée d'une

---

[161] Un bon nombre de ces contradictions ont été relevées par M. Arthur Lillie dans un livre intitulé *Mme Blavatsky and her Theosophy*.
[162] *L'Occultisme dans la Nature*, pp. 415-419.

violation des lois harmoniques de la nature et n'arrive que quand cette dernière, cherchant à rétablir son équilibre dérangé, rejette violemment à la vie terrestre la monade astrale emportée du cercle de nécessité par crime ou par accident »[163]. Il est facile de reconnaître dans ce passage l'influence de la H. B. of L. ; en effet, l'enseignement de celle-ci, bien qu'absolument « anti-réincarnationniste » en thèse générale, admet pourtant, bien à tort, quelques cas d'exception, trois exactement : celui des enfants mort-nés ou morts en bas âge, celui des idiots de naissance, et enfin les incarnations « messianiques » volontaires, qui se produiraient tous les six cents ans environ (à la fin de chacun des cycles appelés *Naros* par les Chaldéens), mais sans que le même esprit s'incarne jamais ainsi plus d'une fois, et sans qu'il y ait consécutivement deux semblables incarnations dans une même race ; ce sont les deux premiers de ces trois cas que Mme Blavatsky a pu comparer à des « phénomènes tératologiques »[164]. Par la suite, quand le théosophisme fut devenu « réincarnationniste », ces deux mêmes cas demeurèrent encore des cas d'exception, mais en ce sens qu'on y admit la possibilité d'une réincarnation immédiate[165], tandis que, pour les cas normaux, on supposait alors, comme nous l'avons dit, un intervalle de quinze cents ans. D'autre part, Mme Blavatsky en vint à prétendre que « ce sont ceux qui n'ont pas compris qui accusent l'auteur d'*Isis Dévoilée* d'avoir prêché contre la réincarnation ; lorsque cet ouvrage fut écrit, il ne se trouvait personne, parmi les spirites anglais et américains, qui crût à la réincarnation, et ce qui y est dit à ce sujet est adressé aux spirites français, dont la théorie est absurde et manque de philosophie,... et qui croient à une réincarnation immédiate et arbitraire »[166]. Pourtant, c'est à ces spirites de l'école d'Allan Kardec, dont elle avait été autrefois, que Mme Blavatsky

---

[163] *Isis Unveiled*, t. I, p. 351 de l'édition anglaise.
[164] *Isis Unveiled*, t. I, p. 352.
[165] *Le Bouddhisme Ésotérique*, pp. 173-174.
[166] *La Clef de la Théosophie*, p. 267. – Cf. *Theosophist*, août 1882 ; *Le Lotus*, mars 1887. Dans ce dernier article (p. 16), Mme Blavatsky avoue cependant un « manque de précision », et elle invoque comme excuse les « fautes importantes » qui se sont glissées dans l'édition d'*Isis Dévoilée*.

avait emprunté l'idée même de la réincarnation, quelques modifications, ou quelques perfectionnements si l'on veut, qu'elle ait pu y introduire, pour la rendre plus « philosophique », lorsqu'elle la reprit après l'avoir abandonnée temporairement sous une autre influence. Quant au passage d'*Isis Dévoilée* que nous avons cité, il est très net et n'offre rien d'obscur ou de difficile à comprendre : il n'y est aucunement question de discuter les modalités de la réincarnation, ni de savoir si elle est immédiate ou différée ; c'est bien la réincarnation elle-même qui, pour la généralité des cas, y est rejetée purement et simplement. Ici encore, la mauvaise foi de Mme Blavatsky est donc évidente ; et l'on voit que c'est elle qui fut la première à soutenir qu'on avait mal compris sa pensée quand on découvrait dans ses écrits quelque assertion gênante, voire même quelque contradiction formelle ; ses continuateurs devaient suivre cet exemple avec empressement chaque fois qu'il leur plairait d'introduire dans l'enseignement théosophiste quelque changement plus ou moins important.

CHAPITRE X

LE BOUDDHISME ÉSOTÉRIQUE

Nous avons dit dès le début qu'il n'y a pas à proprement parler de doctrine théosophiste, et l'on peut déjà s'en rendre compte maintenant par les quelques exemples de variations et de contradictions que nous avons donnés, soit chez Mme Blavatsky elle-même, soit entre elle et ses successeurs ; le mot de doctrine ne peut s'appliquer proprement en pareil cas. Cependant, la Société Théosophique prétend bien avoir une doctrine, on plutôt elle prétend à la fois qu'elle n'en a pas et que pourtant elle en a une. Voici, en effet, ce que dit Mme Blavatsky elle-même : « Lorsque nous disons que la Société n'a aucune doctrine particulière, cela signifie qu'aucune croyance particulière n'est obligatoire ; mais cela ne s'applique, naturellement, qu'à la généralité des membres. Vous savez que la Société est divisée en cercles intérieur et extérieur. Les membres du cercle intérieur (c'est-à-dire de la « section ésotérique ») ont, en effet, une philosophie, ou, si vous le préférez, un système religieux particulier »[167]. Ainsi, la croyance à cette doctrine est « obligatoire » tout au moins pour les membres qui veulent aller plus loin que le « cercle extérieur » ; sans doute, dans celui-ci, on fait preuve, en principe, de la plus large tolérance, en y admettant des personnes qui professent toutes les opinions ; mais, même là, cette tolérance disparaît bien vite si ces personnes se permettent de discuter certains « enseignements », et on sait bien, lorsqu'une telle chose arrive, leur faire comprendre que leur place n'est pas au sein de la Société. Quant à la « section ésotérique », ceux

---

[167] *La Clef de la Théosophie*, p. 86.

qui ont fait preuve du moindre esprit critique peuvent être sûrs qu'ils n'y pénétreront jamais ; d'ailleurs, la demande d'admission que l'on fait signer aux candidats comporte une formule par laquelle ils doivent affirmer expressément l'authenticité d'enseignements dont ils sont censés ne rien connaître encore !

Ce soi-disant « système religieux particulier », qui constitue la doctrine officielle du théosophisme, et qu'on présente tout simplement comme « l'essence même de toutes les religions et de la vérité absolue »[168], porte la marque fort visible des sources multiples et discordantes d'où il a été tiré : loin d'être l'« origine commune » de toutes les doctrines, comme on voudrait le faire croire, il n'est que le résultat des emprunts qui y ont été faits sans grand discernement, et auxquels on s'est efforcé de donner artificiellement une apparence d'unité qui ne résiste pas à l'examen. Ce n'est en somme qu'un mélange confus de néo-platonisme, de gnosticisme, de kabbale judaïque, d'hermétisme et d'occultisme, le tout groupé tant bien que mal autour de deux ou trois idées qui, qu'on le veuille ou non, sont d'origine toute moderne et purement occidentale. C'est ce mélange hétéroclite qui a été présenté tout d'abord comme le « Bouddhisme ésotérique » ; mais, comme il était tout de même trop facile de s'apercevoir qu'il ne présentait avec le vrai Bouddhisme que des rapports bien vagues, il fallut essayer d'expliquer comment il pouvait être du Bouddhisme tout en n'en étant pas : « L'erreur (qui consiste à croire que nous sommes tous disciples de Gautama Bouddha) est venue d'un manque de compréhension du sens réel du titre de l'excellent ouvrage de M. A. P. Sinnett : *Esoteric Buddhism* ; ce dernier mot aurait dû être écrit avec un seul *d*, et alors *Budhism* aurait eu le sens réel qu'il devait avoir, celui de Religion de la Sagesse (de *bodha*, *bodhi*, intelligence, sagesse), au lieu de Bouddhisme, la philosophie religieuse de Gautama »[169]. Pour montrer le peu de valeur de cette distinction subtile, il suffit de dire qu'il y a aussi en sanscrit, pour

---

[168] La Clef de la Théosophie, pp. 83-84.
[169] *La Clef de la Théosophie*, p. 20. – Cf. *Le Lotus*, septembre 1887, p. 325.

désigner l'intelligence, le mot *buddhi*, qui s'écrit (ou plutôt se transcrit) avec deux *d* ; signalons en passant, à propos de ce dernier terme, que Mme Besant a décidé de le traduire par « raison pure », alors que ce qu'il signifie exactement est l'« intuition intellectuelle » ; le changement de terminologie ne suffit pas pour faire disparaître les confusions ! En toute rigueur, le « Boudhisme » (avec un seul *d*) ne pourrait signifier que la « doctrine de Mercure », c'est-à-dire un équivalent « sanscritisé », si l'on peut s'exprimer ainsi, de l'« hermétisme » gréco-égyptien ; mais l'idée de cette interprétation semble n'être jamais venue aux théosophistes, car nous ne pensons pas qu'il y ait eu là une allusion volontaire et directe aux enseignements d'un autre « Mercure », qui n'était encore connu alors que sous le nom de Koot Hoomi, et c'est vraiment dommage, car une telle allusion n'eût pas été dépourvue d'une certaine ingéniosité.

La déclaration que nous venons de reproduire n'empêche pas Mme Blavatsky de contribuer elle-même à maintenir l'équivoque, en exposant aussitôt après que le Bouddhisme (avec deux *d*) comporte à la fois des enseignements exotériques et des enseignements ésotériques, de sorte qu'on est tout naturellement amené à se demander jusqu'à quel point le « Bouddhisme ésotérique » et le « Boudhisme ésotérique » peuvent être vraiment distincts l'un de l'autre. Du reste, Sinnett avait bien présenté la prétendue « doctrine ésotérique » qu'il était chargé d'exposer comme provenant du Bouddhisme proprement dit, ou d'une de ses branches, et en même temps comme constituant un lien entre celui-ci et le brâhmanisme ; il établissait même ce lien de la façon la plus extraordinaire, en faisant de Shankarâchârya, qui fut un des plus irréductibles adversaires du Bouddhisme dans l'Inde, une « seconde incarnation » de Bouddha[170], et cela d'après les assertions d'un Brâhmane « initié » du Sud de l'Inde, « sanscritiste des plus distingués et occultiste des plus sérieux »[171], qui n'était autre que Subba Rao, Malgré tout, Sinnett ne pouvait s'empêcher de

---

[170] *Le Bouddhisme Ésotérique*, pp. 215-216.
[171] *Ibid.*, p. 221.

reconnaître que « cette manière de voir n'est nullement acceptée par les autorités hindoues non initiées », c'est-à-dire, en réalité, non théosophistes ; or tout Hindou ayant quelque autorité n'a jamais eu que le plus profond mépris pour le théosophisme, et de plus, ce n'est certes pas à Madras qu'il faut aller si l'on veut trouver des « sanscritistes distingués ». Il est vraiment bien facile, pour prévenir les objections de ses adversaires, de proclamer qu'ils ne sont pas « initiés », mais il le serait peut-être un peu moins de montrer des « initiés » de la sorte dont il s'agit qui n'aient aucune attache avec les milieux théosophistes.

En effet, la vérité est qu'il n'y eut jamais de « Bouddhisme Ésotérique » authentique ; si l'on veut trouver de l'ésotérisme, ce n'est point là qu'il faut s'adresser, car le Bouddhisme fut essentiellement, à ses origines, une doctrine populaire servant d'appui théorique à un mouvement social à tendance égalitaire. Dans l'Inde, ce ne fut qu'une simple hérésie, qu'aucun lien réel n'a jamais pu rattacher à la tradition brâhmanique, avec laquelle elle avait au contraire rompu ouvertement, non seulement au point de vue social, en rejetant l'institution des castes, mais encore au point de vue purement doctrinal, en niant l'autorité du « Véda ». Du reste, le Bouddhisme représentait quelque chose de tellement contraire à l'esprit hindou que, depuis longtemps, il a complètement disparu de la contrée ou il avait pris naissance ; il n'y a plus guère qu'à Ceylan et en Birmanie qu'il existe encore à l'état à peu près pur, et, dans tous les autres pays où il s'est répandu, il s'est modifié au point de devenir tout à fait méconnaissable. On a généralement, en Europe, une tendance à s'exagérer l'importance du Bouddhisme, qui est certainement de beaucoup la moins intéressante de toutes les doctrines orientales, mais qui, précisément parce qu'il constitue pour l'Orient une déviation et une anomalie, peut sembler plus accessible à la mentalité occidentale et moins éloigné des formes de pensée auxquelles elle est accoutumée. C'est probablement là la principale raison de la prédilection dont l'étude du Bouddhisme a toujours été l'objet de la part de la grande majorité des orientalistes, encore que, chez quelques-uns d'entre eux, il s'y soit joint des intentions d'un tout autre ordre, qui consistaient à essayer d'en faire l'instrument d'un antichristianisme auquel il est évidemment, en soi, tout à fait étranger. Émile Burnouf, en particulier, ne fut pas exempt de ces dernières préoccupations, et c'est ce qui le poussa à s'allier aux théosophistes, animés du même esprit de concurrence religieuse ; il y eut aussi en France, il y a quelques années, une tentative faite, sans grand succès d'ailleurs, pour propager un certain « Bouddhisme éclectique » assez fantaisiste, inventé par Léon de Rosny, à qui, bien qu'il ne fût pas théosophiste[172], Olcott décerne des éloges dans l'introduction qu'il écrivit spécialement pour la traduction française de son *Catéchisme Bouddhique*.

D'un autre côté, on ne peut pas nier que la Société Théosophique ait tenté de s'annexer le Bouddhisme, même simplement « exotérique » ; cette tentative fut marquée en premier lieu par la publication, en 1881, de ce *Catéchisme Bouddhique* d'Olcott que nous venons de mentionner. Cet opuscule était revêtu de l'approbation du Rév. H. Sumangala, principal du *Vidyodaya Parivena* (collège) de Colombo, qui s'intitulait pour la circonstance « Grand-Prêtre de l'Église Bouddhique du Sud », dignité dont personne n'avait jusqu'alors soupçonné l'existence. Quelques années plus tard, le même Olcott, après un voyage au Japon et une tournée en Birmanie, se vanta d'avoir opéré la réconciliation des Églises Bouddhiques du Nord et du Sud[173]. Sumangala écrivait alors :

« Nous devons au colonel Olcott le catéchisme dans lequel nos enfants apprennent les premiers principes de notre religion, et nos relations fraternelles d'à présent avec nos coreligionnaires du Japon et d'autres pays bouddhistes »[174]. Il convient d'ajouter que les écoles où était enseigné le catéchisme d'Olcott n'étaient que des créations théosophistes ; nous avons sur ce point le témoignage de Mme Blavatsky, qui écrivait en 1890 : « A

---

[172] En revanche, il appartenait à la Maçonnerie (*Lanterne*, 18 avril 1894).
[173] Voir les diverses informations publiées à ce sujet dans le *Lotus Bleu*, 27 décembre 1891, 27 avril, 27 septembre et 27 décembre 1892.
[174] Message adressé au « Parlement des Religions » de Chicago, en 1893.

Ceylan, nous avons rappelé à la vie et commencé à purifier le Bouddhisme ; nous avons établi des écoles supérieures, pris à peu près une cinquantaine d'écoles de moindre importance sous notre surveillance »[175]. D'autre part, vers la même époque, Sir Edwin Arnold, auteur de la *Lumière de l'Asie*, s'était rendu dans l'Inde pour travailler, lui aussi, au rapprochement des Églises Bouddhiques ; n'est-il pas permis de trouver bien suspectes ces initiatives occidentales en pareille matière ? C'est peut-être pour légitimer le rôle d'Olcott que M. Leadbeater a raconté qu'il avait été, dans une de ses incarnations antérieures, le roi Ashoka, grand protecteur du Bouddhisme, après avoir été aussi, dans une autre, Gushtasp, roi de Perse et protecteur du Zoroastrisme[176] ; les spirites ne sont donc pas seuls à avoir la manie de se croire des réincarnations de personnages illustres ! Quand Olcott mourut, on plaça sur son corps, avec le drapeau américain, « l'étendard bouddhiste qu'il avait imaginé lui-même et sur lequel étaient disposées, dans leur ordre, les couleurs de l'aura du Seigneur Bouddha »[177] : fantaisie de « clairvoyant » à laquelle les Bouddhistes authentiques n'ont jamais pu accorder la moindre importance. Au fond, toute cette histoire se rattache surtout au rôle politique de la Société Théosophique, sur lequel nous aurons l'occasion de nous expliquer plus loin ; elle semble d'ailleurs n'avoir pas eu de suite en ce qui concerne l'union des différentes branches du Bouddhisme, mais il faut croire que les théosophistes n'ont pas renoncé à utiliser le Bouddhisme du Sud, car l'un d'entre eux, M. C. Jinarâjadâsa, annonçait, récemment qu'il avait reçu du « Grand-Prêtre de Colombo » le pouvoir d'admettre dans la religion bouddhique les Européens qui le désirent[178], Cela réduit l'Église en question, comme certaine Église chrétienne dont nous parlerons, au rang des multiples organisations que la Société Théosophique emploie comme auxiliaires pour sa propagande et pour la réalisation de ses desseins spéciaux.

---

[175] *Lotus Bleu*, 7 octobre 1890.
[176] *L'Occultisme dans la Nature*, p. 409.
[177] *L'Occultisme dans la Nature*, p. 413.
[178] *Revue Théosophique française*, septembre 1920.

CHAPITRE XI

PRINCIPAUX POINTS DE L'ENSEIGNEMENT THÉOSOPHISTE

Si l'on considère dans son ensemble la soi-disant doctrine théosophiste, on s'aperçoit tout d'abord que ce qui en constitue le point central, c'est l'idée d'« évolution »[179] ; or cette idée est absolument étrangère aux Orientaux, et, même en Occident, elle est de date fort récente. En effet, l'idée même de « progrès », dont elle n'est qu'une forme plus on moins compliquée par des considérations prétendues « scientifiques », ne remonte guère au-delà de la seconde moitié du XVIIIe siècle, ses véritables promoteurs ayant été Turgot et Condorcet ; il n'y a donc pas besoin de remonter bien loin pour trouver l'origine historique de cette idée, que tant de gens en sont arrivés, par l'effet de leurs habitudes mentales, à croire essentielle à l'esprit humain, alors que la plus grande partie de l'humanité continue pourtant à l'ignorer ou à n'en tenir aucun compte. De là résulte immédiatement une conclusion fort nette : dès lors que les théosophistes sont « évolutionnistes » (et ils le sont au point d'admettre généralement jusqu'au transformisme, qui est l'aspect le plus grossier de l'évolutionnisme, tout en s'écartant cependant sur certains points de la théorie darwinienne)[180], ils ne sont pas ce qu'ils prétendent être,

---

[179] Un théosophiste a déclaré expressément que « la *Doctrine secrète* n'aurait pas été publiée si la théorie de l'évolution ne s'était fait jour dans le cerveau humain » (*Les Cycles*, par Amaravella : *Lotus Bleu*, 27 avril 1894, p. 78) ; nous dirions plutôt que, sans cela, elle n'aurait pas été imaginée.

[180] Voir *La Généalogie de l'Homme*, par Mme Besant.

et leur système ne peut pas « avoir pour base la plus ancienne philosophie du monde »[181]. Sans doute, les théosophistes sont loin d'être les seuls à prendre pour une « loi » ce qui n'est qu'une simple hypothèse, et même, à notre avis, une hypothèse fort vaine ; toute leur originalité consiste ici à présenter cette prétendue loi comme une donnée traditionnelle, alors qu'elle serait plutôt tout le contraire. D'ailleurs, on ne voit pas très bien comment la croyance au progrès peut se concilier avec l'attachement à une « doctrine archaïque » (l'expression est de Mme Blavatsky) : pour quiconque admet l'évolution, la doctrine la plus moderne devrait logiquement être la plus parfaite ; mais les théosophistes, qui n'en sont pas à une contradiction près, ne semblent pas même se poser la question. Nous ne nous arrêterons pas bien longuement sur l'histoire fantastique de l'évolution de l'humanité, telle que la décrivent les théosophistes : sept « races-mères » se succèdent au cours d'une « période mondiale », c'est-à-dire pendant que la « vague de vie » séjourne sur une même planète ; chaque « race » comprend sept « sous-races », dont chacune se divise elle-même en sept « branches ». D'autre part, la « vague de vie » parcourt successivement sept globes dans une « ronde », et cette « ronde » se répète sept fois dans une même « chaîne planétaire », après quoi la « vague de vie » passe à une autre « chaîne », composée également de sept planètes, et qui sera parcourue sept fois à son tour ; il y a ainsi sept « chaînes » dans un « système planétaire », appelé aussi « entreprise d'évolution », et enfin notre système solaire est formé de dix « systèmes planétaires » ; il y a d'ailleurs quelque flottement sur ce dernier point. Nous en sommes actuellement à la cinquième « race » de notre « période mondiale », et à la quatrième « ronde » de la « chaîne » dont la terre fait partie, et dans laquelle elle occupe le quatrième rang ; cette « chaîne » est également la quatrième de notre « système planétaire », et elle comprend, comme nous l'avons déjà indiqué, deux autres planètes physiques, Mars et Mercure, plus quatre globes qui sont invisibles et appartiennent à des « plans supérieurs » ; la « chaîne » précédente est appelée « chaîne lunaire », parce qu'elle n'est

---

[181] *La Clef de la Théosophie*, p. 86.

représentée sur le « plan physique » que par la lune. Certains théosophistes interprètent d'ailleurs ces données d'une façon assez différente, et prétendent qu'il ne s'agit en tout cela que d'états divers et d'« incarnations » successives de la terre elle-même, les noms des autres planètes n'étant ici que des désignations purement symboliques ; ces choses sont vraiment bien obscures, et nous n'en finirions pas si nous voulions relever toutes les assertions contradictoires auxquelles elles ont donné lieu. Il faut encore ajouter qu'il y a sept règnes, qui sont trois règnes « élémentals », puis les règnes minéral, végétal, animal et humain, et que, en passant d'une « chaîne » à la suivante, les êtres d'un de ces règnes passent en général au règne immédiatement supérieur ; en effet, ce sont toujours les mêmes êtres qui sont censés accomplir leur évolution par de multiples incarnations au cours des différentes périodes que nous venons d'énumérer.

Les chiffres qui sont indiqués pour la durée de ces périodes ne sont pas moins invraisemblables que tout le reste : ainsi, d'après la *Doctrine Secrète*, l'apparition de l'homme sur la terre dans la quatrième « ronde » remonte à dix-huit millions d'années, et il y en a trois cents millions que la « vague de vie » a atteint notre globe dans la première « ronde ». Il est vrai qu'on est beaucoup moins affirmatif aujourd'hui à cet égard qu'on ne l'était au début ; M. Leadbeater en est même venu à déclarer que « nous ignorons si toutes les rondes et toutes les périodes raciales ont une longueur égale », et que d'ailleurs « il est inutile de chercher à évaluer en années ces énormes périodes de temps »[182]. En ce qui concerne les périodes plus restreintes, Sinnett a affirmé que « la présente race de l'humanité, la cinquième race de la quatrième ronde, a commencé à évoluer il y a un million d'années », que c'est « un nombre vrai, que l'on peut prendre *à la lettre* » (c'est lui-même qui souligne)[183] ; d'autre part, d'après les auteurs des « vies d'Alcyone » auxquelles nous avons déjà fait allusion, « la fondation de la cinquième race remonte à l'an 79997 avant Jésus-Christ »[184] ; cette dernière affirmation, qui

---

[182] *L'Occultisme dans la Nature*, p. 235.
[183] *Le Bouddhisme Ésotérique*, p. 172.
[184] *De l'an 25000 avant Jésus-Christ à nos jours*, p. 65.

est d'une précision étonnante, ne semble guère pouvoir se concilier avec la précédente, et ce n'est vraiment pas la peine de se moquer des savants qui, sans doute, ne s'accordent guère mieux dans l'évaluation de la durée des périodes géologiques, mais qui, du moins, ne présentent leurs calculs que comme purement hypothétiques. Ici, au contraire, nous avons affaire à des gens qui prétendent être en mesure de vérifier directement leurs assertions, et avoir à leur disposition, pour reconstituer l'histoire des races disparues »[185], les « archives âkâshiques », c'est-à-dire les images mêmes des évènements passés, enregistrées fidèlement et d'une façon indélébile dans l'« atmosphère invisible » de la terre.

Les conceptions que nous venons de résumer ne sont au fond qu'une absurde caricature de la théorie hindoue des cycles cosmiques ; celle-ci est en réalité tout autre et n'a, bien entendu, rien d'évolutionniste ; de plus, les nombres qui s'y rapportent sont essentiellement symboliques, et les prendre littéralement pour des nombres d'années ne peut être que l'effet d'une ignorance grossière, dont les théosophistes ne sont d'ailleurs pas seuls à faire preuve ; nous pouvons même dire, sans y insister davantage, que cette théorie est une de celles dont la véritable signification est le plus difficilement accessible aux Occidentaux en général. Pour en revenir aux conceptions théosophistes, si on entrait dans le détail, on y trouverait encore bien d'autres singularités : la description des premières races humaines et de leur solidification progressive en est un exemple ; d'autre part, dans la « ronde » actuelle, la séparation des sexes ne se serait effectuée que vers le milieu de la troisième race. Il paraît aussi que chaque « ronde » est consacrée plus spécialement au développement d'un des principes constitutifs de l'homme ; certains ajoutent même qu'un sens nouveau se développe à l'apparition de chaque race ; comment se fait-il donc que les peuples qu'on nous représente comme des vestiges des races antérieures, plus précisément de la troisième et de la quatrième, aient pourtant cinq sens tout comme nous ? Cette difficulté n'empêche pas de préciser que la

---

[185] Voir par exemple l'*Histoire de l'Atlantide*, par W. Scott-Elliot.

« clairvoyance », qu'on s'attache tout particulièrement à obtenir dans la « section ésotérique », est le germe du sixième sens, qui deviendra normal dans la sixième « race-mère », celle qui doit succéder immédiatement à la nôtre. D'ailleurs, c'est naturellement aux investigations des « clairvoyants » qu'est attribué tout ce roman préhistorique, dans lequel ce qu'on rapporte des civilisations antiques ressemble vraiment un peu trop aux inventions et aux découvertes de la science moderne : on y trouve jusqu'à l'aviation et à la radio-activité[186], ce qui montre bien par quelles préoccupations les auteurs sont réellement influencés, et les considérations relatives à l'organisation sociale ne sont pas moins caractéristiques sous ce rapport[187]. Au même ordre de préoccupations très modernes, il faut rattacher encore le rôle que joue dans les théories théosophistes, aussi bien que dans les théories spirites, la « quatrième dimension » de l'espace ; les théosophistes vont même plus loin dans les « dimensions supérieures », et ils déclarent catégoriquement que l'espace a sept dimensions »[188], ce qui sera trouvé fort arbitrairement par les mathématiciens qui conçoivent des géométries à un nombre quelconque de dimensions, tout en ne les regardant d'ailleurs que comme de simples constructions algébriques, traduites en termes spatiaux par analogie avec la géométrie analytique ordinaire. On peut encore ranger dans la catégorie des fantaisies pseudo-scientifiques la description détaillée des différentes sortes d'atomes[189] ; c'est encore par la « clairvoyance » que ces atomes ont été soi-disant observés, de même que c'est à cette faculté qu'on doit de connaître les couleurs des éléments invisibles de l'homme[190] : il faut croire que ces organismes « hyperphysiques » sont doués de propriétés physiques ! Nous ajouterons, du reste, qu'il n'y a pas de « clairvoyants » que chez les théosophistes, et qu'ils ne manquent pas non plus chez les occultistes et les spirites ; le malheur est que les uns et les

---

[186] *De l'an 25000 avant Jésus-Christ à nos jours*, pp. 222-232.

[187] Voir notamment *Le Pérou Antique*, par C. W. Leadbeater : *Revue Théosophique française*, 1901.

[188] *L'Occultisme dans la Nature*, pp. 82-85.

[189] *La Chimie occulte*, par Mme Besant et C. W. Leadbeater.

[190] *L'Homme visible et invisible*, par C. W. Leadbeater.

autres ne s'entendent pas, et que les visions de chacun sont toujours conformes aux théories professées par l'école à laquelle il appartient ; dans ces conditions, il faut assurément beaucoup de bonne volonté pour accorder quelque importance à toutes ces rêveries.

Nous venons de faire allusion aux éléments ou principes constitutifs de l'être humain ; cette question de la constitution de l'homme tient une grande place dans les « enseignements » des théosophistes, qui lui ont consacré un certain nombre de traités spéciaux[191] ; elle est d'ailleurs loin d'être aussi simple au fond qu'on se l'imagine souvent. En effet, ce n'est pas en quelques lignes qu'on pourrait montrer à quel point les théosophistes ont dénaturé, ici comme partout ailleurs, les conceptions orientales ; nous nous proposons de publier, lorsque les circonstances nous le permettront, un travail dans lequel nous exposerons les véritables conceptions hindoues sur cette question, et on pourra alors se rendre compte que les théosophistes n'en ont guère tiré qu'une terminologie qu'ils se sont appropriée sans la comprendre. Nous nous bornerons donc ici à dire que, pour les théosophistes, il y a dans l'homme sept principes distincts ; il y a du reste quelques divergences, non seulement quant à leur nomenclature (nous avons dit que Mme Besant avait fini par abandonner les termes sanscrits), mais même, ce qui est plus grave, quant à l'ordre dans lequel ils doivent être classés. Quoi qu'il en soit, ces principes sont regardés comme autant de « corps », qui seraient en quelque sorte emboîtés les uns dans les autres, ou qui tout au moins s'interpénétreraient, ne différant en somme que par leur plus ou moins grande subtilité ; c'est là une conception qui matérialise singulièrement les choses, et il n'existe naturellement rien de tel dans les doctrines hindoues. D'ailleurs, les théosophistes qualifient volontiers leur théorie de « matérialisme transcendant » ; pour eux, « tout est matière » sous des états différents, et « matière, espace, mouvement, durée, constituent la seule et même substance éternelle de l'Univers »[192]. Il

---

[191] Voir notamment, outre l'ouvrage déjà mentionné de M. Leadbeater, divers « manuels » de Mme Besant ; *L'Homme et ses corps, les sept principes de l'homme*, etc.
[192] *Le Bouddhisme Ésotérique*, p. 274.

se peut que des propositions comme celles-là aient un sens pour certains Occidentaux modernes ; mais ce qu'il y a de certain, c'est qu'elles en sont totalement dépourvues pour des Orientaux, qui n'ont même pas la notion de « matière » à proprement parler (on ne trouve en sanscrit aucun mot qui y corresponde, même d'une façon très approximative) ; et, pour nous, elles ne peuvent que montrer les limitations très étroites où est enfermée la pensée théosophiste. Ce qu'il faut retenir, c'est que les théosophistes s'accordent tous à regarder la constitution de l'homme comme septénaire (ce que ne fait d'ailleurs aucune école hindoue) ; ce n'est qu'après coup que certains occultistes ont cherché à établir une correspondance entre cette conception et leur propre conception ternaire, en réunissant dans un même groupe des éléments qui sont distingués dans la première, et ils n'y sont pas toujours arrivés de la façon la plus heureuse ; cela est bon à noter pour éviter toute confusion entre des théories qui, bien qu'ayant manifestement des points de contact, n'en présentent pas moins des divergences importantes. Du reste, les théosophistes tiennent tellement à retrouver partout le septénaire (on a déjà pu s'en apercevoir dans l'exposé des périodes d'évolution) que, là où ils rencontrent des classifications qui ne comprennent que cinq principes ou cinq éléments, ce qui arrive fréquemment dans l'Inde aussi bien qu'en Chine, ils prétendent qu'il existe deux autres termes qu'on a tenus cachés ; naturellement, personne ne peut donner la raison d'une si singulière discrétion.

Une autre question qui est connexe de la précédente est celle des états que l'homme doit traverser après la mort[193] ; pour comprendre ce qui en est dit, il faut savoir que le septénaire humain est regardé comme comprenant, d'une part, un quaternaire inférieur, formé d'éléments périssables, et, d'autre part, un ternaire supérieur, formé d'éléments immortels ; ajoutons à ce propos que les principes supérieurs ne sont pleinement constitués que chez les hommes les plus « évolués », et qu'ils ne le seront chez tous qu'à la fin de la « septième ronde ». L'homme doit se

---

[193] *La Mort et l'au-delà*, par Mme Besant ; *L'autre côté de la mort*, par C. W. Leadbeater.

dépouiller successivement de chacun de ses « corps » inférieurs, après un séjour plus ou moins long sur le « plan » correspondant ; ensuite vient une période de repos, dite « état dêvachanique », où il jouit de ce qu'il a acquis au cours de sa dernière existence terrestre, et qui prend fin lorsqu'il doit se revêtir de nouveaux « véhicules » inférieurs pour « retourner en incarnation ». C'est cette période « dêvachanique » dont on avait prétendu tout d'abord fixer la durée d'une façon uniforme ; nous avons vu comment on était revenu par la suite sur cette première opinion ; ce qu'il y a de remarquable, c'est que la durée d'un pareil état, qualifié par ailleurs de « subjectif », soit mesurable en unités de temps terrestre ! C'est toujours la même façon de matérialiser toutes choses, et on est assez mal venu, dans ces conditions, à tourner en ridicule le « Summerland » des spirites anglosaxons[194], qui n'est qu'un peu plus grossièrement matériel encore ; entre ces deux conceptions, il n'y a guère, après tout, qu'une différence de degré, et, de part et d'autre, on pourrait trouver une foule d'exemples des représentations saugrenues que l'imagination peut produire dans cet ordre d'idées, en transportant à d'autres états ce qui est essentiellement propre à la vie terrestre. Du reste, il serait peu utile de s'attarder à discuter la théorie que nous venons de résumer très sommairement, en la simplifiant le plus possible et en négligeant les cas exceptionnels ; pour montrer qu'elle manque absolument de base, il suffira de dire qu'elle suppose avant tout la réalité de quelque chose qui est proprement une absurdité : nous voulons parler de la réincarnation.

Nous avons eu déjà plus d'une occasion de mentionner cette conception de la réincarnation, qui est regardée comme le moyen par lequel s'accomplit l'évolution, d'abord pour chaque homme en particulier, et ensuite, par voie de conséquence, pour l'humanité tout entière et même pour l'ensemble de l'univers. Certains vont même jusqu'à dire que la réincarnation est « le corollaire obligé de la loi d'évolution »[195], ce qui doit

---

[194] *La Clef de la Théosophie*, pp, 209-210 ; *La Mort et l'au-delà*, p. 85 de la traduction française.
[195] *Essai sur l'évolution*, par le Dr Th. Pascal ; *La Théosophie en quelques chapitres*, par le même auteur, pp. 28 et 35.

être exagéré, puisqu'il est bien des évolutionnistes qui ne l'admettent nullement ; il serait assez curieux de voir discuter cette question entre évolutionnistes de différentes écoles, encore que nous doutions fort que d'une semblable discussion puisse sortir la moindre lumière. Quoi qu'il en soit, cette idée de réincarnation est encore, comme celle d'évolution, une idée très moderne ; elle paraît avoir surtout pris corps, vers 1830 ou 1848, dans certains milieux socialistes français : la plupart des révolutionnaires de cette époque étaient des « mystiques » dans le plus mauvais sens du mot, et l'on sait à quelles extravagances donnèrent lieu parmi eux les théories fouriéristes, saint-simoniennes, et autres de ce genre. Pour ces socialistes, la conception dont il s'agit, et dont les premiers inventeurs furent peut-être Fourier et Pierre Leroux[196], avait comme unique raison d'être d'expliquer l'inégalité des conditions sociales, ou du moins de lui enlever ce qu'ils y trouvaient de choquant, en l'attribuant aux conséquences des actions accomplies dans quelque existence antérieure ; il arrive aussi parfois aux théosophistes de mettre cette raison en avant[197], bien qu'ils y insistent généralement moins que les spirites. Au fond, une théorie comme celle-là n'explique rien du tout et ne fait que reculer la difficulté, si difficulté il y a, car, s'il y avait eu vraiment égalité au début, cette égalité n'aurait jamais pu être rompue, à moins qu'on ne conteste formellement la validité du principe de raison suffisante ; mais, dans ce dernier cas, la question ne se pose plus, et l'idée même de loi naturelle qu'on veut faire intervenir dans sa solution ne signifie plus rien. Du reste, il y a encore beaucoup mieux à dire que cela contre la réincarnation, car, en se plaçant au point de vue de la métaphysique pure, on peut en démontrer l'impossibilité absolue, et cela

---

[196] Ils semblent du moins avoir été les premiers à l'exprimer en France ; nous devons pourtant ajouter que la même idée avait été formulée antérieurement en Allemagne par Lessing, dans la seconde moitié du XVIIIe siècle. Nous n'avons pu trouver aucune autre source plus ancienne, ni savoir si les socialistes français s'étaient inspirés de Lessing directement ou indirectement, ou s'ils ont, au contraire, « réinventé » d'eux-mêmes la théorie réincarnationniste, à laquelle ils ont donné, en tout cas, une diffusion qu'elle n'avait pu atteindre avant eux.

[197] *Le Bouddhisme Ésotérique*, p. 125 ; *La Théosophie en quelques chapitres*, p. 40.

sans aucune exception du genre de celles qu'admettait la H. B. of L. ; nous entendons d'ailleurs ici l'impossibilité de la réincarnation, non seulement sur la terre, mais aussi bien sur un astre quelconque[198], ainsi que de certaines autres conceptions bizarres comme celle d'une multiplicité d'incarnations simultanées sur des planètes différentes[199] ; pour les théosophistes, il y a, comme on l'a vu, de très longues séries d'incarnations sur chacun des globes qui font partie d'un même système. La même démonstration métaphysique vaut également contre des théories telles que celle du « retour éternel » de Nietzsche ; mais, bien qu'elle soit fort simple en elle-même, son exposé nous entraînerait beaucoup trop loin, à cause de tout ce qu'il présuppose pour être bien compris. Nous dirons seulement, pour réduire à leur juste valeur les prétentions des théosophistes, qu'aucune doctrine traditionnelle n'a jamais admis la réincarnation, et que cette idée fut complètement étrangère à toute l'antiquité, bien qu'on ait voulu l'appuyer par une interprétation tendancieuse de quelques textes plus ou moins symboliques ; dans le Bouddhisme même, il est seulement question de « changements d'état », ce qui, évidemment, n'est pas du tout la même chose qu'une pluralité de vies terrestres successives, et ce n'est que symboliquement, nous le répétons, que des états différents ont pu être parfois décrits comme des « vies » par analogie avec l'état actuel de l'être humain et avec les conditions de son existence terrestre[200]. La vérité est donc tout simplement celle-ci : c'est aux milieux socialistes dont nous avons parlé qu'appartenaient les premiers spirites de l'école d'Allan Kardec, c'est là qu'ils prirent, comme quelques écrivains de la même époque[201], l'idée de réincarnation, et c'est dans l'école spirite française que Mme Blavatsky, comme un peu plus tard les occultistes de l'école papusienne,

---

[198] *Le Lendemain de la Mort ou la Vie future selon la Science*, par Louis Figuier.

[199] *L'Éternité par les Astres*, par Blanqui.

[200] Précisons aussi que, malgré les fausses interprétations qui ont cours aujourd'hui, la réincarnation n'a rien à voir avec la « métempsychose » des Orphiques et des Pythagoriciens, non plus qu'avec les théories de certains Kabbalistes juifs sur l'« embryonnat » et les « révolutions des âmes ».

[201] *Terre et Ciel*, par Jean Reynaud ; *Pluralité des existences de l'âme*, par Pezzani.

trouva cette idée à son tour ; ce que nous savons de la première période de sa vie ne permet aucun doute à cet égard. Nous avons vu, cependant, que la fondatrice de la Société Théosophique avait eu parfois quelques hésitations, et qu'elle avait même abandonné pendant un certain temps la théorie réincarnationniste, dont ses disciples, par contre, ont fait un véritable article de foi, qu'on doit affirmer sans même chercher à le justifier ; mais, d'une façon générale, et en laissant de côté la période où elle fut sous l'influence de la H. B. of L., elle aurait pu conserver et faire sienne la devise d'Allan Kardec : « Naître, mourir, renaître et progresser sans cesse, telle est la loi. » S'il y a eu divergence de vues entre Mme Blavatsky et les spirites français, ce n'est pas sur le principe même, mais seulement sur les modalités de la réincarnation, et ce dernier point est d'une importance bien secondaire par rapport au premier ; du reste, nous avons vu que les théosophistes actuels y ont encore introduit quelques modifications. Il est assez curieux de remarquer, d'autre part, que les spirites anglais et américains, contrairement aux spirites français, rejettent formellement la réincarnation ; du moins, ils la rejetaient tous du temps de Mme Blavatsky, mais il en est aujourd'hui quelques-uns qui l'admettent, probablement, bien qu'ils ne s'en rendent pas compte, sous l'influence des idées théosophistes, qui se sont si prodigieusement répandues dans les pays anglo-saxons. Bien entendu, il en est ici exactement comme dans le cas des expériences des « clairvoyants » : les « communications » reçues par les uns et les autres de ces spirites confirment chacun dans sa théorie, comme si elles n'étaient que le simple reflet de ses propres idées ; nous ne voulons d'ailleurs pas dire qu'il n'y ait que cela dans toutes les « communications » de ce genre, mais, à l'ordinaire, il y a certainement beaucoup de cela.

À la prétendue loi de la réincarnation se rattache la loi dite du « karma », d'après laquelle les conditions de chaque existence seraient déterminées par les actions accomplies au cours des existences précédentes : c'est « cette loi invisible et inconnue[202] qui adapte avec

---

[202] Comment donc peut-on en parler ?

sagesse, intelligence et équité, chaque effet à chaque cause, et qui, par cette dernière, arrive jusqu'à celui qui l'a produite »[203]. Mme Blavatsky l'appelle « loi de la rétribution », et Sinnett « loi de la causalité éthique » ; c'est bien, en effet, une causalité d'un genre spécial, dont la conception est subordonnée à des préoccupations d'ordre moral ; c'est, si l'on veut, une espèce de « justice immanente ». Une semblable conception se retrouve également, sauf le mot qui la désigne ici, chez les occultistes et chez les spirites, dont beaucoup vont même jusqu'à prétendre déterminer avec une extraordinaire précision, et dans les moindres détails, les relations entre ce qui arrive à un individu dans sa vie présente et ce qu'il a fait dans ses vies antérieures ; c'est surtout dans les ouvrages spirites que ces considérations abondent, et elles atteignent parfois le comble du ridicule. On doit reconnaître que les théosophistes, en général, ne vont pas tout à fait jusque-là ; mais ils n'en traitent pas moins avec de grands développements la théorie du « karma », dont le caractère moral explique la place de plus en plus large qu'elle tient dans leurs enseignements, car le théosophisme, entre les mains des successeurs de Mme Blavatsky, tend à devenir toujours plus « moraliste » et sentimental. D'autre part, certains en sont arrivés à personnifier le « karma », et ce pouvoir plus ou moins mystérieux et vague est devenu pour eux une entité véritable, une sorte d'agent chargé d'appliquer la sanction de chaque acte ; Mme Blavatsky s'était contentée d'attribuer ce rôle à des êtres spéciaux qu'elle appelait les « Seigneurs du karma », et auxquels elle donnait aussi le nom de « Lipikas », c'est-à-dire « ceux qui écrivent » ou enregistrent les actions humaines[204]. Dans cette conception théosophiste du « karma », nous trouvons un excellent exemple de l'abus des termes sanscrits mal compris, que nous avons déjà signalé : le mot « karma », en effet, signifie tout simplement « action », et rien d'autre ; il n'a jamais eu le sens de causalité (« cause » se dit en sanscrit « kârana »), et encore moins de cette causalité spéciale dont nous venons d'indiquer la

---

[203] *La Clef de la Théosophie*, p. 282.
[204] La vrai forme sanscrite de ce mot est « lipikâra » ; il n'a d'ailleurs jamais désigné réellement autre chose que des « écrivains » et des « scribes » au sens purement humain.

nature. Mme Blavatsky a donc assigné tout à fait arbitrairement ce nom oriental de « karma » à une conception très occidentale, qu'elle n'a d'ailleurs pas inventée de toutes pièces, mais où il faut voir une déformation de certaines idées préexistantes, à commencer par l'idée même de causalité ; et cette déformation est encore, en partie tout au moins, un emprunt fait au spiritisme, car il va de soi qu'elle est étroitement liée au fond de la théorie réincarnationniste elle-même.

Nous n'insisterons pas sur les autres « enseignements », qui ont une moindre importance, et dont nous indiquerons seulement quelques points lorsque l'occasion s'en présentera dans la suite ; il en est d'ailleurs qui ne doivent pas être attribués à Mme Blavatsky elle-même, mais qui appartiennent en propre à ses successeurs. En tout cas, l'exposé que nous venons de donner, si succinct qu'il soit, nous paraît suffisant pour montrer le peu de sérieux de la soi-disant doctrine théosophiste, et surtout pour établir qu'elle ne repose, malgré ses prétentions, sur aucune base traditionnelle véritable. On doit la placer tout simplement, à côté du spiritisme et des diverses écoles d'occultisme, toutes choses avec lesquelles elle a une évidente parenté, dans cet ensemble de productions bizarres de la mentalité contemporaine auquel on peut donner la dénomination générale de « néo-spiritualisme ». La plupart des occultistes aiment aussi à se recommander d'une « tradition occidentale », qui est tout aussi fantaisiste que la « tradition orientale » des théosophistes, et pareillement formée d'un amalgame d'éléments disparates. Autre chose est de rechercher le fond identique qui peut très réellement, dans bien des cas, se dissimuler sous la diversité de forme des traditions des différents peuples, et autre chose de fabriquer une pseudo-tradition en empruntant aux unes et aux autres des lambeaux plus ou moins informes et en les rassemblant tant bien que mal, plutôt mal que bien, surtout quand on n'en comprend vraiment ni la portée ni la signification, ce qui est le cas de toutes ces écoles. Celles-ci, à part les objections d'ordre théorique qu'on peut leur adresser, ont toutes en commun un inconvénient dont on ne saurait se dissimuler la gravité : c'est de déséquilibrer et de détraquer irrémédiablement les esprits faibles qui sont attirés dans ces milieux ; le nombre des malheureux que ces choses ont conduits à la ruine, à la folie, parfois même à la mort, est bien autrement considérable que ne peuvent se l'imaginer les gens insuffisamment renseignés, et nous en avons connu les plus lamentables exemples. On peut dire, sans aucune exagération, que la diffusion du « néo-spiritualisme » sous toutes ses formes constitue un véritable danger public, qu'on ne saurait dénoncer avec trop d'insistance ; les ravages accomplis, surtout par le spiritisme qui en est la forme la plus répandue et la plus populaire, ne sont déjà que trop grands, et ce qui est le plus inquiétant, c'est qu'ils semblent actuellement s'accroître de jour en jour.

Un inconvénient d'un autre ordre, qui est spécial au théosophisme, en raison des prétentions particulières qu'il affiche sous ce rapport, c'est, par la confusion qu'il crée et qu'il entretient, de discréditer l'étude des doctrines orientales et d'en détourner beaucoup d'esprits sérieux ; c'est aussi, d'autre part, de donner aux Orientaux la plus fâcheuse idée de l'intellectualité occidentale, dont les théosophistes leur apparaissent comme de tristes représentants, non qu'ils soient seuls à faire preuve d'une totale incompréhension à l'égard de certaines choses, mais les allures d'« initiés » qu'ils veulent se donner rendent cette incompréhension plus choquante et plus inexcusable. Nous ne saurions trop insister sur ce point que le théosophisme ne représente absolument rien en fait de pensée orientale authentique, car il est tout à fait déplorable de voir avec quelle facilité les Occidentaux, par suite de l'ignorance complète où ils sont généralement de celle-ci, se laissent abuser par d'audacieux charlatans ; cela arrive même à des orientalistes professionnels, dont la compétence, il est vrai, ne dépasse guère le domaine de la linguistique ou celui de l'archéologie. Quant à nous, si nous sommes aussi affirmatif à ce sujet, c'est que l'étude directe que nous avons faite des véritables doctrines orientales nous en donne le droit ; et, de plus, nous savons très exactement ce qu'on pense du théosophisme dans l'Inde, où il n'eut jamais le moindre succès en dehors des milieux anglais ou anglophiles ; la mentalité occidentale actuelle est seule susceptible d'accueillir avec faveur des productions de ce genre. Nous avons déjà dit que les vrais Hindous ont pour le théosophisme, quand ils le connaissent, un profond mépris ; et les chefs de la Société Théosophique s'en rendent si bien compte que, dans les bureaux que leur organisation possède dans l'Inde, on ne peut se procurer aucun de leurs traités d'inspiration soi-disant orientale, non plus que les traductions ridicules qu'ils ont faites de certains textes, mais seulement des ouvrages relatifs au Christianisme[205]. Aussi le théosophisme est-il communément regardé, dans l'Inde, comme une secte protestante d'un caractère un peu particulier, et il faut bien reconnaître qu'il en a, aujourd'hui du moins, toutes les apparences : tendances « moralisatrices » de plus en plus accentuées et exclusives, hostilité systématique contre toutes les institutions traditionnelles hindoues, propagande britannique exercée sous le couvert d'œuvres de charité et d'éducation ; mais la suite le fera beaucoup mieux comprendre encore.

---

[205] Article publié par M. Zeaeddin Akmal, de Lahore, dans la revue *Zeit*, de Vienne, en 1897. – Ces renseignements nous ont été personnellement confirmés par plusieurs Hindous à des dates plus récentes.

CHAPITRE XII

LE THÉOSOPHISME ET LE SPIRITISME

Nous venons de dire que le théosophisme devait être classé dans ce que nous appelons, d'une façon générale, le « néospiritualisme », aussi bien pour en montrer le caractère essentiellement moderne que pour le distinguer du « spiritualisme » entendu dans son sens ordinaire et proprement philosophique, classique si l'on veut. Nous devons maintenant préciser que toutes les choses que nous réunissons sous ce nom, parce qu'elles possèdent en effet assez de caractères communs pour être regardées comme des espèces d'un même genre, et surtout parce qu'elles procèdent au fond d'une mentalité commune, n'en sont pas moins distinctes malgré tout. Ce qui nous oblige à y insister, c'est que, pour qui n'en a pas l'habitude, ces étranges dessous du monde contemporain, dont nous n'entendons présenter ici qu'une faible partie, font l'effet d'une véritable fantasmagorie ; c'est un chaos dans lequel il est certainement fort difficile de se reconnaître au premier abord, d'où résultent fréquemment des confusions, sans doute excusables, mais qu'il est bon d'éviter autant que possible. Occultisme de différentes écoles, théosophisme, spiritisme, tout cela se ressemble assurément par certains côtés et jusqu'à un certain point, mais diffère aussi à d'autres égards et doit être soigneusement distingué, alors même qu'on se préoccupe d'en établir les rapports. D'ailleurs, nous avons eu déjà l'occasion de voir que les chefs de ces écoles sont fréquemment en lutte les uns avec les autres, et qu'il leur arrive parfois de s'injurier publiquement ; il faut pourtant ajouter que cela ne les empêche pas de s'allier à l'occasion et de se trouver réunis au sein de certains groupements, maçonniques ou autres. Dans ces conditions, on peut être tenté de se demander si leurs querelles sont bien sérieuses, ou si elles ne sont pas plutôt destinées à cacher un accord que la prudence commande de laisser ignorer au dehors ; nous ne prétendons pas donner ici une réponse à cette question, d'autant plus qu'on aurait probablement tort de généraliser ce qui, en pareille matière, peut être vrai dans certains cas particuliers : il peut arriver que des gens, sans cesser d'être adversaires ou rivaux, s'entendent néanmoins pour l'accomplissement de telle ou telle besogne déterminée, et ce sont là des choses qui se voient journellement, en politique par exemple. Pour nous, ce qu'il y a de plus réel dans les querelles dont nous parlons, ce sont les rivalités d'amour-propre entre les chefs d'écoles, ou entre ceux qui visent à l'être, et ce qui se passa dans le théosophisme après la mort de Mme Blavatsky nous en fournira un exemple typique. En somme, c'est à ces rivalités qu'on cherche à donner un prétexte avouable en mettant en avant des divergences théoriques qui, tout en étant très réelles aussi, n'ont peut-être qu'une importance assez secondaire pour des gens qui apparaissent tous comme dépourvus de principes stables et d'une doctrine bien définie, et dont les préoccupations dominantes n'appartiennent certainement pas à l'ordre de l'intellectualité pure.

Quoi qu'il en soit, pour ce qui concerne spécialement les rapports du théosophisme et du spiritisme, nous avons montré chez Mme Blavatsky, au moins depuis la fondation de sa Société (car il est difficile de savoir quel était précédemment le fond de sa pensée), une opposition manifeste aux théories spirites, « spiritualistes » comme on dit dans les pays anglosaxons. Il serait facile de multiplier les textes où s'affirme cette attitude ; nous nous bornerons à en citer encore quelques fragments : « Si vous voulez parler de l'explication donnée par les spirites au sujet de certains phénomènes anormaux, nous n'y croyons certainement pas. Car, selon eux, toutes ces manifestations sont dues aux « esprits » de personnes (le plus souvent leurs parents) qui ont quitté ce monde et qui y reviennent pour entrer en communication avec ceux qu'ils ont aimés, ou auxquels ils sont restés attachés ; et voilà ce que nous nions formellement. Nous disons que les esprits des morts ne peuvent pas retourner sur la terre, sauf de rares exceptions,... et qu'ils n'ont de communication avec les hommes que par des moyens entièrement *subjectifs*[206] ». Et Mme Blavatsky explique ensuite que les phénomènes spirites sont dus, soit au « corps astral » ou « double » du médium ou d'une des personnes présentes, soit à des « élémentals », soit enfin à des « coques », c'est-à-dire aux « dépouilles astrales » abandonnées par les défunts en quittant le « plan » correspondant, et qui, jusqu'à ce qu'elles se décomposent, demeureraient douées d'un certain automatisme leur permettant de répondre avec un semblant d'intelligence. Un peu plus loin, elle dit : « Certainement, nous rejetons en bloc la philosophie spirite, si par « philosophie » vous entendez les théories grossières des spirites ; mais, franchement, ils n'ont pas de philosophie, et, parmi leurs défenseurs, ce sont les plus zélés, les plus sérieux et les plus intelligents qui le disent » ; et elle reproduit à ce propos « ce que dit M. A. Oxon (Stainton Moses), un des rares spirites philosophes, touchant la bigoterie (*sic*) et le manque d'organisation du spiritisme »[207], Ailleurs, elle déclare « égoïste et cruelle » la doctrine du « retour des esprits », parce que, d'après celle-ci, « la malheureuse humanité n'est pas libérée, même par la mort, des douleurs de cette vie ; pas une goutte des misères et des souffrances contenues dans la coupe de la vie n'échappera à ses lèvres, et, *nolens volen,* puisqu'elle voit tout maintenant (après la mort), il lui faudra boire l'amertume jusqu'à la lie... Le bonheur est-il possible pour qui possède cette connaissance (des souffrances de ceux qu'il a laissés sur la terre) ? Alors, vraiment, le « bonheur » est la plus grande malédiction que l'on puisse imaginer, et la damnation orthodoxe paraît, en comparaison, un véritable soulagement »[208]. À cette doctrine spirite, elle oppose la conception du « dêvachan », où l'homme « jouit d'un bonheur parfait, dans un oubli *absolu* de tout ce qui, durant sa dernière incarnation, lui a causé de la

---

[206] *La Clef de la Théosophie*, pp. 40-41.
[207] *Ibid.*, pp. 45-46.
[208] *La Clef de la Théosophie*, pp. 206-207.

douleur ou du chagrin, et même dans l'oubli du fait qu'il existe au monde des choses telles que le chagrin et la douleur »[209]. Mme Blavatsky admettait seulement « la possibilité de communications entre les vivants et les esprits désincarnés » dans des cas qu'elle regardait comme tout à fait exceptionnels, et qui étaient les suivants : « La première exception peut avoir lieu durant les quelques jours qui suivent *immédiatement* la mort d'une personne, avant que l'*Ego* ne passe dans l'état dêvachanique. Ce qui reste douteux, c'est l'importance de l'avantage, qu'un mortel quelconque ait pu retirer du retour d'un esprit dans le plan *objectif*... La seconde exception se rapporte aux *Nirmânakâyas* », c'est-à-dire « à ceux qui, ayant gagné le droit d'entrer en Nirvâna et d'obtenir le repos cyclique,... ont renoncé à cet état par pitié pour l'humanité et pour ceux qu'ils ont laissés sur cette terre »[210]. La première de ces deux exceptions, si rare qu'on la suppose, n'en constituait pas moins une concession grave, ouvrant la porte à toutes sortes de compromissions : dès lors qu'on admet la moindre possibilité de communiquer avec les morts par des moyens matériels, il est difficile de savoir où l'on s'arrêtera[211]. En fait, il est des théosophistes qui ont adopté une attitude beaucoup moins intransigeante que celle de Mme Blavatsky, et qui, de même que certains occultistes, en sont arrivés à admettre que des « esprits » se manifestent réellement, et assez fréquemment, dans les séances spirites ; il est vrai qu'ils ajoutent que ces « esprits » sont des « élémentaires », c'est-à-dire des êtres humains de l'ordre le plus inférieur, et avec lesquels il est plutôt dangereux d'entrer en relations : nous doutons fort que des concessions de ce genre soient susceptibles de concilier à leurs auteurs les faveurs des purs spirites, qui ne se résoudront jamais à les regarder comme de vrais « croyants ».

Du reste, en pratique, les chefs du théosophisme n'ont jamais cessé de déconseiller les expériences spirites, et ils se sont appliqués souvent à en

---

[209] *Ibid.*, p. 208.
[210] *Ibid.*, pp. 211-212.
[211] En réalité, il s'agit encore ici, comme pour la réincarnation, d'une impossibilité métaphysique, laquelle ne saurait souffrir la moindre exception.

faire ressortir les dangers. Mme Blavatsky, oubliant ou feignant d'oublier ce qu'elle avait été à ses débuts, écrivait vers la fin de sa vie : « C'est parce que je crois à ces phénomènes... que mon être tout entier est pris d'un profond dégoût pour eux... Cela ne réussit qu'à ouvrir la porte à un essaim de « fantômes », bons, mauvais ou indifférents, dont le médium devient l'esclave pour le reste de sa vie. Je proteste donc, non pas contre le mysticisme spirituel, mais contre cette médiumnité qui vous met en rapport avec tous les lutins qui peuvent vous atteindre ; l'un est une chose sainte, qui élève et ennoblit ; l'autre est un phénomène du genre de ceux qui, il y a deux siècles, ont causé la perte de tant de sorciers et de sorcières... Je dis que tous ces rapports avec les morts sont, consciemment ou inconsciemment, de la *nécromancie*, par conséquent une pratique fort dangereuse... La sagesse collective de tous les siècles passés a protesté hautement contre les pratiques de ce genre. Je dis enfin, ce que je n'ai pas cessé de répéter en paroles et par écrit depuis quinze ans, que, tandis que quelques-uns des soi-disant « esprits » ne savent pas ce qu'ils disent et ne font que reproduire, à la façon de perroquets, ce qu'ils trouvent dans le cerveau du médium ou d'autres personnes, il y en a d'autres qui sont très dangereux et ne peuvent que conduire vers le mal. » Comme preuve du premier cas, elle cite le fait des « communications » réincarnationnistes en France, anti-réincarnationnistes en Angleterre et en Amérique ; quant au second, elle affirme que « les meilleurs, les plus puissants médiums, ont tous souffert dans leur corps et dans leur âme », et elle en donne des exemples : les uns étaient épileptiques, les autres sont morts de folie furieuse ; et « voici enfin les sœurs Fox, les plus anciens médiums, les fondatrices du spiritisme moderne ; après plus de quarante ans de rapports avec les « Anges », elles sont devenues, grâce à ces derniers, des folles incurables, qui déclarent à présent, dans leurs conférences publiques, que l'œuvre et la philosophie de leur vie entière n'ont été qu'un mensonge ! Je vous demande quel est le genre d'esprits qui leur inspirent une conduite pareille »[212]. La conclusion que semble appeler cette dernière phrase fait

---

[212] *La Clef de la Théosophie*, pp. 270-273.

pourtant défaut, parce que Mme Blavatsky fait profession de ne pas croire au démon ; il n'en est pas moins vrai qu'il y a là des choses très justes, mais dont quelques-unes pourraient bien se retourner contre celle qui les a écrites : ses propres « phénomènes », si on en admet la réalité, différaient-ils tant que cela de ceux qu'elle assimile purement et simplement à la sorcellerie ? Il semble aussi qu'elle se place elle-même devant ce dilemme : ou elle ne fut qu'un faux médium à l'époque de ses « clubs à miracles », ou elle fut une malade ; ne va-t-elle pas jusqu'a dire que l'épilepsie est « le premier et le plus sûr symptôme de la véritable médiumnité » ? En tout cas, nous pensons également qu'un médium est toujours un être plus ou moins anormal et déséquilibré (ce qui rend compte de certains faits de fraude inconsciente) ; c'est en somme ce que Sinnett, de son côté, a exprimé en ces termes : « Un médium est un malade dont les principes ne sont pas étroitement unis ; ces principes peuvent, par conséquent, céder à l'attraction d'êtres flottant dans l'atmosphère et cherchant constamment à vivre en parasites de l'homme assez mal organisé pour ne pouvoir leur résister »[213], d'où de nombreux cas d'obsession. Ces « êtres flottant dans l'atmosphère » sont surtout, pour l'auteur, des « coquilles astrales », mais ils pourraient bien être tout autre chose en réalité : on doit savoir assez quelle est la véritable nature des « puissances de l'air ». Voyons maintenant ce que dit M. Leadbeater, un de ceux qui sont pourtant entrés le plus avant dans la voie des concessions au spiritisme : « La médiumnité physique (celle des séances de matérialisation) est la plus grossière et la plus néfaste pour la santé. À mon avis, le fait de parler et de donner des communications en état de transe n'est pas aussi nuisible pour le corps physique, bien que, si l'on considère le peu de valeur de la plupart de ces communications, on soit tenté de croire qu'elles affaiblissent l'intelligence !... Des médiums avec lesquels j'ai eu des séances il y a trente ans, l'un est aujourd'hui aveugle, un autre ivrogne invétéré, et un troisième, menacé d'apoplexie et de paralysie, n'a préservé sa vie qu'en abandonnant

---

[213] *Le Bouddhisme Ésotérique*, p. 136.

complètement le spiritisme »[214]. Certes, les chefs du théosophisme ont grandement raison de dénoncer ainsi les dangers de la médiumnité, et nous ne pouvons que les en approuver ; malheureusement, ils sont fort peu qualifiés pour un tel rôle, car ces dangers qu'ils signalent à leurs disciples ne sont guère plus redoutables, après tout, que ceux des « entraînements psychiques » auxquels ils les soumettent eux-mêmes : de part et d'autre, le résultat le plus clair est de détraquer bon nombre d'esprits faibles.

Il faut dire aussi que les avertissements du genre de ceux que nous venons de reproduire ne sont pas toujours écoutés, malgré toute l'autorité que ceux qui les formulent exercent d'ordinaire sur leurs adhérents ; dans la masse des théosophistes comme dans celle des occultistes, il se rencontre bien des personnes qui font en même temps du spiritisme, sans trop se préoccuper de la façon dont ces choses peuvent être conciliées, et peut-être même sans se demander si elles peuvent l'être. On ne doit pas trop s'étonner qu'il en soit ainsi, si l'on songe à toutes les contradictions qui sont contenues dans le théosophisme même, et qui n'arrêtent pas ces mêmes personnes, qui ne semblent ni les embarrasser ni leur donner à réfléchir : étant au fond beaucoup plus sentimentales qu'intellectuelles, elles se porteront indifféremment vers tout ce qui leur paraîtra apte à satisfaire leurs vagues aspirations pseudo-mystiques. C'est là un effet de cette religiosité inquiète et dévoyée, qui est un des traits les plus frappants du caractère de beaucoup de nos contemporains ; c'est surtout en Amérique qu'on en peut voir les manifestations les plus variées et les plus extraordinaires, mais l'Europe est loin d'en être indemne. Cette même tendance a aussi contribué pour une grande part au succès de certaines doctrines philosophiques telles que le bergsonisme, dont nous signalions précédemment les affinités avec le « néo-spiritualisme » ; le pragmatisme de William James, avec sa théorie de l'« expérience religieuse » et son appel au « subconscient » comme moyen de communication de l'être humain avec le Divin (ce qui nous apparaît comme un véritable cas de satanisme

---

[214] *L'Occultisme dans la Nature*, pp. 121-123.

inconscient), en procède également. Il est bon de rappeler, à ce propos, avec quel empressement des théories comme celles-là ont été adoptées et mises à profit par la plupart des modernistes, dont l'état d'esprit est tout à fait analogue à celui des gens dont nous parlons en ce moment ; du reste, la mentalité moderniste et la mentalité protestante ne diffèrent en somme que par des nuances, si même elles ne sont identiques au fond, et le « néo-spiritualisme » en général tient d'assez près au Protestantisme ; en ce qui concerne spécialement le théosophisme, c'est surtout la seconde partie de son histoire qui permettra de s'en rendre compte.

Malgré tous les rapprochements qu'il y a lieu d'établir, on peut remarquer que, d'une façon générale, les théosophistes parlent des spirites avec un certain dédain : cette attitude est motivée par leurs prétentions à l'ésotérisme ; il n'y a rien de tel chez les spirites, qui n'admettent au contraire ni initiation ni hiérarchie d'aucune sorte, et c'est pourquoi l'on a pu dire parfois que le théosophisme et l'occultisme sont un peu, par rapport au spiritisme, ce qu'est l'aristocratie par rapport à la démocratie. Seulement, l'ésotérisme, qui devrait normalement être regardé comme l'apanage d'une élite, semble mal se concilier avec la propagande et la vulgarisation, et pourtant, chose extraordinaire, les théosophistes sont presque aussi propagandistes que les spirites, bien que d'une façon moins directe et plus insinuante ; c'est encore là une de ces contradictions qui abondent chez eux, tandis que les spirites sont parfaitement logiques sous ce rapport. D'ailleurs, le dédain des théosophistes à l'égard des spirites est assez peu justifié, non seulement parce que leur soi-disant ésotérisme est de la qualité la plus inférieure, mais aussi parce que beaucoup de leurs idées ont été primitivement, qu'ils le veuillent ou non, empruntées au spiritisme ; toutes les modifications qu'on a pu leur faire subir ne parviennent pas à dissimuler entièrement cette origine. En outre, il ne faudrait pas oublier que les fondateurs de la Société Théosophique avaient commencé par faire profession de spiritisme (nous en avons assez de preuves pour ne tenir aucun compte de leurs dénégations ultérieures), et que c'est aussi du spiritisme que sont venus plus tard d'autres théosophistes de marque : tel est notamment le cas de M. Leadbeater. Celui-ci est un ancien ministre anglican qui, d'après son propre témoignage, fut attiré au théosophisme par la lecture du *Monde Occulte* de Sinnett, ce qui est bien caractéristique de sa mentalité, car cet ouvrage ne traite que des « phénomènes » ; à cette époque, il suivait avec assiduité les séances du médium Eglinton. Il faut dire qu'Eglinton, à la suite d'un séjour qu'il avait fait dans l'Inde en 1882, et durant lequel il avait fréquenté divers théosophistes, avait été gratifié, sur le navire qui le ramenait en Europe, d'une apparition de Koot Hoomi, lequel s'était présenté à lui « par les signes d'un Maître Maçon » ; il est vrai que, après avoir certifié tout d'abord la réalité de cette manifestation, il se ressaisit par la suite et déclara qu'il n'avait été en présence que d'une simple « matérialisation » spirite [215]. Quoi qu'il en soit de cette histoire, où l'autosuggestion joua vraisemblablement le plus grand rôle, Eglinton, lors de ses relations avec M. Leadbeater, était « contrôlé par un esprit » nommé Ernest, celui que nous avons vu Mme Blavatsky mettre sur le même rang que son ancien « guide » John King. Cet Ernest s'étant un jour vanté de connaître les « Maîtres de Sagesse », M. Leadbeater eut l'idée de le prendre comme intermédiaire pour faire parvenir une lettre à Koot Hoomi ; ce n'est qu'au bout de plusieurs mois, et « non par l'entremise d'Ernest », qu'il reçut une réponse, dans laquelle le « Maître » lui disait qu'il « n'avait pas reçu sa lettre et ne pouvait la recevoir, étant donné le caractère du messager », et l'engageait à aller passer quelque temps à Adyar. Là-dessus, M. Leadbeater alla trouver Mme Blavatsky, qui était alors à Londres, mais devait repartir le lendemain même pour l'Inde (c'était vers la fin de l'année 1884) ; au cours d'une soirée chez Mme Oakley, Mme Blavatsky « matérialisa » une nouvelle lettre du « Maître », et, suivant les conseils qui y étaient contenus, M. Leadbeater, abandonnant brusquement son ministère, prit le bateau quelques jours plus tard, rejoignit Mme Blavatsky en Égypte et

---

[215] *Le Monde Occulte*, pp. 254-264 ; *ibid.*, postface du traducteur, pp. 319326 ; lettre d'Eglinton au *Light*, janvier 1886.

l'accompagna à Adyar ; il était dès lors devenu un des membres les plus zélés de la Société Théosophique[216].

Pour terminer ce chapitre, nous devons encore signaler qu'il y eut au moins une tentative faite par les théosophistes pour s'allier avec les spirites, peut-être devrions-nous dire plutôt pour accaparer le mouvement spirite à leur profit. Nous voulons parler d'un discours qui fut prononcé par Mme Besant, le 7 avril 1898, à une réunion de l'« Alliance Spiritualiste » de Londres, dont Stainton Moses avait été jadis président ; ici, nous anticipons donc un peu sur la suite des événements, afin de n'avoir pas à revenir sur le sujet qui nous occupe présentement. Ce discours, qui contraste étrangement avec tout ce que nous avons vu jusqu'ici, nous apparaît comme un véritable chef-d'œuvre de mauvaise foi : Mme Besant, tout en reconnaissant qu'il y avait eu des « malentendus » et que « des paroles irréfléchies avaient été prononcées des deux côtés », proclamait que, « dans les nombreux exemplaires de la revue qu'elle édite avec M. Mead, on ne trouvera pas une parole âpre contre le mouvement spiritualiste » ; c'est possible, mais ce qu'elle n'avait pas écrit dans cette revue, elle l'avait dit ailleurs. En effet, le 20 avril 1890, au « Hall of Science » de Londres, elle avait déclaré textuellement que « la médiumnité est dangereuse et conduit à l'immoralité, à l'insanité et au vice », ce qui s'accordait parfaitement avec l'opinion de tous les autres chefs du théosophisme. Mais citons quelques-uns des passages les plus intéressants du discours de 1898 : « Je commencerai par parler de la question des forces qui guident nos deux mouvements spiritualiste et théosophique. Je considère ces deux mouvements comme une partie de la même tentative faite pour pousser le monde à lutter contre le matérialisme et à diriger la pensée humaine vers une direction spirituelle. C'est pourquoi je les regarde comme provenant, tous les deux, de ceux qui travaillent pour l'élévation morale et pour le progrès de l'humanité. Nous croyons, en somme, que ces deux mouvements procèdent d'hommes très développés, vivant sur le plan

---

[216] *L'Occultisme dans la Nature*, pp. 396-403.

physique, mais ayant le pouvoir de passer à volonté dans le monde invisible, et étant, par là, en communication avec les désincarnés... Nous ne donnons point, comme vous le faites, une importance excessive à ce fait que ceux qui agissent dans ce mouvement ne vivent plus dans des corps physiques ; cette question nous est indifférente. Nous ne nous occupons pas de savoir, quand nous recevons des communications, si elles nous viennent d'âmes présentement incarnées ou désincarnées... Selon nous, le mouvement spiritualiste a été provoqué par une Loge d'Adeptes, pour employer le terme habituel, ou d'occultistes d'une haute élévation, d'hommes vivant dans un corps, mais dont les âmes se sont développées bien au-delà du présent stage de l'évolution humaine... Ils adoptèrent un système de manifestations exceptionnelles, se servant des âmes des morts et les associant à leurs efforts de manière à donner au monde la pleine assurance que la mort ne termine pas la vie de l'homme et que l'homme n'est point changé par le passage de la vie à la mort, sauf par la perte de son corps physique. » Il est curieux de voir Mme Besant reprendre ici (à cela près qu'elle y fait intervenir les « âmes des morts ») la thèse de la H. B. of L. sur l'origine du spiritisme, et plus curieux encore qu'elle ait pensé la faire accepter par des spirites ; mais poursuivons. « Nous croyons, pour notre part, que le mouvement théosophique actuel doit son impulsion à une Loge de grands occultiste... et que cette seconde impulsion a été rendue nécessaire par le fait même que l'attention des partisans du premier mouvement était trop complètement attirée par un nombre énorme de phénomènes d'un caractère trivial. Et nous ajoutons que, lorsqu'on projeta la fondation de la Société Théosophique, il était entendu qu'elle devait travailler de concert avec la Société spirite[217]. Les spirites commencèrent à se détacher de Mme Blavatsky lorsqu'elle s'éleva contre l'abus des phénomènes. Elle assurait qu'il n'était point nécessaire de croire que les âmes des morts fussent les seuls agents de toute manifestation spirite ; que beaucoup d'autres agents pouvaient provoquer ces phénomènes ; que les

---

[217] Il convient de faire remarquer que les spirites n'ont jamais formé une « Société », mais qu'ils ont toujours eu une multitude de groupements indépendants les uns des autres.

plus insignifiants d'entre eux étaient produits par des élémentals ou esprits de la nature, entités appartenant au monde astral ; que quelques-unes seulement des communications pouvaient être l'œuvre des désincarnés ; que le plus grand nombre de ces phénomènes pouvaient être causés par la volonté d'un homme psychiquement entraîné, avec ou sans l'aide des âmes des morts ou des élémentals. Mais lorsque, en outre, elle affirma que l'âme humaine, dans le corps aussi bien que hors du corps, a le pouvoir de provoquer beaucoup de ces conditions, que ce pouvoir lui est inhérent et qu'elle n'a pas besoin de le gagner par la mort, pouvant l'exercer dans son corps physique aussi bien que lorsqu'elle en a été séparée, un grand nombre de spirites protestèrent et refusèrent d'avoir désormais aucune communication avec elle. » Voilà une singulière façon d'écrire l'histoire ; pour la juger, il suffit de se rappeler, d'une part, les déclarations antispirites de Mme Blavatsky, et, d'autre part, l'importance prépondérante qui fut accordée aux « phénomènes » à l'origine de la Société Théosophique. Mme Besant voulait avant tout persuader les spirites que « les forces qui guident les deux mouvements » étaient au fond les mêmes ; mais cela ne suffisait pas, et elle en arrivait à leur accorder, avec de légères réserves, la vérité même de leur hypothèse fondamentale : « Il faut enlever aux spirites l'idée que nous nions la réalité de leurs phénomènes. Dans le passé, une importance exagérée a été donnée à la théorie des coques ou cadavres astraux. Vous trouverez, il est vrai, quelques écrivains déclarant que presque tous les phénomènes spirites, sont dus à l'action des coques ; mais permettez-moi de vous dire que ceci est l'opinion d'une très petite minorité de théosophes. M. Judge a fait une déclaration qu'il est impossible à tout théosophe instruit d'accepter, car il affirme que toutes les communications spirites sont l'œuvre de ces agents. Ce n'est pas là l'opinion de la majorité des théosophes ; et certainement ce n'est pas celle des théosophes instruits, ni de tous ceux qui, depuis Mme Blavatsky, ont quelque prétention à la connaissance de l'occultisme. Nous avons toujours affirmé que, tandis que quelques-unes de ces communications pouvaient être de cette nature, la plus grande partie d'entre elles provenait des désincarnés. » Ici, le mensonge est flagrant : il n'y a qu'à comparer la dernière phrase avec les textes de Mme Blavatsky que nous avons reproduits plus haut ; mais il y avait sans doute quelque habileté à rejeter sur Judge, alors dissident, la responsabilité de certaines affirmations gênantes, qu'il n'était pourtant pas seul à avoir formulées. Et voici maintenant la conclusion : « Depuis quelques années, nous avons adopté la politique de ne jamais dire un mot hostile ou dédaigneux à nos frères spirites. Pourquoi n'adopteriez-vous pas la même manière d'agir, venant ainsi à notre rencontre à mi-chemin, sur ce pont que nous voulons édifier de concert ? Pourquoi, dans vos journaux, ne pourriez-vous nous traiter comme nous vous traitons nous-mêmes ? Pourquoi vous créer une habitude de toujours dire quelque parole dure, blessante ou amère, quand vous faites allusion à nos livres et à nos revues ? Je vous demande d'adopter notre politique, car je pense avoir le droit de vous le demander, me l'étant imposée à moi-même depuis tant d'années… Je vous prie de ne plus nous considérer désormais comme des rivaux et comme des ennemis, mais de nous traiter en frères dont les méthodes sont différentes de vos méthodes, mais dont le but est identique au vôtre… Je suis venue à vous ce soir dans le but de rendre notre union possible à l'avenir, et, si elle n'est pas possible, dans celui de nous débarrasser au moins de tous les sentiments hostiles ; et j'espère que notre réunion n'aura point été complètement inutile. » L'emploi du mot de « politique » par Mme Besant elle-même, pour qualifier son attitude, est vraiment remarquable ; c'est bien le mot qui convient en effet, et cette politique avait à la fois un but immédiat, qui était de faire cesser les attaques des spirites contre le théosophisme, et un but plus éloigné, qui était de préparer, sous prétexte d'union, une véritable mainmise sur le mouvement « spiritualiste » ; ce qui s'est passé dans d'autres milieux, comme nous le verrons plus loin, ne permet aucun doute sur ce dernier point. Nous ne croyons pas, d'ailleurs, que les spirites se soient laissé circonvenir ; les avances de Mme Besant ne pouvaient leur faire oublier tant de déclarations contraires, et les deux partis restèrent sur leurs positions ; si nous nous y sommes arrêté, c'est surtout parce qu'il y a là un excellent échantillon de la mauvaise foi théosophiste.

CHAPITRE XIII

LE THÉOSOPHISME ET LES RELIGIONS

Avant de reprendre l'historique du théosophisme, il est encore deux questions que nous voulons traiter brièvement : la première est celle de l'attitude du théosophisme à l'égard des religions ; la seconde se rapporte à l'existence du serment dans la Société Théosophique. Sur le premier sujet, nous avons vu que Mme Blavatsky présentait sa doctrine comme « l'essence et l'origine commune de toutes les religions », sans doute parce qu'elle avait emprunté quelque chose à chacune d'entre elles. Nous avons dit aussi qu'on admet indistinctement, dans la « section exotérique », des personnes de toutes les opinions ; on se vante d'y faire preuve d'une tolérance sans bornes, et Mme Blavatsky, pour bien montrer qu'« aucun membre de la Société n'a le droit de forcer un autre membre à adopter ses opinions personnelles », cite ce passage des règlements :

« Il est interdit aux agents de la Société mère de témoigner en public, soit en parole, soit en action, quelque préférence ou quelque hostilité pour l'une ou l'autre secte, religieuse ou philosophique. Tous ont également le droit de voir les traits essentiels de leur croyance religieuse exposés devant le tribunal d'un monde impartial. Et aucun agent de la Société n'a le droit, en sa qualité d'agent, de prêcher, à une réunion de membres, ses vues et ses croyances sectaires, à moins que son auditoire ne soit composé de ses coreligionnaires. Quiconque, après avoir été sérieusement averti, continuera d'enfreindre cette loi, sera provisoirement démissionné ou bien expulsé »[218]. C'est cet article que quelques théosophistes devaient plus tard reprocher à Mme Besant d'avoir violé, en propageant une religion particulière de son invention, sur quoi M. Leadbeater leur fit observer avec une certaine aigreur « que cette politique est l'affaire de la présidente et non la leur, que celle-ci, en tant que présidente, en sait beaucoup plus long qu'eux à tous les points de vue, et qu'elle avait sans doute d'excellentes raisons que ces membres ignoraient complètement »[219]. Ainsi, les dirigeants de la Société sont au-dessus des lois, qui n'ont sans doute été faites que pour les simples membres et les agents subalternes ; dans ces conditions, il est bien douteux que la tolérance qu'on proclame si haut soit toujours strictement respectée.

Du reste, même si l'on s'en tient à ce qui se trouve dans les ouvrages faisant autorité dans la Société Théosophique, on est bien forcé de constater que l'impartialité y fait souvent défaut. Nous avons déjà signalé l'antichristianisme avéré de Mme Blavatsky, qui n'était sans doute dépassé que par son antijudaïsme ; d'ailleurs, tout ce qui lui déplaisait dans le Christianisme, c'est au Judaïsme qu'elle en attribuait l'origine. C'est ainsi qu'elle écrivait : « Toute l'abnégation qui fait le sujet des enseignements altruistes de Jésus est devenue une théorie bonne à être traitée avec l'éloquence de la chaire, tandis que les préceptes d'égoïsme pratique de la Bible mosaïque, préceptes contre lesquels le Christ a tant prêché en vain, se sont enracinés dans la vie même des nations occidentales… Les Chrétiens bibliques préfèrent la loi de Moïse à la loi d'amour du Christ ; l'Ancien Testament, qui se prête à toutes leurs passions, sert de base à leurs lois de conquête, d'annexion et de tyrannie »[220]. Et encore : « Il faut convaincre les hommes de l'idée que, si la racine de l'humanité est une, il doit y avoir une seule vérité, qui se retrouve dans toutes les religions diverses ; excepté, pourtant, dans la religion juive, car cette idée n'est pas

---

[218] *La Clef de la Théosophie*, p. 72.
[219] *L'Occultisme dans la Nature*, p. 384.
[220] *La Clef de la Théosophie*, pp. 60 et 62.

même *exprimée* dans la Kabbale[221]. » C'est la haine pour tout ce qu'on peut qualifier de « judéo-chrétien » qui amena l'entente, à laquelle nous avons fait allusion, entre Mme Blavatsky et l'orientaliste Burnouf[222] : pour tous deux, le Christianisme ne valait rien parce qu'il avait été « judaïsé » par saint Paul ; et ils se plaisaient à opposer cette prétendue déformation aux enseignements du Christ, qu'ils présentaient comme une expression de la « philosophie âryenne », soi-disant transmise par les Bouddhistes aux Esséniens. C'est sans doute cette communauté de vues qui fit dire aux théosophistes que « la brillante intelligence de M. Émile Burnouf s'était élevée de son propre vol à des hauteurs qui confinent aux fières altitudes d'où rayonne l'enseignement des Maîtres de l'Himâlaya »[223].

Mais ce n'est pas tout, et nous allons maintenant voir Sinnett, qui fut toujours inspiré directement par Mme Blavatsky (sous le masque des « Maîtres »), s'attaquer, non plus à la seule religion juive, mais à toutes les religions en général, sans même en excepter le Bouddhisme « exotérique » : « Les idées religieuses, selon les théologiens, et les facultés spirituelles, selon la science ésotérique, sont choses complètement opposées… Rien ne peut être plus désastreux, pour les progrès humains, en ce qui regarde la destinée des individus, que cette notion, encore si répandue, qu'une religion, quelle qu'elle soit, suivie avec un esprit pieux et sincère, est une bonne chose pour la morale, et que, si tel ou tel point de doctrine vous semble absurde, il n'en est pas moins très utile de conserver, pour la grande majorité des peuples, des pratiques religieuses qui, observées dévotement, ne peuvent produire que de bons résultats. Certainement, toutes les religions se valent ; elles sont toutes également dangereuses pour l'*Ego*, dont la perte est aussi bien tirée dans l'une que dans l'autre, par son incrustation complète dans leur pratique. Et ici on ne fait aucune exception, même pour les religions qui

---

[221] La Clef de la Théosophie, p. 66.
[222] Voir à ce sujet un article de Burnouf intitulé *Le Bouddisme en Occident*, dans la *Revue des Deux Mondes*, 15 juillet 1888, et un article de Mme Blavatsky intitulé *Théosophie et Bouddhisme*, dans le *Lotus*, septembre 1888.
[223] *Lotus Bleu*, 27 mai 1895.

n'ont à leur actif que bonté, douceur, mansuétude, pureté de mœurs, et dont l'esprit large et tolérant n'a jamais permis qu'une goutte de sang humain fût répandue pour la propagation de doctrines qui ne se sont imposées au monde que par la seule force de l'attraction et de la persuasion »[224]. « Ce qui doit frapper surtout, lisons-nous plus loin, c'est combien cette doctrine (ésotérique) est opposée à l'idée de maintenir les hommes sous le joug de n'importe quel système clérical, dont les dogmes et les enseignements sont faits pour abaisser les caractères, terrifier l'imagination. Quoi de plus abrutissant que la pensée d'un Dieu personnel, de la toute-puissance et du bon vouloir duquel les humains dépendent entièrement, d'un Dieu qui attend l'heure de leur mort, qui les guette, pour les précipiter, après quelques années d'une vie souvent fort malheureuse, dans un abîme de douleurs éternelles ou de joies sans fin ! »[225]. L'idée d'un Dieu personnel, si odieusement caricaturée dans ce dernier passage, est d'ailleurs une de celles qui ont été le plus souvent et le plus énergiquement repoussées par les théosophistes, au moins pendant la première période : « Nous ne croyons point, dit Mme Blavatsky, en un Dieu semblable à celui des Chrétiens, de la Bible et de Moïse. Nous rejetons l'idée d'un Dieu personnel, ou extra-cosmique et anthropomorphe, qui n'est que l'ombre gigantesque de l'homme, sans même reproduire ce qu'il y a de meilleur dans l'homme. Nous disons et prouvons que le Dieu de la théologie n'est qu'un amas de contradictions, une impossibilité logique »[226].

En voilà assez pour qu'on soit fixé sur la valeur de cette assertion si souvent répétée par les chefs de la Société Théosophique, et d'après laquelle des adhérents de toutes les religions ne trouveraient dans les enseignements de cette Société rien qui pût offenser leurs croyances : « Elle ne cherche pas à éloigner les hommes de leur propre religion, dit Mme Besant, mais elle les pousse plutôt à rechercher l'aliment spirituel dont ils ont besoin dans les profondeurs de leur foi… La Société attaque non seulement les deux

---

[224] *Le Bouddhisme Ésotérique*, pp. 243 et 246.
[225] *Ibid.*, p. 272.
[226] *La Clef de la Théosophie*, p. 88.

grands ennemis de l'homme, la superstition et le matérialisme, mais, partout où elle s'étend, elle propage la paix et la bienveillance, établissant une force pacificatrice dans les conflits de la civilisation moderne »[227]. On verra plus tard ce qu'est le « Christianisme ésotérique » des théosophistes actuels ; mais il est bon, aussitôt après les citations que nous venons de faire, de lire cette page extraite d'un ouvrage de M. Leadbeater : « Pour faciliter la surveillance et la direction du monde, les Adeptes l'ont divisé en districts, à peu près comme l'Église a divisé son territoire en paroisses, avec cette différence que les districts ont quelquefois la dimension d'un continent. Sur chaque district préside un Adepte, comme un prêtre dirige sa paroisse. De temps en temps, l'Église tente un effort spécial qui n'est pas destiné au bien d'une seule paroisse, mais au bien général ; elle envoie ce que l'on appelle une « mission à l'intérieur » en vue de ranimer la foi et de réveiller l'enthousiasme dans un pays entier. Les résultats obtenus ne rapportent aucun bénéfice aux missionnaires, mais contribuent à augmenter l'efficacité du travail dans chaque paroisse. À certains points de vue, la Société Théosophique ressemble à une pareille mission, et les divisions naturelles faites sur la terre par les diverses religions correspondent aux différentes paroisses. Notre Société paraît au milieu de chacune d'elles, ne faisant aucun effort pour détourner les peuples de la religion qu'ils pratiquent, essayant au contraire de la leur faire mieux comprendre et surtout de la leur faire mieux vivre, souvent même les ramenant à une religion qu'ils avaient abandonnée en leur en présentant une conception plus élevée. D'autres fois, des hommes qui, bien que d'un tempérament religieux, n'appartenaient à aucune religion, parce qu'ils n'avaient pu se contenter des explications vagues de la doctrine orthodoxe, ont trouvé dans les enseignements théosophiques un exposé de la vérité qui a satisfait leur raisonnement et à laquelle ils ont pu souscrire, grâce à sa large tolérance[228]. Nous avons parmi nos membres des Jaïns, des Parsis, des

---

[227] *Introduction à la Théosophie*, pp. 13-14.

[228] La fin de cette phrase n'est pas très claire, à cause des incorrections qu'elle contient, au moins dans la traduction.

Israélites, des Mahométans, des Chrétiens, et jamais aucun d'eux n'a entendu sortir de la bouche d'un de nos instructeurs un mot de condamnation contre sa religion ; au contraire, dans beaucoup de cas, le travail de notre Société a produit un véritable réveil religieux là où elle s'est établie. On comprendra facilement la raison de cette attitude en pensant que toutes les religions ont eu leur origine dans la Confrérie de la Loge Blanche. Dans son sein existe, ignoré de la masse, le véritable gouvernement du monde, et dans ce gouvernement se trouve le département de l'Instruction religieuse. Le Chef de ce département (c'est-à-dire le « Bodhisattwa ») a fondé toutes les religions, soit lui-même, soit par l'intermédiaire d'un disciple, adaptant son enseignement à la fois à l'époque et au peuple auquel il le destinait »[229]. Ce qu'il y a ici de nouveau, par rapport aux théories de Mme Blavatsky sur l'origine des religions, c'est seulement l'intervention du « Bodhisattwa » ; mais on peut constater que les prétentions extravagantes de la Société Théosophique n'ont fait qu'aller en augmentant. À ce propos, nous mentionnerons encore à titre de curiosité, d'après le même auteur, les multiples initiatives de tout genre que les théosophistes mettent indistinctement sur le compte de leurs « Adeptes » : « On nous dit qu'il y a quelques centaines d'années, les chefs de la Loge Blanche ont décidé qu'une fois tous les cent ans pendant le dernier quart de chaque siècle, un effort spécial serait fait pour venir en aide au monde d'une manière quelconque. Certaines de ces tentatives sont facilement reconnaissables. Tel est, par exemple, le mouvement imprimé par Christian Rosenkreutz[230] au XIVe siècle, en même temps que Tsong-khapa réformait le Bouddhisme du Nord[231] ; telles sont encore en Europe la Renaissance dans les arts et les lettres, au XVe siècle, et l'invention de l'imprimerie. Au XVIe, nous avons les réformes d'Akbar aux Indes ; en

---

[229] *L'Occultisme dans la Nature*, pp. 378-379.

[230] Fondateur légendaire des Rose-Croix, dont tout ce qu'on raconte est, comme son nom même, purement symbolique ; la date où le Rosicrucianisme a pris naissance est d'ailleurs extrêmement douteuse.

[231] Les théosophistes rééditent ici une confusion des orientalistes « non-initiés » : le Lamaïsme n'a jamais été proprement du Bouddhisme.

Angleterre et ailleurs, la publication des ouvrages de Lord Bacon, avec la floraison splendide du règne d'Elisabeth ; au XVIIe, la fondation de la Société Royale des Sciences en Angleterre et les ouvrages scientifiques de Robert Boyle[232] et d'autres, après la Restauration. Au XVIIIe, on essaya d'exécuter un mouvement très important (dont l'histoire occulte sur les plans supérieurs n'est connue que d'un petit nombre), qui malheureusement échappa au contrôle de ses chefs et aboutit à la Révolution Française. Enfin, nous en arrivons, au XIXe siècle, à la fondation de la Société Théosophique »[233]. Voilà, certes, un beau spécimen de l'histoire accommodée aux conceptions spéciales des théosophistes ; que de gens ont dû être, sans s'en douter le moins du monde, des agents de la « Grande Loge Blanche » ! S'il n'y avait que des fantaisies comme celles-là, on pourrait se contenter d'en rire, car elles sont trop visiblement destinées à en imposer aux naïfs, et elles n'ont pas, après tout, une très grande importance ; ce qui en a bien davantage, et ce que la suite montrera, c'est la façon dont les théosophistes entendent s'acquitter de leur rôle de « missionnaires », notamment dans le « district » qui correspond au domaine du Christianisme.

---

[232] Il y a sans doute ici une allusion aux relations de ce célèbre chimiste avec le Rosicrucien Eirenæus Philalethes.
[233] *Ibid.*, p. 380.

CHAPITRE XIV

LE SERMENT DANS LE THÉOSOPHISME

Une des choses que l'on reproche le plus souvent aux sociétés secrètes, et en particulier à la Franc-Maçonnerie, c'est l'obligation à laquelle elles astreignent leurs membres de prêter un serment dont la nature peut varier, ainsi que l'étendue des obligations qu'il impose : c'est, dans la plupart des cas, le serment de silence, auquel se joint parfois un serment d'obéissance aux ordres de chefs connus ou inconnus. Le serment de silence lui-même peut concerner, soit les moyens de reconnaissance et le cérémonial spécial en usage dans l'association, soit l'existence même de celle-ci, ou son mode d'organisation, ou les noms de ses membres ; le plus souvent, il s'applique d'une façon générale à ce qui s'y fait et s'y dit, à l'action qu'elle exerce et aux enseignements qu'on y reçoit sous une forme ou sous une autre. Parfois, il y a encore des engagements d'une autre sorte, comme l'engagement de se conformer à une certaine règle de conduite, qui peut à bon droit paraître abusif dès lors qu'il revêt la forme d'un serment solennel. Nous n'entendons pas entrer ici dans la moindre discussion sur ce qui peut être dit pour et contre l'usage du serment, surtout en ce qui regarde le serment de silence ; la seule chose qui nous intéresse présentement, c'est que, si c'est là un sujet de reproche qui est valable contre la Maçonnerie et contre beaucoup d'autres sociétés plus ou moins secrètes, sinon contre toutes celles qui ont ce caractère, il est également valable contre la Société Théosophique. Celle-ci, il est vrai, n'est pas une Société secrète au sens complet du mot, car elle n'a jamais fait mystère de son existence, et la plupart de ses membres ne cherchent pas à cacher leur qualité ; mais ce n'est là qu'un côté de la question, et il faudrait avant tout s'entendre sur les différentes acceptions dont est susceptible l'expression de « Société secrète », ce qui n'est pas extrêmement facile, si l'on en juge par toutes les controverses qui se sont déroulées autour de cette simple affaire de définition. Le plus souvent, on a le tort de s'en tenir à une vue trop sommaire des choses ; on pense exclusivement aux caractères de certaines organisation, on s'en sert pour établir une définition, et ensuite on veut appliquer cette définition à d'autres organisations qui ont des caractères tout différents. Quoi qu'il en soit, nous admettrons ici, comme suffisante tout au moins pour le cas qui nous occupe, l'opinion d'après laquelle une société secrète n'est pas forcément une société qui cache son existence ou ses membres, mais est avant tout une société qui a des secrets, quelle qu'en soit la nature. S'il en est ainsi, la Société Théosophique peut être regardée comme une société secrète ; et sa seule division en « section exotérique » et « section ésotérique » en serait déjà une preuve suffisante ; bien entendu, en parlant ici de « secrets », nous ne voulons pas désigner par là les signes de reconnaissance, aujourd'hui supprimés comme nous l'avons dit, mais les enseignements réservés strictement aux membres, ou même à certains d'entre eux à l'exclusion des autres, et pour lesquels on exige le serment de silence ; ces enseignements semblent être surtout, dans le théosophisme, ceux qui se rapportent au « développement psychique » puisque tel est le but essentiel de la « section ésotérique ».

Il est hors de doute que, dans la Société Théosophique, il existe des serments des différents genres que nous avons indiqués, puisque nous avons là-dessus le témoignage formel de Mme Blavatsky elle-même ; voici en effet ce qu'elle dit : « Nous n'avons, franchement, aucun droit de refuser l'admission à la Société, et tout spécialement à la section ésotérique, dont il est dit que « celui qui y entre est né de nouveau ». Mais, si un membre, malgré le serment sacré qu'il a prêté sur sa parole d'honneur et au nom de son *Moi* immortel, s'obstine, après cette nouvelle naissance, et avec l'homme nouveau qui doit en résulter, à conserver les vices ou les défauts de son ancienne vie et à leur obéir dans le sein même de la Société, il va sans dire que très probablement on le priera de renoncer à son titre de membre et de se retirer ; ou, s'il refuse, il sera renvoyé »[234]. Il s'agit ici de l'engagement d'adopter une certaine règle de vie, et il n'y a pas que dans la « section ésotérique » exclusivement qu'un tel engagement soit exigé : « Il y a même quelques branches exotériques (publiques) dans lesquelles les membres prêtent serment sur leur « Soi supérieur » de mener *la vie prescrite par la théosophie* »[235]. Dans de pareilles conditions, il sera toujours possible, quand on voudra se débarrasser d'un membre gênant, de déclarer que sa conduite n'est pas « théosophique » ; du reste, on range expressément parmi les fautes de cet ordre toute critique qu'un membre se permet à l'égard de la Société et de ses dirigeants, et il paraît en outre que les effets doivent en être particulièrement terribles dans les existences futures : « J'ai remarqué, écrit M. Leadbeater, que certaines gens, ayant témoigné à un moment donné le plus grand dévouement à notre présidente (Mme Besant), ont aujourd'hui complètement changé d'attitude et commencent à la critiquer et à la calomnier. C'est là une mauvaise action dont le karma sera bien pire que s'il s'agissait d'une personne à qui ils ne devaient rien. Je ne veux pas dire qu'on n'a pas le droit de changer d'avis... Mais si, après s'être séparé de notre présidente, un homme se met à l'attaquer, à répandre sur elle de scandaleuses calomnies ainsi que l'ont fait tant de gens, il commet alors une faute très grave dont le karma sera extrêmement lourd. Il est toujours grave d'être vindicatif et menteur, mais quand c'est envers celui qui vous a tendu la coupe de vie (*sic*), ces fautes deviennent un crime dont les effets sont épouvantables »[236]. Pour se faire une idée de ces effets, il n'y a qu'à se reporter deux pages plus haut, où on lit ceci : « Nous avons pu constater que la populace ignorante qui tortura Hypathie à Alexandrie, se réincarna en grande partie en Arménie, où les Turcs lui firent subir toutes sortes de cruautés »[237], Comme Mme Besant

---

[234] *La Clef de la Théosophie*, pp. 71-72.
[235] *Ibid.*, pp. 75-76.
[236] *L'Occultisme dans la nature*, pp. 367-368.
[237] *Ibid.*, pp. 365-366.

prétend précisément être Hypathie réincarnée, le rapprochement s'impose, et, étant donnée la mentalité des théosophistes, on comprend sans peine que des menaces comme celles-là doivent avoir quelque efficacité ; mais, vraiment, était-ce bien la peine, pour en arriver là, de dénoncer avec véhémence les religions qui, « au point de vue de leurs intérêts, n'ont rien trouvé de plus important et de plus pratique que de supposer un maître terrible, un juge inexorable, un Jéhovah personnel et tout-puissant, au tribunal duquel l'âme doit se présenter, après la mort, pour être jugée »[238] ? Si ce n'est pas un « Dieu personnel », c'est le « karma » qui se charge de sauvegarder les intérêts de la Société Théosophique, et de venger les injures qui sont faites à ses chefs !

Revenons aux déclarations de Mme Blavatsky, et voyons maintenant ce qui concerne le serment de silence : « Quant à la section intérieure, appelée actuellement section *ésotérique*, dès 1880, ou a résolu et adopté la règle suivante : « Aucun membre n'emploiera dans un but égoïste ce qui peut lui être communiqué par un membre de la première section (qui est aujourd'hui un « degré » plus élevé) ; l'infraction à cette règle sera punie par l'expulsion. » Du reste, maintenant, avant de recevoir aucune communication de ce genre, le postulant doit prêter le serment solennel de ne jamais l'employer dans un but égoïste, et de ne révéler aucune des choses qui lui sont confiées, que lorsqu'il sera autorisé à le faire »[239]. Ailleurs encore, il est question de ces enseignements qui doivent être tenus secrets : « Bien que nous révélions tout ce qu'il nous est possible de dire, nous sommes néanmoins obligés d'omettre bien des détails importants, qui ne sont connus que de ceux qui étudient la philosophie ésotérique et qui, ayant prêté le serment du silence, sont, par conséquent, *seuls autorisés à les savoir* »[240] (c'est Mme Blavatsky elle-même qui souligne les derniers mots) ; et, dans un autre passage, il est fait allusion à « un mystère, en rapport direct avec le pouvoir de la projection consciente et volontaire du

---

[238] *Le Bouddisme Ésotérique*, p. 264.
[239] *La Clef de la Théosophie*, p. 73.
[240] *Ibid.*, p. 137.

« double » (ou corps astral), qui n'est jamais livré à personne, excepté aux « chélas » qui ont prêté un serment irrévocable, c'est-à-dire à ceux sur lesquels on peut au moins compter »[241]. Mme Blavatsky insiste surtout sur l'obligation d'observer toujours ce serment de silence, obligation subsistant même pour les personnes qui, volontairement ou non, auraient cessé de faire partie de la Société ; elle pose la question en ces termes : « Un homme renvoyé ou forcé de se retirer de la section est-il-libre de révéler les choses qui lui ont été enseignées ou d'enfreindre l'une ou l'autre clause du serment qu'il a prêté ? » Et elle y répond :

« Le fait de se retirer ou d'être renvoyé l'affranchit seulement de l'obligation d'obéir à son instructeur, et de prendre une part active à l'œuvre de la Société, mais ne le libère nullement de la promesse sacrée de garder les secrets qui lui ont été confiés… Tout homme et toute femme possédant le moindre sentiment d'honneur comprendra qu'un serment de silence prêté sur sa parole d'honneur, plus encore, prêté au nom de son « Moi supérieur », le Dieu caché en nous, doit lier jusqu'à la mort, et que, bien qu'ayant quitté la section et la Société, aucun homme, aucune femme d'honneur, ne songera à attaquer une association à laquelle il ou elle s'est lié de la sorte »[242], Elle termine par cette citation d'un organe théosophiste, où s'exprime encore la menace des vengeances du « karma » : « Un serment prêté est irrévocable, dans le monde moral et dans le monde occulte à la fois. L'ayant violé une fois et ayant été punis, nous ne sommes pourtant pas dans le droit de le violer de nouveau ; et aussi longtemps que nous le ferons, le puissant levier de la loi (de karma) retombera sur nous »[243].

Nous voyons encore, par ces textes, que le serment de silence prêté dans la « section ésotérique » se double d'un serment d'obéissance aux « instructeurs » théosophistes ; il faut croire que cette obéissance peut aller très loin, car il y a eu des exemples de membres qui, mis en demeure de

---

[241] *Ibid.*, p. 169.
[242] *La Clef de la Théosophie*, p. 73-74.
[243] *The Path*, de New-York, juillet 1889.

sacrifier une bonne partie de leur fortune en faveur de la Société, l'ont fait sans hésitation. Les engagements dont nous venons de parler existent toujours, aussi bien que la « section ésotérique » elle-même, qui a pris, comme nous l'avons dit, la dénomination d'« École théosophique orientale », et qui ne saurait subsister dans d'autres conditions ; il paraît même qu'on oblige les membres qui veulent passer aux grades supérieurs à une sorte de confession générale, où ils exposent par écrit l'état de leur « karma », c'est-à-dire le bilan de leur existence dans ce qu'elle a de bon et de mauvais ; on pense les tenir par là, comme Mme Blavatsky pensait les tenir par les signatures qu'elle leur faisait apposer au bas des procès-verbaux de ses « phénomènes ». Du reste, l'habitude d'accepter les ordres de la direction sans jamais les discuter arrive à produire des résultats vraiment extraordinaires ; en voici un cas typique : en 1911, un congrès devait avoir lieu à Gênes, et il s'y rendit un grand nombre de théosophistes, dont certains venaient des pays les plus éloignés ; or, la veille de la date qui avait été fixée pour la réunion, tout fut décommandé sans qu'on jugeât à propos d'en donner la moindre raison, et chacun s'en retourna comme il était venu, sans protester et sans demander d'explications, tant il est vrai que, dans un milieu comme celui-là, toute indépendance est entièrement abolie.

CHAPITRE XV

LES ANTÉCÉDENTS DE Mme BESANT

Annie Wood naquit en 1847, d'une famille irlandaise protestante ; dans sa jeunesse, elle se nourrit de littérature mystique ; elle vécut à Paris vers l'âge de quinze ans, et certains ont assuré qu'à cette époque elle s'était convertie au Catholicisme, ce qui est fort peu vraisemblable. Rentrée en Angleterre à dix-sept ans, elle épousa, quatre ans plus tard, le Rév. Frank Besant, ministre anglican, dont elle eut un fils et une fille ; mais son tempérament exalté ne tarda pas à rendre le ménage intenable ; son mari, qui semble avoir été un très brave homme, fit preuve de beaucoup de patience, et c'est elle qui finalement partit en emmenant ses deux enfants. Cela se passait en 1872, et il est probable qu'elle alla dès lors vivre avec le libre penseur Charles Bradlaugh, qui menait une violente campagne antireligieuse dans le *National Reformer*, et qui, de mystique qu'elle avait été jusque-là, la convertit à ses idées ; cependant, s'il faut en croire ce qu'elle-même raconte, elle n'aurait fait la connaissance de ce personnage qu'un peu plus tard, alors qu'elle faisait des copies dans les bibliothèques pour gagner sa vie ; en tout cas, son mari ne put jamais la faire condamner pour adultère. A la même époque, elle travailla aussi avec le Dr Aveling, gendre de Karl Marx ; elle étudia l'anatomie et la chimie et conquit, après trois échecs, le diplôme de bachelier ès sciences ; enfin, elle devint directrice du *National Reformer*, où elle signait ses articles du pseudonyme d'*Ajax*. C'est alors, vers 1874, qu'elle commença à faire de tous côtés des conférences, prêchant l'athéisme et le malthusianisme, et associant à ses théories altruistes les noms des trois grands bienfaiteurs de l'humanité, qui étaient pour elle Jésus, Bouddha et Malthus.

En 1876, une brochure malthusienne intitulée *Les Fruits de la Philosophie*, par Knoulton, fut poursuivie comme publication immorale ; un libraire de Bristol fut condamné à deux ans de prison pour l'avoir mise en vente, tandis que l'éditeur s'en tirait avec une forte amende. Aussitôt, Bradlaugh et Mme Besant louèrent un établissement de publicité où ils vendirent l'ouvrage incriminé, dont ils eurent même l'audace d'envoyer des exemplaires aux autorités ; en juin 1877, ils furent poursuivis à leur tour. Le jury déclara que « le livre en question avait pour but de dépraver la morale publique », et, comme les accusés manifestaient l'intention d'en continuer la vente malgré tout, ils furent condamnés à une peine sévère de prison accompagnée d'amende ; cependant, ce jugement ayant été cassé pour vice de forme, ils furent remis en liberté peu de temps après. Ils fondèrent alors une société appelée « Ligue Malthusienne », qui se donnait pour but « d'opposer une résistance active et passive à toute tentative faite pour étouffer la discussion de la question de population » ; le 6 juin 1878, un libraire ayant encore été condamné pour les mêmes faits, cette Ligue tint à Saint-James'Hall un meeting de protestation, où de véhéments discours furent prononcés par Bradlaugh et par Mme Besant[244]. C'est sans doute à la condamnation de cette dernière que Papus devait faire allusion lorsqu'il écrivit à Olcott, le 23 août 1890, qu'il « venait d'acquérir la preuve que certaines hautes fonctions de la Société Théosophique étaient confiées à des membres qui sortaient à peine de prison, après avoir été condamnés à plusieurs années pour outrage aux mœurs » ; malheureusement, sous cette forme, l'accusation contenait des inexactitudes qui permirent de la déclarer « fausse et diffamatoire ».

---

[244] Nous empruntons ces détails à un article publié par le *Journal des Economistes*, août 1880. – Le rôle de Mme Besant dans la propagande néo-malthusienne est indiqué aussi, mais sans détails, dans *La Question de la Population*, par Paul Leroy-Beaulieu, p. 299.

Il paraît que, au sujet des enfants de Mme Besant, un arrangement était intervenu tout d'abord entre elle et son mari ; mais celui-ci, à la suite des faits que nous venons de rapporter, engagea un procès pour en faire retirer la garde à sa femme. La cause fut jugée et portée à la Cour d'appel ; le 9 avril 1879, celle-ci confirma la sentence du premier tribunal, et Mme Besant se vit enlever sa fille ; le jugement se basait sur les opinions subversives dont elle faisait étalage et sur le fait d'avoir propagé « un ouvrage considéré comme immoral par un jury ». En septembre 1894, au cours d'une tournée de conférences en Australie, Mme Besant devait retrouver à Melbourne sa fille Mabel, devenue Mme Scott[245], qu'elle avait déjà réussi à amener au théosophisme, mais qui, en 1910 ou 1911, se sépara d'elle et se convertit au Catholicisme.

En septembre 1880 eut lieu à Bruxelles un Congrès des libres penseurs, où Mme Besant montra que son parti, en Angleterre, avait pour but « la propagation de l'athéisme, du républicanisme, de l'enterrement civil, l'abolition de la Chambre des Pairs et du système de propriété encore en vigueur »[246] ; c'est elle qui prononça le discours de clôture, dans lequel elle fit la violente déclaration antireligieuse que nous avons citée au début. Pendant la même période, elle publia d'assez nombreux ouvrages, entre autres un *Manuel du libre penseur* en deux volumes, et divers « essais » dont les titres sont nettement caractéristiques des tendances et des opinions qui étaient alors les siennes[247]. En novembre 1884, elle applaudit à l'affiliation de Bradlaugh au Grand-Orient de France[248] ; mais les choses allaient bientôt changer de face : Bradlaugh, entré au Parlement, ne songea plus qu'à se débarrasser de Mme Besant ; la discorde surgit entre eux, et il

---

[245] *Lotus Bleu*, 27 décembre 1894.
[246] *Le Français*, 14 septembre 1880.
[247] *Un Monde sans Dieu* ; *L'Évangile de l'Athéisme* ; *Pourquoi je suis socialiste* ; *L'Athéisme et sa portée morale*, etc.
[248] Bradlaugh avait déjà demandé, le 15 mai 1862, son affiliation à la Loge *Persévérante Amitié*, mais elle lui avait été refusée ; il fut affilié à la Loge *Union et Persévérance* le 14 novembre 1884.

lui retira la direction de son journal. Tant d'ingratitude envers celle qui avait été « l'amie des mauvais jours », comme elle le dit elle-même, la surprit et la révolta ; ses convictions en furent ébranlées, ce qui prouve qu'elles avaient toujours été plus sentimentales au fond que vraiment réfléchies. Plus tard, elle devait donner une singulière explication de ses errements passés : elle a prétendu avoir reçu des ordres des « Mahâtmâs » dès le temps (antérieur à la fondation de la Société Théosophique) où elle était la femme du Rév. Besant, et avoir été contrainte par eux d'abandonner celui-ci pour « vivre sa vie » : excuse trop facile, et avec laquelle on pourrait justifier les pires égarements.

C'est alors qu'elle se trouvait comme désemparée, ne sachant trop de quel côté se tourner, que Mme Besant lut, en 1886, le *Monde Occulte* de Sinnett ; là-dessus, elle se mit à étudier l'hypnotisme et le spiritisme et à cultiver, avec Herbert Burrows, les phénomènes psychiques. Ensuite, sur le conseil de W.T. Stead, alors directeur de la *Palt Mall Gazelle* à laquelle elle collaborait, elle entreprit la lecture de la *Doctrine Secrète*, en même temps qu'elle abandonnait définitivement les associations de libre pensée ; ses tendances premières à un mysticisme exagéré reprenant le dessus, elle commençait à s'autosuggestionner et à avoir des visions. C'est ainsi préparée qu'elle alla trouver Mme Blavatsky, dont le pouvoir magnétique fit le reste, comme nous l'avons déjà rapporté ; elle ne tarda pas, nous l'avons dit aussi, à devenir un des membres dirigeants de la section britannique (c'était à la fin de cette même année 1889 où elle avait adhéré effectivement au théosophisme), puis de la section européenne autonome qui fut constituée en 1890 sous l'autorité directe de Mme Blavatsky, avec G. R. S. Mead comme secrétaire général.

CHAPITRE XVI

DÉBUTS DE LA PRÉSIDENCE DE Mme BESANT

Aussitôt après la mort de Mme Blavatsky, un violent débat s'éleva entre Olcott, Judge et Mme Besant, qui prétendaient tous les trois à sa succession, et dont chacun se déclarait en communication directe avec les « Mahâtmâs », tout en accusant les autres d'imposture ; ces trois personnages entendaient d'ailleurs exploiter à leur profit la rivalité des trois sections asiatique, américaine et européenne, à la tête desquelles ils se trouvaient respectivement. Au début, on s'efforça naturellement de cacher ces dissensions ; Mme Blavatsky était morte le 8 mai 1891, et dès le 19 mai fut publiée à Londres une déclaration dans laquelle, après une protestation contre les « calomnies » dont la mémoire de la fondatrice était l'objet, on lisait ceci : « Quant à ce qui regarde l'idée bizarre que la mort de Mme Blavatsky aurait donné lieu à des contestations « pour sa place devenue vacante », permettez-nous de vous dire que l'organisation de la Société Théosophique n'a subi et ne subira aucun changement par suite de cette mort. Conjointement avec le colonel Olcott, président de la Société, et M. William Q. Judge, avocat éminent de New-York, vice-président et chef du mouvement théosophique en Amérique, Mme H. P. Blavatsky était fondatrice de la Société Théosophique ; c'est là une situation qui ne peut être donnée par un « coup d'État » ou autrement. Mme Blavatsky était, de plus, secrétaire-correspondante de la Société, poste absolument honorifique, et qui, selon nos statuts, n'est pas obligatoire. Depuis six mois, grâce à l'accroissement de notre Société, elle exerçait temporairement l'autorité de présidente pour l'Europe, déléguée par le colonel Olcott, dans le but de faciliter la bonne administration des affaires, et par sa mort cette délégation devient vacante. La grande situation de Mme Blavatsky était due à son savoir, à son pouvoir, à sa ferme loyauté, et non à l'influence de la charge officielle qu'elle remplissait. Donc notre organisation extérieure restera sans aucun changement d'aucune sorte. La fonction principale de H. P. Blavatsky était d'enseigner ; celui ou celle qui voudra prendre sa succession devra posséder son savoir. » Cette déclaration portait les signatures des dirigeants de la section européenne : Mme Annie Besant,

C. Carter Blake, Herbert Burrows, Miss Laura M. Cooper, Archibald Keightley, G. R. S. Mead, et celles de Walter R. Old, secrétaire de la section anglaise, de la comtesse Wachtmeister et du Dr W. Wynn Westcott, qui devait, l'année suivante, succéder au Dr Robert Woodman comme « Supreme Magus » de la *Societas Rosicruciana in Anglia*.

Ce démenti aux bruits qui commençaient à courir ne correspondait pas à la vérité ; on s'en aperçut lorsque, le 1er janvier 1892, Olcott abandonna la présidence ; il donna sa démission par une lettre adressée à Judge, dans laquelle il mettait en avant des raisons de santé, et priait humblement ses collègues « de le considérer, non comme une personne digne d'honneur, mais seulement comme un pécheur qui s'est trompé souvent, mais qui a toujours essayé de s'élever et d'aider ses semblables ». En rendant cette lettre publique, le 1er février suivant, Olcott l'accompagna d'un commentaire où se montrait le souci de ménager également l'un et l'autre des deux concurrents qui allaient rester en présence : « Mes visites en Europe et en Amérique, y disait-il, m'ont prouvé que l'état actuel du mouvement est très satisfaisant. J'ai pu constater également, à mon retour aux Indes, que la section indienne nouvellement formée est en bonnes mains et sur une base solide. En Europe, Mme Annie Besant, presque d'un seul élan, s'est placée au premier rang. Par l'intégrité bien connue de son caractère et de sa conduite, par son abnégation, son enthousiasme et ses capacités exceptionnelles, elle a dépassé tous ses collègues et profondément remué l'esprit des races de langue anglaise. Je la connais personnellement, et je sais qu'aux Indes elle sera aussi aimable, aussi fraternelle envers les Asiatiques que H. P. Blavatsky ou moi l'avons été... En Amérique, sous la ferme et capable direction de M. Judge, la Société s'est répandue de long en large dans le pays, et l'organisation y grandit chaque jour en puissance et en stabilité. Ainsi, les trois sections de la Société sont en très bonnes mains, et ma direction personnelle n'est plus indispensable. » Puis il annonçait ses intentions : « Je me retirerai dans ma petite maison d'Ootacamund, où je vivrai de ma plume et d'une partie de mes revenus du *Theosophist*. J'ai l'intention d'y compléter une partie inachevée, mais essentielle, de ma tâche, à savoir une compilation de l'histoire de la Société, et certains livres sur la religion et les sciences occultes et psychologique... Je serai toujours prêt à donner à mon successeur l'aide dont il aura besoin, et à mettre à la disposition de son comité mes meilleurs conseils, basés sur l'expérience de quarante années de vie publique et de dix-sept ans de présidence de notre Société. » Olcott n'ayant pas désigné de successeur, il devait être procédé par vote à l'élection d'un nouveau président ; entre temps, le démissionnaire, encore en fonctions, décida que le 8 mai, anniversaire de la mort de Mme Blavatsky, serait appelé « jour du Lotus Blanc », et qu'il devrait être célébré dans toutes les branches du monde « d'une manière simple et digne, en évitant tout sectarisme, toute plate adulation, tout compliment vide, et en exprimant le sentiment général de reconnaissance aimante pour celle qui nous a apporté la carte du sentier ardu qui mène aux sommets de la science » ; nous avons rapporté précédemment un fait qui montre comment les théosophistes observent la recommandation d'« éviter toute plate adulation » !

Les 24 et 25 avril 1892 eut lieu, à Chicago, la Convention annuelle de la section américaine ; elle se montra disposée à refuser la démission du colonel Olcott et à le prier de conserver ses fonctions (sans doute craignait-on que Mme Besant fut élue), et elle émit le vœu que Judge fût choisi d'avance comme président à vie pour le jour où la présidence deviendrait vacante. Bientôt après, on apprenait que, « cédant aux vœux de ses amis et de la Convention américaine, ainsi qu'à la nécessité de terminer plusieurs affaires légales, le Colonel Olcott avait ajourné sa démission à une date indéfinie (*sic*) »[249] ; le 21 août suivant, il retirait définitivement cette démission, en désignant Judge comme son successeur éventuel.

Cependant, un peu plus tard, à la suite de divers incidents fâcheux, et notamment du suicide de l'administrateur d'Adyar, S. E. Gopalacharlu, qui avait volé depuis plusieurs années des sommes importantes à la Société sans que personne s'en aperçût, il y eut un rapprochement entre Olcott et Mme Besant. En janvier 1894, cette dernière alla, avec la comtesse Wachtmeister, faire une tournée dans l'Inde, et Olcott les accompagna partout ; en mars, quand elle repartit pour l'Europe, Olcott lui avait attribué la direction de la « section ésotérique », sauf la fraction américaine qui était conservée à Judge. En novembre de la même année, Judge voulut destituer Mme Besant, mais il ne fut suivi que par une partie des membres de la section américaine ; en revanche, il fut plus que jamais accusé d'imposture par les partisans de Mme Besant. À ce moment, l'organe de la section française publiait, sous les initiales du commandant D. A. Courmes, un article où l'on pouvait lire ce qui suit : « À tort ou à raison, l'une des principales personnalités du mouvement théosophiste actuel, William Q. Judge, est accusée d'avoir fait passer pour projetées directement par un « Maître » certaines communications ayant peut-être mentalement cette provenance, mais portées sur papier par le seul fait de W. Q. Judge… La neutralité de la Société Théosophique et le caractère occulte des communications dites « précipitées » auraient empêché W. Q. Judge de s'expliquer complètement sur les faits qui lui étaient reprochés. De plus, des imprudences, filles de l'imperfection humaine, auraient encore aggravé l'incident,… et on peut dire que les théosophistes de langue anglaise sont, pour le moment, divisés en deux camps, pour ou contre W. Q. Judge »[250]. A quelque temps de là, le *Path* avertissait les membres de la Société Théosophique que « de mauvais

---

[249] *Lotus Bleu*, 27 juin 1892.

[250] *Lotus Bleu*, 27 décembre 1894.

plaisants et des gens mal intentionnés envoyaient à ceux qu'ils croyaient naïfs de prétendus messages occultes »[251] ; jamais on n'avait vu autant de soi-disant communications des « Maîtres », même du vivant de Mme Blavatsky. Enfin, le 27 avril 1895, les partisans de Judge se séparèrent entièrement de la Société d'Adyar pour constituer une organisation indépendante sous le titre de « Société Théosophique d'Amérique » ; cette organisation, qui existe toujours, fut présidée par Ernest T. Hargrove, puis par Mme Catherine Tingley ; avec cette dernière, son siège central fut transporté de New-York à Point-Loma (Californie) ; elle a des ramifications en Suède et en Hollande.

Sur les accusations portées contre Judge, voici les précisions instructives qui furent données, peu après la scission, dans un article que le Dr Pascal publia dans le *Lotus Bleu* :

« Presque aussitôt après la mort de H. P. Blavatsky, de nombreux messages furent transmis par M. W. Q. Judge, comme venant d'un Maître hindou ; ces messages étaient soi-disant « précipités » par les procédés occultes et portaient l'empreinte du cryptographe du même Maître. Il fut bientôt reconnu que cette empreinte provenait d'un facsimile du sceau du Maître, fac-simile que le colonel Olcott avait fait graver à Delhi, dans le Panjab[252]. Grâce à une erreur de dessin commise par le colonel Olcott, ce fac-simile était très reconnaissable ; il donnait une empreinte ressemblant à un W, tandis qu'il aurait dû représenter un M[253]. Ce pseudo-sceau avait été donné à H. P. Blavatsky par le Colonel Olcott, et un certain nombre de théosophes l'avaient vu pendant sa vie ; à sa mort, il avait disparu… Quand le colonel Olcott vit pour la première fois l'empreinte qui accompagnait les messages de W. Q. Judge, il apprit à ce dernier qu'il avait fait graver un sceau dans le Panjab, et que ce sceau avait disparu ; il ajouta qu'il espérait

---

[251] Cité dans le *Lotus Bleu*, 27 mars 1895.
[252] Dans quelle intention ? Il eût été intéressant de le savoir.
[253] Initiale de Morya ; mais pourquoi le sceau de ce « Maître hindou » portait-il un caractère européen ?

bien que celui qui l'avait volé ne s'en servirait pas pour tromper ses frères, mais que, dans tous les cas, il saurait reconnaître cette empreinte entre mille. Dès ce moment, les messages nouveaux ne portèrent plus l'empreinte du cryptographe, et les messages anciens qui vinrent à la portée de W. Q. Judge eurent l'empreinte enlevée par le grattage »[254]. Il convient d'ajouter qu'un théosophiste belge partisan de Judge, M. Oppermann, envoya une réponse à cet article ; mais la direction du *Lotus Bleu*, après en avoir annoncé la publication, se ravisa tout à coup et refusa formellement de l'insérer, sous prétexte que « la question avait été tranchée », au mois de juillet, par la Convention de Londres[255]. À cette Convention, Olcott avait simplement pris acte de la « sécession » et annulé les chartes des branches américaines dissidentes, puis réorganisé, avec les éléments qui n'avaient pas suivi Judge, une nouvelle section américaine, ayant pour secrétaire général Alexander Fullerton (une section australienne avait, d'autre part, été récemment fondée, avec le Dr A. Carol pour secrétaire général) ; puis Sinnett avait été nommé vice-président de la Société en remplacement de Judge. Quelques membres de la section européenne, après avoir vainement essayé de faire entendre une protestation en faveur de ce dernier, se séparèrent officiellement pour se constituer à leur tour en corps distinct, sous le titre de « Société Théosophique d'Europe », et sous la présidence d'honneur de Judge ; parmi eux était le Dr Archibald Keightley, dont le frère Bertram, par contre, demeura secrétaire général de la section indienne ; le Dr Franz Hartmann se joignit également aux dissidents.

Comme bien on pense, tous les événements que nous venons de rapporter n'avaient pas été sans transpercer au dehors, au moment même où ils s'étaient produits ; tout d'abord, on avait feint, dans les milieux théosophistes, de considérer les échos qu'en donnait la presse de Londres comme devant constituer une excellente réclame pour la Société. « Les journaux, disait-on en septembre 1891, ont fait beaucoup de bruit au sujet

---

[254] *Lotus Bleu*, 27 juin 1895.
[255] *Id.*, 27 septembre 1895.

des lettres qu'Annie Besant déclare avoir reçues des Mahâtmâs depuis la mort de H. P. Blavatsky. Le *Daily Chronicle* a ouvert ses colonnes à la discussion, et nos frères ont profité de cette belle publicité pour exposer nos doctrines : plus de six colonnes par jour étaient remplies de lettres théosophiques et antithéosophiques, sans oublier les « clergymen » et les membres de la Société des recherches psychiques »[256]. Mais les choses changèrent d'aspect lorsque, le mois suivant, on vit paraître, précisément dans le journal qui vient d'être mentionné, cette sévère appréciation : « Les théosophistes sont trompés et beaucoup découvriront leur déception ; ils ont, nous en avons peur, ouvert les portes à un véritable carnaval de duperie et d'imposture »[257]. Cette fois, ceux qui étaient visés gardèrent un prudent silence sur cette « belle publicité », d'autant plus que la *Westminster Gazette*, de son côté, commençait bientôt à publier, sous la signature de F. Edmund Garrett, toute une série d'articles fort documentés, que l'on disait même inspirés par des membres de la « section ésotérique », et qui furent réunis en volume, en 1895, sous ce titre significatif : *Isis very much Unveiled*. D'autre part, un fameux « liseur de pensées », Stuart Cumberland, offrit une prime de mille livres à quiconque voudrait produire en sa présence un seul des phénomènes attribués aux « Mahâtmâs » ; ce défi, bien entendu, ne fut jamais relevé. En 1893, M. Nagarkar, membre du *Brahma Samâj*, et par conséquent peu suspect d'une hostilité de parti pris, déclarait à Londres que le théosophisme n'était regardé dans l'Inde que comme « une vulgaire ineptie », et il répondait à ses contradicteurs : « Vous n'avez pas la prétention, je suppose, vous qui connaissez à peine les choses de votre propre contrée, de m'apprendre les choses de mon pays et de ma compétence ; vos Mahâtmâs n'ont jamais existé et sont simplement une plaisanterie (*joke*) de Mme Blavatsky, qui a voulu savoir combien de fous pourraient y croire ; donner cette plaisanterie pour une vérité, c'est se rendre complice de la faussaire »[258]. Enfin, le 2

---

[256] *Lotus Bleu*, 27 septembre 1891.
[257] *Daily Chronicle*, 1er octobre 1891.
[258] *The Echo*, de Londres, 4 juillet 1893.

octobre 1895, Herbert Burrows, celui-là même qui avait introduit Mme Besant dans la Société Théosophique, écrivait à W. T. Stead, alors directeur du *Borderland* : « Les récentes découvertes de fraudes qui ont divisé la Société m'ont conduit à de nouvelles investigations, qui m'ont entièrement prouvé que, pendant des années, la tromperie a régné dans la Société… Le colonel Olcott, président de la Société, et M. Sinnett, le vice-président, croient que Mme Blavatsky a été partiellement de mauvaise foi. Aux accusations de fraude lancées par Mme Besant contre M. Judge, l'ancien vice-président, on peut ajouter les accusations contre le colonel Olcott, qui ont été portées à la fois par Mme Besant et M. Judge… Je ne puis accorder plus longtemps ma reconnaissance et mon appui à une organisation où ces choses suspectes et d'autres encore se passent ; et, sans cependant abandonner les idées essentielles de la théosophie, je quitte la Société, pour cette raison que, telle qu'elle existe à présent, je crois qu'elle est un danger permanent pour l'honnêteté et la vérité, et une perpétuelle porte ouverte à la superstition, à la déception et à l'imposture. » Et, en décembre 1895, on lisait dans l'*English Theosophist*, organe des dissidents : « M. Sinnett a déclaré lui-même que M. Judge fut dressé dans toutes ces fraudes par Mme Blavatsky… Mme Besant *sait* que M. Olcott et M. Sinnett croient que Mme Blavatsky a été de mauvaise foi ; mais elle n'a eu encore ni le courage moral ni *l'honnêteté* de le dire. »

On voit dans quelles conditions Mme Besant prit la direction de la Société Théosophique ; en fait, elle l'exerça sans contestation à partir de 1895, bien que ce ne soit qu'assez longtemps après qu'Olcott l'abandonna officiellement en sa faveur (nous n'avons pu retrouver la date exacte de sa démission définitive) ; il semble d'ailleurs qu'il ne se résigna que d'assez mauvaise grâce à renoncer à son titre de président, même devenu purement honorifique. Il mourut le 17 février 1907, après avoir mis à exécution son projet d'écrire, à sa façon, l'histoire de la Société, qui parut sous le titre d'*Old Diary Leaves* ; mais sa mauvaise humeur d'avoir été évincé s'y manifestait si visiblement, et certains passages paraissaient si compromettants, que la *Theosophical Publishing Company* hésita quelque temps à éditer cet ouvrage.

CHAPITRE XVII

AU PARLEMENT DES RELIGIONS

En septembre 1893, à l'occasion de l'Exposition de Chicago, eut lieu dans cette ville, entre autres congrès de toutes sortes, le fameux « Parlement des Religions » : toutes les organisations religieuses ou simili-religieuses du monde avaient été priées d'y envoyer leurs représentants les plus autorisés pour y exposer leurs croyances et leurs opinions. Cette idée bien américaine avait été lancée plusieurs années à l'avance ; en France, le plus ardent propagandiste de ce projet avait été l'abbé Victor Charbonnel, qui fréquentait alors le salon de la duchesse de Pomar, et qui devait, par la suite, quitter l'Église pour la Maçonnerie, où il eut d'ailleurs quelques mésaventures. Si les Catholiques d'Europe s'abstinrent prudemment de figurer à ce congrès, il n'en fut pas de même de ceux d'Amérique ; mais la grande majorité fut formée, comme il était naturel, par les représentants des innombrables sectes protestantes, auxquels vinrent se joindre d'autres éléments passablement hétérogènes. C'est ainsi qu'on vit paraître à ce « Parlement » le Swâmî Vivekânanda, qui dénatura complètement la doctrine hindoue du « Vêdânta » sous prétexte de l'adapter à la mentalité occidentale ; si nous le mentionnons ici, c'est que les théosophistes le regardèrent toujours comme un de leurs alliés, l'appelant même « un de leurs Frères de la race aînée » (désignation qu'ils appliquent aussi à leurs « Mahâtmâs ») et « un prince parmi les hommes »[259]. La pseudo-religion inventée par Vivekânanda eut un certain succès en Amérique, où elle possède encore actuellement, ainsi qu'en

---

[259] *Lotus Bleu,* 27 janvier 1895.

Australie, un certain nombre de « missions » et de « temples » ; bien entendu, elle n'a du « Vêdânta » que le nom, car il ne saurait y avoir le moindre rapport entre une doctrine purement métaphysique et un « moralisme » sentimental et « consolant » qui ne se différencie des prêches protestants que par l'emploi d'une terminologie un peu spéciale.

Mme Besant parut aussi au « Parlement des Religions » pour y représenter la Société Théosophique, qui avait obtenu que, sur les dix-sept jours que devait durer le congrès, deux jours entiers fussent consacrés à l'exposé de ses théories : il faut croire que les organisateurs, pour lui faire une si large part, lui étaient singulièrement favorables. Les théosophistes en profitèrent naturellement pour y faire entendre un grand nombre d'orateurs ; Judge et Mme Besant y figurèrent côte à côte, car, tant que la scission entre eux ne fut pas un fait accompli, on s'efforça de cacher le plus possible au public les dissensions intérieures de la Société ; nous avons vu plus haut qu'on n'y réussissait pas toujours. Mme Besant était accompagnée de deux personnages assez singuliers, Chakravarti et Dharmapâla, avec qui elle avait fait la traversée d'Angleterre en Amérique, et sur lesquels il est bon de dire ici quelques mots.

Gyanendra Nath Chakravarti (le « Babu Chuckerbuthy » de Rudyard Kipling)[260], fondateur et secrétaire du *Yoga Samâj* et professeur de mathématiques au collège d'Allahabad, prononça un discours à la séance officielle d'ouverture du « Parlement » ; malgré son nom et ses qualités, et bien qu'il se prétendît Brâhmane, ce n'était pas un Hindou d'origine, mais un Mongol plus ou moins « hindouïsé ». Il avait cherché, en décembre 1892, à entrer en relations avec les spirites anglais, en alléguant qu'il existait des rapports entre le « Yoga » hindou et les phénomènes « spiritualistes » ; nous ne voulons pas décider si c'était, de sa part, ignorance ou mauvaise foi, et peut-être y avait-il à la fois de l'une et de l'autre ; en tout cas, il va sans dire que les rapports en question sont purement imaginaires. Ce qu'il

---

[260] Poème maçonnique intitulé *The Mother Lodge*.

est intéressant de noter, c'est l'analogie de cette tentative avec celle à laquelle Mme Besant devait se livrer, en 1898, auprès de l'» Alliance Spiritualiste ») de Londres ; et ce qui fait surtout l'intérêt de ce rapprochement, c'est que Chakravarti, qui était tout au moins un hypnotiseur remarquable, s'il n'avait rien d'un véritable « Yogî », avait trouvé un excellent « sujet » en Mme Besant, et qu'il semble bien établi qu'il la tint assez longtemps sous son influence[261]. C'est à ce fait que Judge fit allusion lorsque, dans la circulaire qu'il adressa le 3 novembre 1894, aux « sections ésotériques » de la Société Théosophique (« par ordre du Maître », disait-il) pour destituer Mme Besant, il accusa celle-ci d'être « entrée inconsciemment dans le complot formé par les magiciens noirs qui luttent toujours contre les magiciens blancs », en dénonçant en même temps Chakravarti comme « un agent mineur des magiciens noirs ». Sans doute, on ne saurait accorder une grande importance à ces histoires de « magie noire », et il faut se souvenir ici de ce que nous en avons dit précédemment ; mais il n'en reste pas moins que ce fut Chakravarti, personnage fort suspect à bien des égards, qui, pendant un certain temps, inspira directement les faits et gestes de Mme Besant.

L'« Angakira » H. Dharmapâla (ou Dhammapâla)[262], un Bouddhiste de Ceylan, était délégué au « Parlement des Religions », avec le titre de « missionnaire laïque », par le « Grand-Prêtre » Sumangala, comme représentant du *Mahâ-Bodhi Samâj* (Société de la Grande Sagesse) de Colombo. On raconta que, pendant son séjour en Amérique, il avait « officié » dans une église catholique ; mais nous pensons que ce doit être là une simple légende, d'autant plus que lui-même se déclarait « laïque » ; peut-être y fit-il une conférence ; ce qui ne serait pas pour étonner outre mesure ceux qui connaissent les mœurs américaines. Quoi qu'il en soit, il passa plusieurs années à parcourir l'Amérique et l'Europe, faisant un peu partout des conférences sur le Bouddhisme ; en 1897, il était à Paris, où il

---

[261] Lettre de M. Thomas Green, membre de la « section ésotérique » de Londres, publiée par le journal *Light*, 12 octobre 1895, p. 499 ; *The Path*, de New-York, juin 1895, p. 99.

[262] La première forme est celle du sanscrit, la seconde celle du pâli.

parla au Musée Guimet et prit part au Congrès des orientalistes. La dernière manifestation de ce personnage dont nous ayons eu connaissance est une lettre qu'il écrivit de Calcutta, le 13 octobre 1910, au chef (désigné seulement par les initiales T. K.) d'une société secrète américaine appelée « Ordre de Lumière » (*Order of Light*), qui se qualifie aussi de « Grande École » (*Great School*), et qui recrute surtout ses adhérents dans les hauts grades de la Maçonnerie. Un des membres les plus actifs de cette organisation est un théosophiste connu, le Dr J. D. Buck, qui est en même temps un dignitaire de la Maçonnerie écossaise, et qui fut, lui aussi, un des orateurs du « Parlement des Religions » ; Mme Blavatsky témoignait une estime particulière à ce Dr Buck, qu'elle appelait « un vrai Philaléthien »[263], et auquel, en citant un passage d'une conférence qu'il avait faite en avril 1889 devant la Convention théosophique de Chicago, elle décernait cet éloge : « Il n'y a pas de théosophiste qui ait mieux compris et mieux exprimé l'essence réelle de la théosophie que notre honorable ami le Dr Buck »[264]. Il faut dire encore que l'« Ordre de Lumière » se distingue par une tendance anticatholique des plus accentuées ; or, dans sa lettre, Dharmapâla félicitait vivement les Maçons américains de leurs efforts pour « préserver le peuple de la servitude du diabolisme papal » (*sic*) et leur souhaitait le plus complet succès dans cette lutte, ajoutant que « le clergé, dans tous les pays et dans tous les âges, n'a jamais montré qu'un objet dont l'accomplissement semble être son unique désir, et qui est de réduire le peuple à l'esclavage et de le tenir dans l'ignorance ». Nous nous demandons si un pareil langage a reçu l'approbation du « Grand-Prêtre de l'Église Bouddhique du Sud », qui a bien la prétention d'être à la tête d'un « clergé », encore qu'il n'ait rien existé de tel dans la conception et l'organisation du Bouddhisme primitif.

Les théosophistes se montrèrent fort satisfaits de l'excellente occasion de propagande qui leur avait été fournie à Chicago, et ils allèrent même

---

[263] *La Clef de la Théosophie*, p. 76.
[264] *Ibid.*, p. 24.

jusqu'à proclamer que « le vrai Parlement des Religions avait été, en fait, le Congrès théosophique »[265]. Aussi fut-il bientôt question, dans les milieux « néo-spiritualistes », de préparer un second congrès du même genre, qui devait être réuni à Paris en 1900 ; une idée plus ambitieuse fut même émise par un ingénieur lyonnais, P. Vitte, qui signait du pseudonyme d'*Amo*, et qui voulut transformer le « Congrès des Religions » en un « Congrès de l'Humanité », « rassemblant toutes les religions, les spiritualistes, les humanitaires, chercheurs et penseurs de tous ordres, ayant pour but commun la progression de l'Humanité vers un idéal meilleur et la foi en sa réalisation »[266]. Toutes les religions du monde, et même toutes les doctrines, quel qu'en fût le caractère, devaient être « appelées à une fusion sympathique sur les grands principes communs pouvant assurer le salut de l'Humanité et préparer l'Unité et la paix future sur la terre »[267]. Les théosophistes, aussi bien que les spirites et les occultistes de diverses écoles, adhérèrent à ce projet, dont le promoteur crut avoir opéré la réconciliation de ces frères ennemis, comme prélude à la « fusion sympathique » qu'il rêvait : « Les numéros de mai 1896 du *Lotus Bleu* et de l'*Initiation*, organes respectifs des Théosophes et des Martinistes français, écrivait-il alors, renouvellent en termes chaleureux et fermes leur adhésion au Congrès de l'Humanité. Le concours de ces deux grands mouvements spiritualistes qui rayonnent sur la terre entière suffirait déjà pour communiquer une vitalité intense au Congrès »[268]. Cela ne suffisait pourtant pas, et c'était se faire bien des illusions : les « néo-spiritualistes », entre lesquels les querelles allaient d'ailleurs continuer comme par le passé, ne pouvaient tout de même pas avoir la prétention de constituer à eux seuls les « assises solennelles de l'Humanité » ; comme il n'y eut guère qu'eux qui s'y intéressèrent, le congrès n'eut pas lieu en 1900. À propos de M. Vitte, nous signalerons encore un trait curieux : Saint-Yves d'Alveydre lui ayant dit que « l'esprit celtique est aujourd'hui dans les Indes », il voulut aller s'en rendre compte

---

[265] *Lotus Bleu*, 27 octobre 1893 et 27 mars 1894.
[266] *La Paix Universelle*, 15 septembre 1894.
[267] *Id.*, 30 novembre 1894.
[268] *La Paix Universelle*, 30 juin 1896.

et s'embarqua en septembre 1895 ; mais, à peine arrivé, il fut pris d'une sorte de peur irraisonnée et se hâta de revenir en France, où il était de retour moins de trois mois après son départ ; celui-là était du moins un esprit sincère, mais ce simple fait montre combien il était peu équilibré. Les occultistes, d'ailleurs, ne se laissèrent pas décourager par l'échec de leur « Congrès de l'Humanité » ; en attendant un moment plus favorable, il se constitua une sorte de bureau permanent, qui tint de loin en loin quelques séances dans des salles à peu près vides, où l'on se livra à de vagues déclamations pacifistes et humanitaires. Les féministes prirent aussi une certaine place dans cette organisation, à la tête de laquelle étaient, en dernier lieu, MM. Albert Jounet et Julien Hersent ; celui-ci, que ses amis avaient désigné pour la présidence des futurs « États-Unis du monde » lorsqu'ils seraient constitués, posa en 1913, pour commencer, sa candidature à la présidence de la République française ; ces gens n'ont vraiment pas le sens du ridicule !

Il y eut pourtant, à Paris, une suite au « Parlement des religions » de Chicago ; mais c'est seulement en 1913 qu'elle eût lieu, sous le nom de « Congrès du Progrès religieux », et sous la présidence de M. Boutroux, dont les idées philosophiques ont bien aussi quelque parenté avec les tendances « néo-spiritualistes », quoique d'une façon beaucoup moins marquée que celles de M. Bergson. Ce congrès fut presque entièrement protestant, et surtout « protestant libéral » ; mais l'influence germanique y eut la prépondérance sur l'influence anglo-saxonne : aussi les théosophistes fidèles à la direction de Mme Besant n'y furent-ils pas conviés, tandis que l'on y entendit M. Edouard Schuré, représentant de l'organisation dissidente du Dr Rudolf Steiner, dont nous aurons à parler dans la suite.

CHAPITRE XVIII

LE CHRISTIANISME ÉSOTÉRIQUE

Il est temps d'en venir maintenant à ce qui constitue peut-être le trait le plus caractéristique de la nouvelle orientation (nouvelle au moins en apparence) donnée à la Société Théosophique sous l'impulsion de Mme Annie Besant, et que les antécédents de celle-ci ne pouvaient guère faire prévoir : nous voulons parler du « Christianisme ésotérique »[269]. Il faut dire cependant que, antérieurement, le courant chrétien ou soi-disant tel, malgré ce qu'il semblait avoir d'incompatible avec les idées de Mme Blavatsky, était déjà représenté dans ce milieu par quelques éléments d'importance plus ou moins secondaire, qui, bien entendu, n'exprimaient pas ce qu'on pourrait appeler la doctrine officielle du théosophisme. Il y avait tout d'abord le « Rosicrucianisme » du Dr Franz Hartmann, dont nous avons parlé plus haut ; un Rosicrucianisme quelconque, si dévié qu'il soit par rapport au Rosicrucianisme originel, fait tout au moins usage d'un symbolisme chrétien ; mais il ne faut pas oublier que le Dr Hartmann, dans un de ses livres, a présenté le Christ comme un « Initié », opinion qui est aussi, d'autre part, celle de M. Edouard Schuré[270], inventeur d'un prétendu « ésotérisme helléno-chrétien » dont le caractère est des plus suspects, puisque, si l'on en juge par les titres mêmes des ouvrages où il est exposé, il doit conduire « du sphinx au Christ », puis… « du Christ à Lucifer » ! En second lieu, nous mentionnerons les travaux plus ou moins sérieux de George R. S. Mead, secrétaire général de la section

---

[269] C'est le titre même d'un des ouvrages de Mme Besant : *Esoteric Christianity*.
[270] Voir le livre de celui-ci intitulé *Les Grands Initiés*.

européenne, sur le gnosticisme et les « mystères chrétiens » ; nous verrons plus loin que la restauration de ces « mystères chrétiens » est un des buts déclarés des théosophistes actuels. Outre ces ouvrages, largement inspirés des études des spécialistes « non initiés », le même auteur a donné aussi des traductions très approximatives, pour ne pas dire plus, de quelques textes sanscrits, extraits des *Upanishads* ; on peut y trouver des exemples typiques de la façon dont ces textes sont « arrangés » par les théosophistes pour les besoins de leur interprétation particulière[271]. Enfin, il y avait eu déjà un « Christianisme ésotérique » proprement dit en connexion avec le théosophisme ; plus exactement, il y en avait même eu deux, qui n'étaient d'ailleurs pas sans avoir quelques rapports entre eux : l'un était celui de la doctoresse Anna Kingsford et d'Edward Maitland ; l'autre était celui de la duchesse de Pomar.

La première de ces deux théories fut exposée dans un livre intitulé *La Voie Parfaite*, qui parut en 1882 ; les noms des auteurs furent d'abord tenus secrets, « afin que leur œuvre ne fût jugée que sur ses propres mérites et non sur les leurs »[272], mais ils figurèrent en tête des éditions ultérieures[273] ; nous ajouterons qu'il y eut ensuite une traduction française, pour laquelle M. Edouard Schuré écrivit une préface, et qui fut éditée aux frais de la duchesse de Pomar[274]. Le comte Mac-Gregor Mathers, dédiant sa Kabbale Dévoilée aux auteurs de la *Voie Parfaite*, déclarait ce livre « une des œuvres

---

[271] Voici les titres des principaux ouvrages de Mead : *Fragments d'une Foi oubliée* (le gnosticisme) ; *Pistis Sophia, Évangile gnostique* (d'après la traduction française d'Amélineau) ; *Essai sur Simon le Mage* ; *Apollonius de Tyane, le philosophe-réformateur du 1er siècle de l'ère chrétienne* ; *L'Évangile et les évangiles* ; *Le Mystère du Monde, quatre essais* ; *La Théosophie des Grecs, Plotin, Orphée* ; *La Théosophie des Védas, les Upanishads*.

[272] Préface de la première édition, p. VII.

[273] 1886 et 1890. – Nos citations seront faites d'après la troisième édition.

[274] Les mêmes auteurs ont aussi, séparément ou en collaboration, publié quelques autres ouvrages moins importants : *La « Vierge du Monde » et autres livres hermétiques, avec essais introductifs et annotations* ; *L'« Astrologie Théologisée » de Weigelius, avec un essai sur l'herméneutique de la Bible* ; *« Vêtue du Soleil »* (allusion à l'apocalypse), *« livre des Illuminations d'Anna Kingsford »*, etc.

les plus profondément occultes qui aient été écrites depuis des siècles ». Au moment de la publication de la *Voie Parfaite*, Anna Kingsford et Edward Maitland étaient tous deux membres de la Société Théosophique ; il est vrai qu'ils s'en retirèrent peu après, vers l'époque où l'affaire Kiddle provoqua dans la branche anglaise les nombreuses démissions dont nous avons parlé d'autre part. Cependant, le 9 mai 1884, ils fondèrent à Londres une « Société Hermétique », dont Anna Kingsford fut présidente jusqu'à sa mort, survenue en 1888, et dont les statuts étaient en trois articles, calqués sur ceux de la déclaration de principes de la Société Théosophique, que nous avons reproduits précédemment ; chose étrange, Olcott assista à l'inauguration de cette Société et y prononça un discours, ce qui semble donner raison à ceux qui la considérèrent comme une simple « section ésotérique » de la Société Théosophique ; il y a donc lieu de se demander si la démission des fondateurs avait été sincère, et nous trouverons quelque chose d'analogue en ce qui concerne la duchesse de Pomar.

Jusqu'à quel point y avait-il opposition entre les théories d'Anna Kingsford et celles de Mme Blavatsky ? Les premières ont bien une étiquette chrétienne, mais, sans parler de leur esprit anticlérical fort prononcé (et, ici encore, c'est saint Paul qui est accusé d'avoir « introduit l'influence sacerdotale dans l'Église »)[275], la façon dont les dogmes du Christianisme y sont interprétés est très particulière : on y veut surtout rendre le Christianisme indépendant de toute considération historique[276], de sorte que, quand il y est parlé du Christ, c'est dans un sens « mystique », et par là il faut entendre qu'il s'agit toujours uniquement d'un principe intérieur que chacun doit s'efforcer de découvrir et de développer| soi-même. Or Mme Blavatsky donne aussi parfois le nom de *Christos*, soit à l'un des principes supérieurs de l'homme, sur le rang duquel elle varie d'ailleurs, soit à « la réunion des trois principes supérieurs en une Trinité qui représente le Saint-Esprit, le Père et le Fils, puisqu'elle est l'expression

---

[275] *The Perfect Way*, p. 270.
[276] *The Perfect Way*, pp. 25-26 et 223.

de l'esprit abstrait, de l'esprit différencié et de l'esprit incarné »[277]. Nous sommes ici en pleine confusion, mais ce qu'il faut retenir, c'est que, pour Mme Blavatsky comme pour Anna Kingsford, les « Christs » sont des êtres qui sont parvenus à développer en eux certains principes supérieurs, existant chez tout homme à l'état latent ; et Anna Kingsford ajoute même qu'ils ne se distinguent des autres

« Adeptes » qu'en ce que, à la connaissance et aux pouvoirs qu'ont ceux-ci, ils joignent un profond amour de l'humanité[278]. Mme Blavatsky dit à peu près la même chose, en somme, quand elle enseigne que « le *Christos* est l'état de Bouddha »[279] ; là-dessus encore, il n'y a pas un parfait accord entre les théosophistes, et ceux d'aujourd'hui pensent plutôt, comme nous le verrons, que c'est l'état immédiatement inférieur, celui du « Bodhisattwa ». L'antichristianisme de Mme Blavatsky, qui concernait surtout le Christianisme « orthodoxe » et soi-disant judaïsé, ne devait donc pas répugner outre mesure à la conception d'un « Christianisme ésotérique » comme celui-là, où l'on retrouve du reste un « syncrétisme » assez pareil au sien et presque aussi incohérent, bien que la confusion y soit peut-être moins inextricable. La principale différence, somme toute, c'est qu'une terminologie chrétienne remplace ici la terminologie orientale, et que le Bouddhisme s'y trouve relégué au second plan, tout en étant regardé comme le complément ou plutôt comme la préparation indispensable du Christianisme ; il y a sur ce sujet un passage trop curieux pour que nous ne le citions pas : « Bouddha et Jésus sont nécessaires l'un à l'autre ; et, dans l'ensemble du système ainsi complété, Bouddha est le mental, et Jésus est le cœur ; Bouddha est le général, Jésus est le particulier ; Bouddha est le frère de l'univers, Jésus est le frère des hommes ; Bouddha est la philosophie, Jésus est la religion ; Bouddha est la circonférence, Jésus est le centre ; Bouddha est le système, Jésus est le point de radiation ; Bouddha est la manifestation, Jésus est l'esprit ; en un mot, Bouddha est l'« Homme »

---

[277] *La Clef de la Théosophie*, pp. 96-97.
[278] *The Perfect Way*, p. 216.
[279] *La Clef de la Théosophie*, p. 218.

(l'intelligence), Jésus est la « Femme » (l'intuition)... Personne ne peut être proprement chrétien s'il n'est aussi, et d'abord, bouddhiste. Ainsi, les deux religions constituent, respectivement, l'extérieur et l'intérieur du même Évangile, la fondation étant dans le Bouddhisme (ce terme comprenant le Pythagorisme)[280], et l'illumination dans le Christianisme. Et, de même que le Bouddhisme est incomplet sans le Christianisme, de même le Christianisme est inintelligible sans le Bouddhisme »[281]. Anna Kingsford assure même que l'Évangile affirme cette relation dans le récit de la Transfiguration, où Moïse et Elie représenteraient Bouddha et Pythagore, comme étant leurs « correspondants hébraïques »[282] : singulière interprétation, mais qui n'est pas plus étonnante que ce qu'on trouve quelques pages plus loin, où l'auteur prétend, sur la foi d'étymologies fantaisistes, qu'Abraham représente les « mystères indiens », Isaac les « mystères égyptiens » et Jacob les « mystères grecs »[283] ! Malgré tout, pour Anna Kingsford, le Christianisme est supérieur au Bouddhisme, comme l'intuition est supérieure à l'intelligence, ou comme la femme est supérieure à l'homme, car elle est une féministe convaincue, et elle regarde la femme comme « la plus haute manifestation de l'humanité »[284] ; ajoutons à cela, pour compléter sa physionomie, qu'elle fut une apôtre du végétarisme[285] et une adversaire acharnée des théories de Pasteur.

Sur différentes questions, Anna Kingsford a des conceptions qui lui sont particulières : c'est ainsi, par exemple, qu'elle regarde la nature de l'homme comme quaternaire, et qu'elle attribue une importance toute spéciale au nombre treize, dans lequel elle voit le « nombre de la femme » et le « symbole de la perfection »[286] ; mais, sur la plupart des points

---

[280] On peut douter que cette assimilation soit bien justifiable.
[281] *The Perfect Way*, pp. 248-249.
[282] *Ibid.*, p. 247.
[283] *Ibid.*, pp. 251-252.
[284] *The Perfect Way*, p. 23.
[285] Elle a consacré à ce sujet un ouvrage spécial, intitulé *The Perfect Way in Diet* (La voie Parfaite dans le Régime).
[286] *Ibid.*, p. 244.

importants, quelles que soient les apparences, elle est d'accord au fond avec les enseignements théosophistes. Elle admet notamment l'« évolution spirituelle », le « karma » et « la réincarnation » ; à propos de celle-ci, elle va même jusqu'à prétendre que « la doctrine de la progression et de la migration des âmes constituait le fondement de toutes les anciennes religions », et qu'« un des objets spéciaux des mystères antiques était de rendre l'initié capable de recouvrer la mémoire de ses incarnations antérieures »[287]. Ces enseignements et bien d'autres de même valeur sont dus, paraît-il, à la même « source d'information » que l'ensemble de la doctrine, c'est-à-dire à l'exercice de l'intuition, « par laquelle l'esprit retourne vers son centre » et « atteint la région intérieure et permanente de notre nature », tandis que « l'intellect est dirigé vers l'extérieur pour obtenir la connaissance des phénomènes »[288]. En vérité, on croirait presque entendre ici M. Bergson lui-même ; nous ne savons si celui-ci a connu Anna Kingsford, mais elle peut bien, en tout cas, être rangée à quelques égards parmi les précurseurs de l'intuitionnisme contemporain. Ce qui est curieux aussi à signaler chez elle, ce sont les rapports de l'intuitionnisme et du féminisme, et, d'ailleurs, nous ne croyons pas que ce soit là un cas isolé ; il y a, entre le mouvement féministe et divers autres courants de la mentalité actuelle, des relations dont l'étude ne serait pas dépourvue d'intérêt ; du reste, nous aurons à reparler du féminisme à propos du rôle maçonnique de Mme Besant.

Malgré l'affirmation d'Anna Kingsford, nous ne croyons pas que l'intuition, nous dirions plutôt l'imagination, ait été sa seule « source d'information », bien qu'on doive certainement à l'exercice de cette faculté les assertions fantaisistes dont nous avons donné quelques exemples. Il y a tout au moins, au point de départ, des éléments empruntés à différentes doctrines, surtout à la kabbale et à l'hermétisme, et les rapprochements qui sont indiqués çà et là témoignent à cet égard de connaissances qui, pour

---

[287] *Ibid.*, p. 21.
[288] *Ibid.*, p. 3.

être assez superficielles, existent cependant. En outre, Anna Kingsford avait certainement étudié les théosophes au sens propre du mot, notamment Bœhme et Swedenborg ; c'est là surtout ce qu'elle avait de commun avec la duchesse de Pomar, et il y avait plus de théosophie chez toutes deux, bien qu'elle y fût encore assez mêlée, que chez Mme Blavatsky et ses successeurs. Pour ce qui est de la duchesse de Pomar, comme c'est surtout en France qu'elle développa son « Christianisme ésotérique », et comme d'ailleurs sa personnalité en vaut la peine, nous pensons qu'il sera bon de lui consacrer un chapitre spécial.

CHAPITRE XIX

LA DUCHESSE DE POMAR

C'était une singulière figure que cette Lady Caithness, duchesse de Pomar, qui se disait catholique et semblait bien l'être sincèrement, mais chez qui le Catholicisme s'alliait à une « théosophie chrétienne » inspirée principalement, comme nous l'avons dit, de Bœhme et de Swedenborg, et aussi à certaines conceptions particulières, bien plus étranges encore. Pour exposer ses idées, elle écrivit de nombreux ouvrages[289] ; elle dirigeait aussi, à Paris, une revue intitulée *L'Aurore du Jour Nouveau*, « organe du Christianisme ésotérique ». Cette revue était consacrée à la « Logosophie », qui y était ainsi définie : « La Logosophie est la science du Logos ou Christ, telle qu'elle nous a été transmise dans les doctrines ésotériques des savants de l'Inde et des philosophes grecs et alexandrins... Le Christ, ou Logos, qui forme la base de nos enseignements, n'est pas précisément Jésus en sa qualité de personnage historique (le Fils de l'homme), mais plutôt Jésus sous son aspect divin de Fils de Dieu, ou Christ. Cette divinité à laquelle nous croyons doit être le but de nos aspirations, Nous avons le droit d'y prétendre, puisque nous sommes tous les fils du même Dieu, par conséquent d'essence divine, et ne nous a-t-il pas été ordonné de devenir

---

[289] Voici les titres de quelques'uns d'entre eux : *Une visite nocturne à Holyrood* ; *Fragments de Théosophie occulte d'Orient* ; *La Théosophie chrétienne* ; *La Théosophie bouddhiste* ; *La Théosophie sémitique* ; *Le Spiritualisme dans la Bible* ; *Interprétation ésotérique des Livres sacrés* ; *Révélations d'en haut sur la science de la vie* ; *Vieilles vérités sous un nouveau jour* ; *Le Mystère des Siècles* ; *L'Ouverture des Sceaux* ; *Le Secret du Nouveau Testament*.

parfaits comme notre Père qui est aux Cieux est parfait ? La Logosophie est donc la science de la divinité dans l'homme. Elle nous enseigne la manière d'attirer en nous l'étincelle divine que tout homme apporte avec lui en venant dans ce monde. C'est par son développement que nous pourrons exercer, déjà sur cette terre, des pouvoirs psychiques qui paraissent surhumains, et que, après notre mort physique, notre esprit sera réuni à celui de son divin Créateur et possédera l'immortalité dans les Cieux. » Ici encore, c'est la conception du Christianisme « interne » qui prédomine, bien qu'elle soit affirmée d'une façon moins exclusive que chez Anna Kingsford ; quant au « développement des pouvoirs psychiques » auquel il est fait allusion, ce n'est pas autre chose que le troisième des buts de la Société Théososophique, celui dont la réalisation est réservée à la « section ésotérique ».

Depuis 1882, Mme de Pomar s'intitulait « présidente de la Société Théosophique d'Orient et d'Occident » ; contrairement à ce qu'on pourrait croire, sa Société n'était aucunement en concurrence avec celle de Mme Blavatsky, dont elle constituait au contraire, en réalité, une véritable « section ésotérique », ce qui explique le rapprochement que nous venons de signaler. En mai 1884, Mme Blavatsky écrivait à Solovioff « Depuis deux ans, quelques personnes se rencontrent dans la maison d'une certaine duchesse *plus* lady, qui aime à s'appeler présidente de la Société Théosophique d'Orient et d'Occident. Dieu la bénisse ! Laissez-la s'appeler comme elle veut. Elle est riche et possède un superbe hôtel à Paris. Cela n'est pas une objection : elle peut être utile »[290]. Ainsi, Mme Blavatsky tenait à ménager la duchesse de Pomar à cause de sa fortune, et, lorsqu'elle voulut fonder une branche à Paris sous le nom d'*Isis*, la duchesse de Pomar, de son côté, pensa qu'elle pourrait s'en servir comme d'un centre de recrutement pour sa propre organisation, à laquelle elle entendait conserver un caractère beaucoup plus fermé. D'ailleurs, ce qui prouve bien qu'il n'y avait entre elles aucune rivalité, c'est que la duchesse, répondant

---

[290] *A modern priestess of Isis*, p. 25.

aux espérances de Mme Blavatsky, lui fournit effectivement des fonds pour lui permettre de répandre sa doctrine en France ; on a assuré notamment qu'elle lui avait donné à cet effet, en 1884, une somme de vingt-cinq mille francs.[291]

Cependant, Mme de Pomar démissionna de la Société Théosophique en septembre 1881, en se plaignant qu'Olcott eût « manqué de tact » à son égard[292] ; cette démission dut d'ailleurs être retirée, car elle la donna de nouveau en 1886, cette fois en compagnie de Mme de Morsier et de plusieurs autres membres de la branche parisienne, à la suite des révélations de Solovioff. Malgré cela, au moment du « Congrès spirite et spiritualiste » de septembre 1889[293], dont on lui offrit la présidence d'honneur[294], et où Papus déclara, dans son rapport général, qu'elle avait « bien mérité de la cause spiritualiste », Mme de Pomar n'avait pas encore cessé d'être « présidente de la Société Théosophique d'Orient et d'Occident » ; elle se trouvait donc alors dans une situation analogue à celle d'Anna Kingsford avec sa « Société Hermétique » ; mais, un peu après cette date, exactement en mars 1890, Mme Blavatsky fonda à Paris une « section ésotérique » indépendante, sur les statuts et règlements de laquelle aucun renseignement ne fut donné publiquement, et dont les membres durent s'engager par serment à obéir d'une façon passive aux ordres de la direction. Il n'en est pas moins vrai que, jusque vers la fin de sa vie, la duchesse conserva avec la Société Théosophique des relations plutôt amicales ; ainsi, en juillet 1893, elle écrivait au secrétaire de la branche parisienne une lettre que publia le *Lotus Bleu*, et dans laquelle on lit ceci : « Quelles que soient les différences de point de vue qui existent entre moi et la Société Théosophique, je désire beaucoup la voir se développer en France, sachant qu'elle ne peut que contribuer au progrès des idées auxquelles je suis moi-même dévouée. Mais

---

[291] *Daily News*, 5 novembre 1895.
[292] Lettre de Solovioff à Mme Blavatsky, 26 septembre 1884.
[293] Ici, « spiritualiste » veut dire occultiste.
[294] Ce Congrès fut présidé par Jules Lermina ; ses autres présidents d'honneur étaient Charles Fauvety et Eugène Nus.

la mission qui m'a été confiée par Celui que j'appelle mon Maître, le Seigneur Jésus-Christ, absorbe toutes les ressources dont je puis disposer. » Elle s'inscrivait cependant pour une souscription annuelle de deux cents francs, et elle continuait en ces termes : « Je désire que les M. S. T. (membres de la Société Théosophique) aient connaissance des sentiments tout fraternels que j'éprouve à leur égard. Si nous suivons parfois des chemins différents, le but que nous poursuivons est le même, et je fais les vœux les plus sincères pour le succès de vos efforts ». Notons encore que, le 13 juin 1894, Mme de Pomar reçut chez elle Mme Besant, qui y fit une conférence sur le « pèlerinage de l'âme », et que cette séance fut présidée par le colonel Olcott. Le 11 juin, Mme Besant avait fait une autre conférence à l'Institut Rudy ; on n'avait pas encore jugé bon alors de mettre la Sorbonne à sa disposition, comme on devait le faire en 1911, et comme on vient de le faire de nouveau cette année même.

La duchesse de Pomar mourut le 3 novembre 1895 ; nous extrayons les lignes suivantes de l'article nécrologique que le commandant Courmes lui consacra dans le *Lotus Bleu*, et dont nous respectons scrupuleusement le style : « C'est une grande et vraiment noble existence qui vient de s'éteindre, parce que, si la duchesse ne se refusait pas à jouir de la fortune que Karma lui avait dispensée, elle en usait certainement plus encore en charités de tous genres dont le nombre et le détail seraient innombrables, et aussi en agissant éminemment sur le terrain de la haute bienfaisance intellectuelle, en répandant, surtout en France, sa patrie d'adoption, des flots de « Connaissance »,… Spiritualiste de la première heure, la duchesse de Pomar était entrée dans la Société Théosophique dès son avènement, en 1876, et elle était intimement liée avec Mme Blavatsky. Elle était présidente de la branche française « Orient et Occident », dont l'esprit théosophique, bien qu'indépendant, avait gardé un caractère plus spécialement chrétien, et même un peu spirite. Nous eussions assurément préféré qu'elle restât dans la donnée orientale qui nous paraît plus rapprochée des sources premières ; mais l'on sait que c'est le droit des théosophistes de suivre, dans leurs recherches vers la vérité, les voies qui conviennent le mieux à leurs dispositions naturelles »[295].

Ce sont des faits vraiment étranges que l'alliance de Mme de Pomar avec Mme Blavatsky et son école, et l'affirmation d'un but commun entre les mouvements dirigés par l'une et par l'autre ; ce qui n'est pas moins curieux peut-être, c'est le caractère extrêmement secret que la duchesse avait donné à son organisation. Voici en effet ce qu'elle écrivait à Arthur Arnould, dans une lettre que celui-ci publia en 1890 à l'occasion de la querelle avec Papus, ou que, plus exactement, il inséra dans un document qu'il qualifia de « strictement privé », mais qui fut cependant envoyé à des personnes étrangères à la Société Théosophique : « La Société Théosophique d'Orient et d'Occident, que j'ai l'honneur de présider, étant des plus ésotériques et par conséquent des plus secrètes, je ne comprends pas que le colonel Olcott ait eu l'imprudence d'en parler, car je l'avais prié de garder *notre* secret. Nos réunions sont tout à fait secrètes, et il nous est défendu d'en parler à qui que ce soit, en dehors de notre cercle assez nombreux maintenant et qui compte parmi ses membres quelques-uns des plus grands esprits de la France, mais auquel on est admis seulement après la plus haute des initiations et des épreuves très sérieuses. Quand je vous dirai que nous recevons nos instructions *directement* des plus hautes sphères, vous comprendrez que nous désirons garder le plus strict secret…
« Quelles étaient donc ces instructions et ces communications mystérieuses, dont les moyens n'étaient probablement très différents de ceux qui sont en usage chez les spirites ordinaires, et quelle était la mission que Mme de Pomar prétendait avoir reçue ? Dans une lettre datée du 2 février 1892, et dont nous avons l'original entre les mains, elle disait à ce sujet : « … Le culte que je professe pour Marie Stuart s'applique moins aux souvenirs de sa personnalité terrestre qu'à son individualité céleste[296], toujours vivante, et qui depuis plus de trente ans m'a donné de nombreuses

---

[295] *Lotus Bleu*, 27 décembre 1895.
[296] Les mots « personnalité » et « individualité » sont pris ici dans leur sens théosophiste, où leur rapport est exactement l'inverse de celui qu'ils doivent avoir normalement.

preuves de sa présence spirituel (*sic*) auprès de moi. Cet être déjà si grand, si noble sur la terre, a continué à se développer selon la loi éternelle de la vie de l'Esprit, et aujourd'hui arrivée à posséder la vérité qui affranchit, elle a dépassé de beaucoup ses convictions religieuses d'autrefois[297]. Sa mission est de donner aujourd'hui au monde, et spécialement à la France, les Vérités du Jour Nouveau qui doivent amener l'évolution de la race dans le sens d'une spiritualité plus haute, et j'ai eu le privilège d'être choisie par elle comme intermédiaire terrestre pour travailler à son œuvre. » Et plus loin, elle ajoutait encore que « cette Reine est aujourd'hui un Ange des plus hautes sphères célestes », sphères qu'elle appelait d'ailleurs le « Cercle du Christ » et le « Cercle de l'Étoile ».

Ce « Jour Nouveau » dont la duchesse de Pomar était ainsi chargée d'annoncer et de préparer la venue, c'était une nouvelle révélation, une ère qui devait succéder au Christianisme comme le Christianisme lui-même a succédé à l'ancienne Loi ; c'était, en un mot, la « venue du Saint-Esprit », conçu gnostiquement comme le « divin féminin »[298]. C'était encore « la manifestation des fils et des filles de Dieu, non pas en tant qu'un être unique, mais comme plusieurs : cette race plus parfaite humanisera la terre, que nous savons avoir déjà passé par les périodes du développement minéral, végétal et animal, et nous voyons que cette dernière étape de développement est maintenant près de se compléter » ; et la duchesse va jusqu'à cette précision : « Nous pouvons dire véritablement que l'ancien monde a fini en 1881 et que le Seigneur a créé de nouveau un nouveau ciel et une terre nouvelle et que nous allons entrer dans la nouvelle *année de Notre-Dame*, 1882 »[299]. Ces citations sont prises dans une curieuse brochure, remplie de calculs kabbalistiques, qui porte seulement comme titre les deux dates *1881-1882*, et à la fin de laquelle on lit ceci : « Tandis que j'écris ces lignes, les heures de 1881, *la dernière année de l'ancienne*

---

[297] Que devient donc ici le catholicisme ?
[298] Voir *Le Secret du Nouveau Testament*, pp. 496-505 : « Communication d'en haut, reçue dans le Sanctuaire de la Reine, à Holyrood », et signée « un envoyé de la Reine Marie ».
[299] *1881-1882*, pp. 49-50.

révélation, marchent rapidement vers la fin, et la première heure de l'Épouse céleste approche »[300]. Il est permis de trouver que l'idée d'un Messie collectif, telle qu'elle est exprimée ici, a quelque chose d'assez bizarre ; elle n'est pourtant pas entièrement nouvelle, et nous signalerons sous ce rapport qu'on rencontre dans le Judaïsme des conceptions qui tendent à identifier le Messie avec le peuple d'Israël lui-même. Quoi qu'il en soit, c'est précisément le Messianisme, sous une forme ou sous une autre, qui semble donner la clef de cette « communauté de but » qu'affirmait Mme de Pomar à l'égard de la Société Théosophique, comme c'est aussi un Messianisme plus ou moins avoué qui est à la racine de bien d'autres mouvements « néo-spiritualistes ».

Si ce n'est guère que depuis une dizaine d'années qu'on a vu se formuler nettement, chez les théosophistes, la conception du « Messie futur », il n'en est pas moins vrai que celui-ci avait déjà été annoncé en ces termes par Mme Blavatsky elle-même : « Le prochain effort trouvera un corps, comptant un grand nombre de membres *unis* entre eux et prêts à accueillir le nouveau *Porteur* du flambeau de la Vérité. Les cœurs seront préparés à recevoir son message ; le langage qu'il lui faudra pour rendre les nouvelles vérités qu'il apportera, aura été trouvé ; une organisation toute faite attendra son arrivé, et s'empressera d'enlever de son chemin les obstacles et les difficultés d'une nature purement mécanique et matérielle. Réfléchissez un instant, et vous comprendrez ce que sera capable d'accomplir Celui auquel de telles circonstances tomberont en partage… »[301]. Voilà donc bien le « but commun » des entreprises de Mme de Pomar et de Mme Blavatsky ; mais cette dernière, qui se gardait bien d'ailleurs d'avancer des dates précises, prophétisait probablement à coup sûr, car il est à supposer qu'elle avait donné pour mission secrète à sa Société, non seulement de préparer la voie à « Celui qui doit venir », mais encore de susciter son apparition même au moment qui semblerait propice.

---

[300] *Ibid.*, p. 85.

[301] *La Clef de la Théosophie*, p. 406.

Cette mission, Mme Besant, ancienne secrétaire de Mme Blavatsky et sa dernière confidente, devait l'accomplir avec l'aide de son associé, l'ancien ministre anglican Charles W. Leadbeater, qui paraît jouer auprès d'elle un rôle assez analogue à celui d'Olcott auprès de la fondatrice de la Société ; seule, la tournure « chrétienne » qui a été donnée au mouvement messianique en voie de réalisation ne correspond peut-être pas entièrement aux vues de Mme Blavatsky, et encore, si l'on se reporte à ce que nous avons dit dans le chapitre précédent, on peut voir que, même sur ce point, le désaccord est plus apparent que réel. Du reste, le caractère instable et fuyant de la pseudo-doctrine théosophiste a l'avantage de permettre les transformations les plus imprévues ; à ceux qui y voient des contradictions, on se contente de répondre qu'ils n'ont pas compris, comme le font aussi, en pareil cas, les défenseurs de l'intuitionnisme bergsonien.

CHAPITRE XX

LE MESSIE FUTUR

Pour comprendre l'étrange équipée messianique qui fit quelque bruit en ces dernières années, il faut connaître la conception très particulière que les théosophistes se font du Christ, ou, plus généralement, de ce qu'ils appellent un « Grand Instructeur » ou « Instructeur du Monde ». Ces deux expressions sont la traduction des termes sanscrits *Mahâguru* et *Jagadguru*, qui servent simplement, en réalité, à désigner les chefs de certaines écoles brâhmaniques : ainsi, le *Jagaddguru* authentique est le chef de l'école vêdântine de Shankarâchârya. Disons en passant, à ce propos, et pour mettre en garde contre des confusions possibles, que le personnage auquel ce titre appartient légitimement à l'époque actuelle n'est pas celui qui se fait passer pour tel dans des publications où l'exposition du « Vêdânta » est notablement déformée à l'usage des Occidentaux (bien que la dénaturation y soit encore moins complète, il faut le reconnaître, que chez Vivekânanda et ses disciples) ; cette histoire a des dessous politiques assez curieux, mais qui nous entraîneraient trop loin de notre sujet. Quand les théosophistes parlent du *Mahâguru* dans leurs ouvrages, le personnage dont il s'agit n'est aucun de ceux auxquels cette qualité est reconnue dans l'Inde, mais il est identique au *Bodhisattwa*, dont ils ont fait, comme nous l'avons vu déjà, le « chef du département de l'Instruction religieuse » dans le « gouvernement occulte du monde ». D'après la conception bouddhique, un Bodhisattwa est en quelque sorte un Bouddha « en devenir » : un être qui est sur le point d'atteindre l'état de Bouddha ou la possession de la sagesse suprême, et qui se trouve présentement au degré immédiatement inférieur à celui-là. Les théosophistes admettent bien cette conception, mais ils y ajoutent maintes fantaisies qui leur appartiennent en propre : c'est ainsi que, pour eux, il y a deux fonctions qui sont en quelque sorte complémentaires, celle du Manou et celle du Bodhisattwa ; en outre, il y a un Manou et un Bodhisattwa qui sont spécialement préposés à chacune des sept « races-mères ». Quand un Bodhisattwa a terminé son rôle, il devient Bouddha et est remplacé par un autre « Adepte » ; le Manou, lorsque s'achève la période dans laquelle il devait exercer ses fonctions, passe de même à un rang supérieur, mais qui n'est pas précisé. Enfin, l'ère du Manou et celle du Bodhisattwa ne coïncident pas : « Un Manou commence toujours avec la première sous-race de la race-mère, tandis que le Bodhisattwa a toujours son œuvre à cheval sur deux grandes races »[302].

Ceci posé, nous pouvons revenir à la conception du « Christ historique », que les théosophistes ont soin de distinguer du « Christ mystique », c'est-à-dire du principe supérieur de l'homme, dont il a été question plus haut, et aussi du « Christ mythologique » ou « dieu solaire », car ils admettent les conclusions de la prétendue « science des religions » sur les « mythes » et leur interprétation astronomique. Mme Blavatsky faisait une distinction, qui ressemble à un jeu de mots, entre *Christos* et *Chrestos* : elle réservait le premier de ces deux termes au « Christ mystique », et elle regardait le second comme désignant un certain degré d'initiation dans les mystères antiques ; tout homme qui avait atteint ce degré était donc, non pas *Christos*, mais *Chrestos*, et tel put être le cas de Jésus de Nazareth, si toutefois l'on admet son existence historique, dont, pour sa part, elle doutait fortement. Voici, en effet, l'un des passages où elle s'explique le plus nettement à cet égard :

« Pour moi, Jésus-Christ, c'est-à-dire l'Homme-Dieu des Chrétiens, copie des Avatars de tous les pays, du Chrishna hindou[303] comme de

---

[302] *De l'an 25000 avant Jésus-Christ à nos jours*, pp. 60-61.
[303] C'est évidemment avec intention que Mme Blavatsky écrit *Chrishna* et non *Krishna* ; elle

l'Horus égyptien, n'a jamais été un personnage historique. C'est une personnification glorifiée du type déifié des grands Hiérophantes des Temples, et son histoire racontée dans le Nouveau Testament est une allégorie, contenant certainement de profondes vérités ésotériques, mais c'est une allégorie. » Cette « allégorie », bien entendu, n'est pas autre chose que le fameux « mythe solaire » ; mais poursuivons : « La légende dont je parle est fondée, ainsi que je l'ai démontré à diverses reprises dans mes écrits et dans mes notes, sur l'existence d'un personnage nommé Jehoshua (dont on a fait Jésus), né à Lud ou Lydda vers l'an 120 avant l'ère moderne. Et si l'on contredit ce fait, ce à quoi je ne m'oppose guère, il faudra en prendre son parti et regarder le héros du drame du Calvaire comme un mythe pur et simple »[304]. Pourtant, un peu plus tôt, Mme Blavatsky s'était exprimée d'une façon bien différente et beaucoup plus affirmative sur le « fait » dont il s'agit : « Jésus fut un *Chrestos*,… qu'il ait vécu réellement pendant l'ère chrétienne, ou un siècle auparavant, sous le règne d'Alexandre Jannès et de sa femme Salomé, à Lud, ainsi que l'indique le *Sepher Toldoth Jehoshua*. » La source qu'elle cite ici est un livre rabbinique composé avec un évident parti pris de polémique antichrétienne, et dont on s'accorde généralement à regarder la valeur historique comme tout à fait nulle ; cela n'empêche pas que, répondant à « quelques savants d'après lesquels cette assertion serait erronée », et parmi lesquels il faut ranger Renan lui-même, elle ajoutait en note : « Je dis que les savants mentent ou déraisonnent. C'est nos *Maîtres* qui l'affirment. Si l'histoire de Jehoshua ou Jésus Ben Pandira est fausse, alors tout le Talmud, tout le canon juif est faux. Ce fut le disciple de Jehoshua Ben Parachia, le cinquième président du Sanhédrin depuis Ezra qui *récrivit* la Bible. Compromis dans la révolte des Pharisiens contre Jannæus en 105 avant l'ère chrétienne, il s'enfuit en Égypte, emmenant le jeune Jésus avec lui. Bien plus vrai est ce récit que celui du Nouveau Testament dont l'histoire ne dit mot »[305]. Ainsi, voilà des

---

n'ose pourtant pas aller jusqu'à écrire *Christna*, comme le faisait Jacolliot.

[304] *Le Lotus*, avril 1888 (controverse avec l'abbé Roca).

[305] *Le Lotus*, décembre 1887.

faits dont ses « Maîtres » eux-mêmes, à l'en croire, lui avaient garanti la réalité, et, quelques mois plus tard, elle ne s'oppose plus à ce qu'on les traite de simple légende ; comment expliquer de semblables contradictions, sinon par ce « cas pathologique » que devait dénoncer ensuite le directeur de la revue même qui avait publié toutes ces élucubrations.

Tout autre est l'attitude de Mme Besant, car elle affirme au contraire l'existence historique de Jésus, tout en la reportant, elle aussi, un siècle environ avant l'ère chrétienne ; nous allons résumer le récit singulier qu'elle fait à ce sujet dans son *Christianisme Ésotérique*[306]. L'enfant juif dont le nom fut traduit par celui de Jésus naquit en Palestine l'an 105 avant notre ère ; ses parents l'instruisirent dans les lettres hébraïques ; à douze ans, il visita Jérusalem, puis fut confié à une communauté essénienne de la Judée méridionale, Disons tout de suite que l'histoire des relations de Jésus avec les Esséniens n'a pas été inventée de toutes pièces par les théosophistes, et que, avant eux, bien d'autres organisations occultes ont voulu en tirer parti ; c'est d'ailleurs une habitude assez courante, dans ces milieux, de se réclamer des Esséniens, que certains prétendent rattacher aux Bouddhistes, on ne sait trop pourquoi, et chez lesquels on a voulu trouver une des origines de la Maçonnerie. Il y a même eu en France, il y a une trentaine d'année, une secte spirite qui se disait « essénienne », et pour laquelle il y avait deux Messies, Jésus et Jeanne d'Arc ; on y attachait une grande importance à un manuscrit relatif à la mort de Jésus, soi-disant retrouvé à Alexandrie, et publié à Leipzig en 1849 par un certain Daniel Ramée ; une traduction anglaise de cet écrit, dont le but manifeste est de nier la résurrection, a paru récemment en Amérique sous les auspices de la « Grande École » ou « Ordre de lumière » dont nous avons parlé précédemment. Mais revenons au récit de Mme Besant : à dix-neuf ans, Jésus entra au monastère du mont Serbal, où se trouvait une bibliothèque occultiste considérable, dont beaucoup de livres « provenaient de l'Inde transhimâlayenne » ; il parcourut ensuite l'Égypte, où il devint « un initié

---

[306] Voir également l'ouvrage de Mead intitulé *Did Jesus live 100 B. C.* ?

de la Loge ésotérique de laquelle toutes les grandes religions reçoivent leur fondateur », c'est-à-dire de la « Grande Loge Blanche », qui, à cette époque, n'était pas encore centralisée au Thibet, bien qu'un autre écrivain, qu'on assure d'ailleurs n'être pas théosophiste, et à l'égard duquel les théosophistes témoignèrent même quelque méfiance, prétende avoir retrouvé des traces du séjour de Jésus dans cette dernière contrée, où il aurait été connu sous le nom d'Issa[307].

La suite demande encore quelques explications, car c'est ici que nous en arrivons à la façon dont se produit, d'après les théosophistes, la manifestation d'un « Grand Instructeur », ou même parfois celle d'un « Maître » de moindre importance : pour épargner à un être aussi « évolué » la peine de se préparer lui-même un « véhicule » en passant par toutes les phases du développement physique ordinaire, il faut qu'un « initié » ou un « disciple » lui prête son corps, lorsque, après y avoir été spécialement préparé par certaines épreuves, il s'est rendu digne de cet honneur. Ce sera donc, à partir de ce moment, le « Maître » qui, se servant de ce corps comme s'il était le sien propre, parlera par sa bouche pour enseigner la « religion de la sagesse » ; il y a là quelque chose d'assez analogue au phénomène que les spirites appellent « incarnation », mais avec cette différence qu'il s'agirait dans ce cas d'une « incarnation » permanente. Il faut ajouter que des « Maîtres » vivants pourraient, d'une façon semblable, se servir occasionnellement du corps d'un disciple, ce qu'ils auraient fait souvent avec Mme Blavatsky ; on dit encore que les « Maîtres » ne se réservent pas exclusivement le privilège de la réincarnation par substitution, et qu'ils en font parfois bénéficier leurs disciples les plus avancés : sur ce dernier point, nous avons rapporté plus haut les affirmations de Sinnett et de M. Leadbeater, d'après lesquelles Mme Blavatsky serait ainsi passée dans un autre corps aussitôt après sa mort. Mais le cas qui nous intéresse plus particulièrement ici est celui de la manifestation des « Maîtres » ; on semble admettre, sans toutefois

---

[307] *La Vie inconnue de Jésus-Christ*, par Nicolas Notovitch ; voir *Lotus Bleu*, 27 juillet 1894.

l'affirmer toujours d'une façon absolue, que Bouddha se servit du moyen que nous venons d'indiquer ; voici ce que dit là-dessus M. Leadbeater : « Il se peut que le corps d'enfant né du roi Souddhodana et de la reine Mâyâ n'ait pas, dans les premières années, été habité par le Seigneur Bouddha lui-même, qui, comme le Christ, aurait demandé à un de ses disciples de prendre soin de ce véhicule et n'y serait entré qu'au moment où ce corps se trouva affaibli par les longues austérités qu'il s'infligea pendant six années pour trouver la vérité. S'il en est ainsi, il n'est pas étonnant que le prince Siddhârtha n'ait pas conservé la mémoire de toutes les connaissances acquises antérieurement par le Seigneur Bouddha, puisqu'il n'était pas la même personne »[308]. Siddhârtha aurait donc été, de même que Jésus, le disciple choisi par le « Maître » pour préparer un corps adulte et le lui céder ensuite, « sacrifice que ses disciples seront toujours heureux de lui faire »[309] ; et ce qui n'est donné que comme une simple hypothèse dans le passage que nous venons de citer est présenté ailleurs par le même auteur comme un fait certain et d'un caractère très général : « L'idée d'emprunter un corps approprié est toujours adoptée par les Grands Êtres lorsqu'ils pensent qu'il est bon de descendre parmi les hommes dans les conditions actuelles. Le Seigneur Gautama agit ainsi lorsqu'il vint sur terre pour atteindre la dignité de Bouddha. Le Seigneur Maitreya fit de même lorsqu'il vint en Palestine il y a deux mille ans »[310]. En tout cas, en ce qui concerne la manifestation du Christ, dont il s'agit dans cette dernière phrase, les théosophistes actuels sont toujours très affirmatifs : Mme Besant dit que le « disciple » Jésus, parvenu à l'âge de vingt-neuf ans, était devenu « apte à servir de tabernacle et d'organe à un puissant Fils de Dieu, Seigneur de compassion et de sagesse » ; ce « Maitre » descendit donc en Jésus, et, pendant les trois années de sa vie publique, « c'est lui qui vivait et se mouvait dans la forme de l'homme Jésus, prêchant, guérissant les maladies, et groupant autour de lui quelques âmes plus avancées »[311]. Au bout de trois

---

[308] *L'Occultisme dam la Nature*, p. 322.
[309] *L'Occultisme dans la Nature*, p. 319.
[310] *Adyar Bulletin*, octobre 1913.
[311] *Esoteric Christianity*, p. 134 de l'édition anglaise.

ans, « le corps humain de Jésus porta la peine d'avoir abrité la présence glorieuse d'un Maître plus qu'humain »[312] ; mais les disciples qu'il avait formés restèrent sous son influence, et, pendant plus de cinquante ans, il continua à les visiter au moyen de son « corps spirituel » et à les initier aux mystères ésotériques. Par la suite, autour des récits de la vie historique de Jésus, se cristallisèrent les « mythes » qui caractérisent un « dieu solaire », et qui, après qu'on eut cessé de comprendre leur signification symbolique, donnèrent naissance aux dogmes du Christianisme ; ce dernier point est à peu près le seul, dans toute cette histoire, où l'on retrouve les idées de Mme Blavatsky.

Le « Seigneur de compassion », dont il vient d'être question, est le Bodhisattwa Maitreya ; ce nom et ce titre, rapportés à la conception du « Bouddha futur », existent bien dans le Bouddhisme authentique ; mais on peut trouver assez maladroit cet essai de fusion entre le Bouddhisme et le Christianisme, qui constitue le caractère spécial du messianisme des théosophistes. C'est encore là un exemple de la manière éminemment fantaisiste dont ceux-ci prétendent accorder les diverses traditions auxquelles ils font des emprunts ; nous en avons déjà trouvé un autre dans l'association du Manou et du Bodhisattwa. Signalons encore, au même point de vue, que, toujours d'après les théosophistes actuels, Maitreya, longtemps avant de se manifester comme le Christ, était apparu dans l'Inde sous la figure de Krishna ; seulement, il faut sans doute admettre que, à cette époque, il n'était pas encore Bodhisattwa, mais un « Adepte » d'un rang un peu inférieur (ce qu'est aujourd'hui Koot Hoomi, son successeur désigné), puisque Krishna est fort antérieur au moment où Gautama, le précédent Bodhisattwa, devint Bouddha. Pourtant, nous ne sommes pas bien sûr que certains théosophistes ne commettent pas un anachronisme à cet égard et ne croient pas Krishna postérieur à Bouddha ; en effet, M. Leadbeater, après avoir donné comme une règle générale l'emprunt fait par les « Grands Êtres » du corps d'un disciple, ajoute : « L'unique exception

---

[312] *Ibid.*, P. 136.

qui nous est connue est la suivante : lorsqu'un nouveau Bodhisattwa assume la fonction d'Instructeur du Monde après que son prédécesseur est devenu Bouddha, il naît comme un petit enfant ordinaire au moment de sa première apparition dans le monde en qualité d'Instructeur. Notre Seigneur, le présent Bodhisattwa, fit ainsi lorsqu'il naquit comme Shrî Krishna dans les plaines dorées de l'Inde pour être aimé et honoré avec une passion de dévotion qui n'a peut-être jamais été égalée nulle part ailleurs »[313]. Quoi qu'il en soit, c'est ce même Bodhisattwa Maitreya qui doit se manifester de nouveau de nos jours, dans des conditions analogues à celles que nous venons de décrire en ce qui concerne le Christ :

« Le Grand Chef du département de l'Instruction religieuse, dit M. Leadbeater, le Seigneur Maitreya, qui a déjà enseigné sous le nom de Krishna aux Hindous et sous celui de Christ aux Chrétiens, a déclaré que bientôt il reviendrait dans le monde pour apporter la guérison et l'aide aux nations, et pour revivifier la spiritualité que la terre a presque perdue. Une des grandes œuvres de la Société Théosophique est de faire son possible pour préparer les hommes à sa venue, de façon qu'un plus grand nombre d'entre eux puisse profiter de l'occasion unique qui leur est offerte par sa présence même parmi eux. La religion qu'il a fondée lorsqu'il vint en Judée, il y a deux mille ans, est maintenant répandue sur toute la terre, mais, lorsqu'il quitta son corps physique, les disciples réunis pour envisager la situation nouvelle n'étaient, dit-on, que cent vingt. Un seul précurseur annonça sa venue la dernière fois ; maintenant, c'est à une Société de vingt mille membres, répartis sur le monde entier, qu'est donnée cette tâche ! Espérons que les résultats seront meilleurs cette fois que la dernière et que nous pourrons garder le Seigneur parmi nous plus de trois ans, avant que la méchanceté humaine ne l'oblige à se retirer ; puissions-nous aussi réunir autour de lui un plus grand nombre de disciples que jadis ! »[314]. Tel est donc le but que l'on assigne aujourd'hui à la Société Théosophique, que

---

[313] *Adyar Bulletin*, octobre 1913.
[314] *L'Occultisme dans la Nature*, p. 382.

Mme Besant déclarait, il y a déjà près de vingt ans, « avoir été choisie comme la pierre angulaire des futures religions de l'humanité,... le chaînon pur et béni entre ceux d'en haut et ceux d'en bas »[315]. Maintenant, la réussite complète que l'on souhaite pour la nouvelle manifestation du Bodhisattwa doit-elle être interprétée en ce sens que, cette fois, il parviendra à l'état de Bouddha parfait ? D'après Sinnett, « le Bouddha Maitreya ne viendra qu'après la disparition complète de la cinquième race et quand l'établissement de la sixième race sur la terre datera de plusieurs centaines de mille ans »[316] ; mais Sinnett n'avait aucune connaissance des apparitions préalables de Maitreya comme Bodhisattwa, qui constituent une innovation dans le théosophisme. Du reste, quand on se rappelle combien a été réduit l'intervalle qui nous sépare du début de la cinquième race, il n'y aurait rien d'étonnant à ce que sa fin fût beaucoup plus proche qu'on ne l'avait dit tout d'abord ; en tout cas, on nous annonce pour bientôt la naissance du noyau de la sixième race, « sous la direction d'un Manou bien connu des théosophes », qui est le « Maître » Morya[317].

Le rôle que la Société Théosophique s'attribue ne se borne pas à annoncer la venue du « Grand Instructeur » ; il est aussi de trouver et de préparer, comme l'auraient fait jadis les Esséniens, le « disciple » de choix en qui s'incarnera, quand le moment sera arrivé, « Celui qui doit venir ». À vrai dire, l'accomplissement de cette mission n'a pas été sans quelques tâtonnements ; il y eut tout au moins une première tentative qui échoua piteusement, et qui remonte d'ailleurs à une époque où l'on n'était pas encore très exactement fixé sur la personnalité du futur « Porteur du flambeau de la Vérité », comme avait dit Mme Blavatsky. C'était à Londres, où une sorte de communauté de théosophistes existait alors dans le quartier de Saint-John's Wood ; on y élevait un jeune garçon, à l'air malingre et peu intelligent, mais dont les moindres paroles étaient écoutées avec respect et

---

[315] *Introduction à la Théosophie*, p. 12.
[316] *Le Bouddhisme Ésotérique*, p. 210.
[317] *L'Occultisme dans la Nature*, p. 261. – Voir le livre de Mme Besant intitulé : *Man whence, how and wither*.

admiration, car ce n'était rien moins, paraît-il, que « Pythagore réincarné ». Il est d'ailleurs probable qu'il ne s'agissait pas là d'une réincarnation proprement dite, mais plutôt d'une manifestation du genre de celles dont nous venons de parler, puisque les théosophistes admettent que Pythagore est déjà réincarné en Koot Hoomi, et que celui-ci n'avait pas cessé de vivre. Cependant, il y a d'autres cas où une semblable interprétation ne paraît même pas possible, et les théosophistes ne s'embarrassent guère des pires difficultés : ainsi, certains d'entre eux ayant appelé Mme Blavatsky « le Saint-Germain du XIXe siècle »[318], il y en eut d'autres qui, prenant les choses à la lettre, crurent qu'elle avait été effectivement une réincarnation du comte de SaintGermain, tandis que ce dernier, d'autre part, après avoir été regardé comme un simple envoyé de la « Grande Loge Blanche », se trouvait élevé au rang d'un « Maître » toujours vivant ; nous signalerons à ce propos qu'une biographie théosophiste de ce personnage, véritablement fort énigmatique d'ailleurs, a été écrite par Mme Isabel CooperOakley, qui fut un des premiers disciples de Mme Blavatsky[319]. Il y a en tout cela des mystères qu'il vaut sans doute mieux ne pas trop chercher à approfondir, car on s'apercevrait probablement que les idées des théosophistes, là comme ailleurs, sont extrêmement flottantes et indécises, et on se trouverait même en présence des affirmations les plus inconciliables ; en tout cas, au dire de Sinnett, Mme Blavatsky elle-même prétendait avoir été incarnée précédemment dans un membre de sa propre famille, une tante qui était morte jeune, et avoir été auparavant une femme hindoue ayant des connaissances considérables en occultisme ; il n'était pas question là-dedans du comte de Saint-Germain.

Mais revenons à Pythagore, ou plutôt au jeune garçon que l'on destinait à lui fournir un nouveau « véhicule » : au bout de quelque temps,

---

[318] *Lotus Bleu*, 27 mai et 27 septembre 1895.

[319] Il en est aussi, d'autre part, qui prétendent que le comte de Saint-Germain lui-même fut une réincarnation de Christian Rosenkreutz, le fondateur symbolique de la Rose-Croix (*The Rosicrucian Cosmo-Conception*, par Max Heindel, p. 433), et que ce dernier était déjà antérieurement un initié de haut grade, ayant vécu à l'époque du Christ.

le père de cet enfant, un capitaine en retraite de l'armée britannique, retira brusquement son fils des mains de M. Leadbeater, qui avait été spécialement chargé de son éducation[320]. Il dut même y avoir quelque menace de scandale, car M. Leadbeater fut, en 1906, exclu de la Société Théosophique, pour des motifs sur lesquels on garda prudemment le silence ; ce n'est que plus tard qu'on eut connaissance d'une lettre écrite alors par Mme Besant, et dans laquelle elle parlait de méthodes « dignes de la plus sévère réprobation »[321]. Réintégré cependant en 1908, après avoir « promis de ne pas répéter les conseils dangereux » donnés jadis par lui à des jeunes gens[322], et réconcilié avec Mme Besant dont il devint même le collaborateur constant à Adyar, M. Leadbeater devait jouer encore le principal rôle dans la seconde affaire, beaucoup plus connue, et qui allait aboutir à un dénouement presque similaire.

---

[320] Ces faits ont été rapportés dans un article signé J. Stonet, paru dans le *Sun* du 1er août 1913.

[321] *Theosophical Voice*, du Chicago, mai 1908.

[322] *Theosophist*, février 1908. – cette réintégration provoqua en Angleterre un certain nombre de démissions, notamment celles de MM. Sinnett et Mead (*The Hindu*, de Madras, 28 janvier 1911) ; le premier fut remplacé, comme vice-président de la société Théosophique, par Sir S. Subramanya Iyer, ancien premier juge de la Haute-Cour de Madras.

CHAPITRE XXI

LES TRIBULATIONS D'ALCYONE

Dans l'affaire dont nous allons parler maintenant, ce n'est plus Pythagore ou Koot Hoomi qu'il s'agissait de manifester, sans doute à titre de « précurseur », mais bien le Bodhisattwa Maitreya lui-même ; et le jeune homme qu'on élevait à cet effet n'était plus un Anglais, mais un Hindou, Krishnamurti, dont Mme Besant s'était instituée la tutrice, ainsi que de son frère Nityânanda, qui devait avoir aussi quelque mission accessoire à remplir ; on les désignait habituellement par les pseudonymes astronomiques d'*Alcyone* et de *Mizar*. Tous deux accompagnèrent Mme Besant dans le voyage qu'elle fit à Paris en 1911, et parurent à ses côtés à la conférence qu'elle donna à la Sorbonne, le 15 juin, sous la présidence de M. Liard, le vice-recteur d'alors (qui, il est bon de le noter, était protestant), et dont le sujet était « le message de Giordano Bruno au monde actuel »[323]. Pour comprendre ce titre, il faut savoir que Mme Besant prétend être la réincarnation de Giordano Bruno, de même qu'elle prétend avoir été précédemment la philosophe Hypathie, fille du mathématicien Théon d'Alexandrie ; autrefois, elle donnait à ce sujet une tout autre version, car elle a affirmé expressément, comme Mme Blavatsky, « qu'elle avait été hindoue dans sa vie antérieure »[324] ; de telles

---

[323] Tout dernièrement, le 26 juillet 1921, Mme Besant, venue à Paris pour présider le Congrès théosophique, a fait de nouveau une conférence dans le grand amphithéâtre de la Sorbonne ; le vice-recteur actuel, M. Appell, qui a dû donner cette fois l'autorisation nécessaire à cet effet, et qui figurait d'ailleurs au premier rang de l'assistance, n'est-il pas également protestant ? – Voir à ce sujet un article de M. Eugène Tavernier dans la *Libre Parole* du 25 juillet 1921.

[324] *The Two Worlds*, 20 avril 1894.

variations sont vraiment bien peu faites pour inspirer confiance, et c'est là encore une contradiction à ajouter à toutes celles que nous avons déjà eu l'occasion de relever jusqu'ici.

À l'époque où il vint à Paris pour la première fois (on devait l'y revoir en mai 1914), Alcyone était âgé de seize ans ; il avait déjà écrit, ou du moins on avait publié sous son nom, un petit livre intitulé *Aux pieds du Maître*, pour lequel les théosophistes témoignèrent la plus vive admiration, bien que ce ne fût guère qu'un recueil de préceptes moraux sans grande originalité[325]. M. Gaston Revel terminait un article consacré à ce livre par ces mots significatifs : « Demain, l'Annonciateur sera Dispensateur de nouveaux bienfaits ; puissent-ils être en grand nombre, puissent-ils être multitude, les cœurs qui suivront son Étoile ! »[326]. Auparavant, il avait paru un ouvrage des plus bizarres, ayant pour titre *Déchirures dans le voile du temps*, « par les principaux instructeurs théosophes : Mme Annie Besant, M. C. W. Leadbeater, en collaboration avec plusieurs autres personnes » ; c'était une sorte de roman, digne de l'histoire des anciennes races humaines, et provenant de la même source, où l'on racontait les trente incarnations successives d'Alcyone, les trente dernières du moins, car on assurait qu'il en avait eu bien d'autres avant celles-là[327]. En règle générale, on doit naturellement admettre que l'homme ne garde aucun souvenir de ses vies antérieures ; mais il paraît que les « principaux instructeurs théosophes » font exception grâce à leur « clairvoyance » qui leur permet de faire des investigations dans le passé ; nous venons de voir pourtant jusqu'à quel point on peut s'y fier. Une sorte d'adaptation française de cet ouvrage, ou plutôt de résumé accompagné de commentaires, fut publiée par M. Gaston Revel, en 1913, sous ce titre : *De l'an 25000 avant Jésus-*

---

[325] En 1913, il parut une autre brochure attribuée à Alcyone, intitulée *Le Service dans l'Éducation*.

[326] *Le Théosophe*, 16 juin 1911.

[327] Dans *Man : when, how and wither*, qui parut en 1913, il est donné des indications sur des incarnations plus anciennes, et même sur les existences « préhumaines » d'Alcyone et des chefs de la Société Théosophique au cours de la « chaîne lunaire » !

Christ à nos jours. Ce qu'il faut y noter, c'est le soin avec lequel les épisodes racontés ont été choisis de façon à fournir l'occasion de rappeler les divers enseignements théosophistes ; ce sont aussi les prédictions qu'on y a glissées plus ou moins habilement, à des dates diverses, au sujet du rôle futur d'Alcyone ; c'est enfin la façon dont se retrouvent, d'une existence à l'autre, les mêmes personnages, parmi lesquels les chefs de la Société Théosophique : « Cent cinquante environ des membres actuels de la Société, dit M. Leadbeater (qui y figure sous le nom de *Sirius*), se trouvent parmi les personnages principaux du drame qui se déroule au cours de ces vies (*Hercule* est Mme Besant, *Vajra* Mme Blavatsky, *Ulysse* Olcott, et ainsi de suite). Il est profondément intéressant de remarquer comment ceux qui, dans le passé, ont été souvent unis par les liens du sang, se trouvent, bien que nés cette fois dans des pays éloignés, rapprochés de nouveau par l'intérêt commun qu'ils ressentent pour les études théosophiques et unis dans un même amour pour les Maîtres plus étroitement que par parenté terrestre »[328]. On a bâti là-dessus toute une théorie du « rassemblement des Egos », en corrélation avec certaines époques que l'on regarde comme particulièrement importantes dans l'histoire des races humaines ; et on en profite pour déclarer que « la réelle fondation de la Société Théosophique remonterait à l'an 22662 avant Jésus-Christ »[329], assertion qu'il convient de rapprocher de ces fantastiques généalogies des sociétés secrètes auxquelles nous avons fait allusion précédemment[330]. Quant au héros de cette histoire, voici les précisions que l'on donne sur l'« initiation » à laquelle il serait parvenu récemment, après s'y être préparé peu à peu au cours de ses précédentes existences : « Alcyone est prêt désormais à accomplir de nouveaux devoirs, comme disciple direct de ceux des « Maîtres » qu'il a si bien servis dans le passé. C'est ainsi que, dans son incarnation actuelle, il retrouve en notre vénérée Présidente et en M. C. W. Leadbeater, les amis

---

[328] *L'Occultisme dans la Nature*, p. 158.
[329] *De l'an 25000 avant Jésus-Christ à nos jours*, p. 296.
[330] La H. B. of L. ne fixait son origine qu'à « 4320 ans avant l'année 1881 de l'ère actuelle » ; c'était relativement modeste, et encore faut-il dire que ces dates se référaient au symbolisme des « nombres cycliques ».

et parents d'autrefois. Peu après, il est admis sur le Sentier de probation, et cinq mois s'étaient à peine écoulés qu'il devenait disciple accepté. Peu de jours après, il devenait le « fils du Maître » et passait le premier Portail de la première grande Initiation, ce qui l'admet au nombre des membres de la Grande Loge Blanche qui gouverne l'humanité. Tous ceux qui l'ont autrefois connu, aimé, servi, sont aujourd'hui autour de lui, comme membres de la Société Théosophique »[331]. « Alcyone et ceux qui l'entourent appartiennent au cœur du monde ; de plus, ils sont les promesses de l'avenir ; à eux tous, ils constituent un groupe spécial, dit *groupe des Serviteurs*. Ce sont ceux qui secondent dans leur œuvre les grands Instructeurs de l'humanité »[332]. L'expression « appartenir au cœur du monde » signifie qu'ils sont les disciples directs du Bodhisattwa, tandis que les fondateurs de la Société Théosophique, en raison des liens qui étaient censés les rattacher personnellement au « Mahâtmâ » Morya, devaient appartenir au groupe du Manou ou au « cerveau du monde » ; peut-être veut-on suggérer par cette distinction un moyen d'expliquer et d'excuser certaines divergences.

Cependant, quelques protestations s'élevaient déjà de divers côtés, et, dans l'Inde surtout, certains bruits fâcheux commençaient à courir ; à ce propos, nous pensons qu'il est nécessaire de démentir de la façon la plus formelle la légende inepte d'après laquelle, dans l'Inde précisément des foules entières se seraient prosternées devant Krishnamurti. Assurément, on s'explique sans peine que cette légende ait été propagée par les théosophistes, afin de réhausser le prestige de leur futur Messie ; mais ce que nous comprenons beaucoup moins, c'est que quelques-uns de leurs adversaires aient jugé bon de se faire l'écho de semblables énormités ; on ne peut employer un autre mot quand on sait comment le théosophisme est apprécié par les Hindous[333]. Dès le début de 1911, le Dr M. C. Nanjunda

---

[331] *Ibid.*, pp. 288-289.

[332] *Ibid.*, pp. 295-296.

[333] Autre légende : des gens qui ne connaissent pas le costume hindou se sont imaginé que la façon dont Alcyone était habillé était destinée à rappeler le type traditionnel du Christ ; cette

Rao, professeur à l'École de médecine de Madras, que les théosophistes accusèrent par la suite d'avoir inspiré toute la campagne menée contre eux, écrivait dans l'*Arya-Bâla Samâj Magazine*, de Mysore : « Les agissements actuels des théosophistes constituent une sévère condamnation des méthodes adoptées pour glorifier ce jeune Krishnamurti (Alcyone) comme un second Christ qui vient sauver l'humanité affligée. » Disons, pour ceux que pourraient tromper certaines similitudes de titres, que l'*Arya-Bâla Samâj*, dont l'organe publia ces lignes, ne doit pas être confondu avec l'*Arya Samâj*, dont il a été question plus haut, non plus qu'avec une autre organisation appelée *Arya-Bâla Bodhinî*, qui ne fut qu'une des nombreuses créations de la Société Théosophique[334]. Cette *Arya-Bâla Bodhinî* est ou était (car nous ne savons si elle existe encore, et, en tout cas, elle ne dut jamais avoir un bien grand succès), une « Association de jeunes gens hindous », un peu trop analogue, par certains côtés, aux « Y. M. C. A. » ou « Associations chrétiennes de jeunes gens » que le Protestantisme anglo-américain s'efforce de répandre en tous pays, et où son esprit de prosélytisme se dissimule sous le masque d'une apparente neutralité.

D'autre part, en 1911 également, le Dr J. M. Nair avait déjà publié dans un organe médical, l'*Antiseptic*, un article extrêmement mordant contre le théosophisme, et il n'avait pas hésité à y accuser nettement M. Leadbeater d'immoralité ; cet article, intitulé *Psychopathia sexualis chez un Mahâtmâ*, fut réimprimé en brochure, puis reproduit par le grand journal quotidien *Hindu*. À la suite de ces attaques, et après un certain temps de réflexion, trois procès furent engagés, en décembre 1912, contre le Dr Nair, le Dr Râma Rao et l'éditeur du *Hindu* ; tous les trois furent perdus par la Société et sa présidente, qui prétendaient qu'on avait tort de les rendre responsables des théories de Leadbeater, attendu que cellesci n'avaient jamais eu qu'un caractère purement privé et personnel. En se préparant ainsi à désavouer de nouveau Leadbeater, devenu trop compromettant, Mme Besant oubliait

---

histoire est certainement beaucoup moins invraisemblable que l'autre, mais, en fait, elle n'est pas vraie non plus.

[334] *Lotus Bleu*, 27 avril 1895.

qu'elle avait écrit : « Une nuit que j'allais à la demeure du Maître, Mme Blavatsky m'a fait savoir que la défense de Leadbeater doit être entreprise contre les exagérations dont on l'accuse »[335], et que, quelque temps après, elle avait même dit : « Je dois rester ou tomber avec lui » ; c'est ce que ses adversaires surent lui rappeler fort à propos, et, si Mme Besant y perdit ses procès, Leadbeater y gagna sans doute de n'être pas exclu une seconde fois de la Société. Mais le scandale fut grand, malgré les efforts parfois maladroits des amis dévoués de la présidente : c'est alors que M. Arundale, principal du « Central Hindu College » de Bénarès, écrivit la lettre confidentielle, d'un servilisme idolâtrique à l'égard de Mme Besant, dont nous avons parlé ailleurs ; cette lettre ayant été révélée par le *Leader* d'Allahabad, un certain nombre de professeurs du collège, qui faisaient auprès de leurs élèves une propagande théosophiste trop ardente, furent contraints, ainsi que le principal lui-même, de donner leur démission. Un journal hindou, le *Behari*, résuma fort bien l'impression générale en ces termes :

« Si un mouvement doit être jugé par ses coryphées et si Leadbeater est un coryphée du théosophisme, alors le théosophisme, pour les profanes, n'est qu'une énigme tenant le milieu entre des indécences scabreuses et des prétentions audacieuses, entre un enseignement repoussant et une incroyable présomption. »

Tout cela finit par émouvoir le père de Krishnamurti et Nityânanda, M. G. Narayaniah (ou Narayan Iyer), qui était cependant un théosophiste convaincu, appartenant à la Société depuis 1882, et qui remplissait depuis 1908, sans rémunération, les fonctions de secrétaire correspondant adjoint de la « section ésotérique » à Adyar (son nom théosophique était *Antarès*) ; il voulut révoquer la délégation de ses droits de tutelle qu'il avait consentie le 6 mars 1910, et demanda à la Haute-Cour de Madras que ses fils lui fussent rendus. Après un procès dont le *Times* reproduisit tous les détails,

---

[335] *The Link*, organe théosophiste.

le juge Bakewell ordonna, le 18 avril 1913, que les jeune gens fussent restitués à leurs parents avant le 26 mai, en déclarant que le père était toujours le tuteur naturel de ses enfants ; dans les considérants de ce jugement, nous lisons textuellement ceci : « M. Leadbeater convint dans sa déposition qu'il a eu et qu'il continue d'avoir des opinions que je n'ai pas à spécifier autrement que comme étant sans contredit immorales et de nature à le disqualifier en tant qu'éducateur de jeunes garçons, et qui, ajoutées à son prétendu pouvoir de percevoir l'approche de pensées impures, font de lui un compagnon très dangereux pour des enfants. Il est vrai qu'aussi bien lui que la défenderesse ont déclaré qu'il a promis de ne pas exprimer et de ne pas mettre en pratique ces opinions, mais un père ne devrait pas être tenu de se fier à une promesse de ce genre »[336].

Mme Besant fit aussitôt appel de ce jugement, et, cet appel ayant été rejeté à Madras le 29 octobre 1913, elle prit le parti de s'adresser aux tribunaux d'Angleterre : ses deux pupilles étaient alors à Oxford pour y achever leur éducation (singulière préparation pour une mission messianique !)[337], et, dûment stylés par leur entourage (M. Arundale s'était fait leur précepteur particulier), ils déclarèrent qu'ils refusaient de retourner dans l'Inde[338]. Cette fois, l'appel de Mme Besant fut admis à Londres, le 5 mai 1914, par le comité judiciaire du Conseil privé[339], et les choses restèrent en l'état ; naturellement, les théosophistes célébrèrent comme un triomphe cette décision, à laquelle on peut croire que certaines influences politiques n'avaient pas été étrangères (nous verrons ailleurs

---

[336] Les théosophistes ne pourront pas contester l'exactitude de ce texte, car nous le prenons dans une brochure intitulée *Le Procès de Madras* (p. 64), « publication réservée aux membres de la Société Théosophique », à qui, dans sa préface datée du 15 septembre 1913 (p. 3), M. Charles Blech recommande formellement « de ne pas répandre ces documents au dehors, de ne pas mentionner même cette brochure en dehors du cercle restreint de nos membres ».

[337] Ce qui est le plus amusant, c'est que Mme Besant avait déclaré expressément, devant la Haute-Cour de Madras, qu'elle avait envoyé Krishnamurti « suivre une Université anglaise de manière à le préparer à devenir uu instructeur spirituel » (*Le Procès de Madras*, p. 28).

[338] *Times*, 28 janvier 1914.

[339] *Daily Mail*, 6 mai 1914.

qu'on avait déjà essayé de les faire jouer à Madras), et un de leurs organes français écrivit à ce sujet : « Mme Annie Besant vient de gagner le procès qui avait été intenté contre elle. C'est là une bonne nouvelle qui ne nous surprend pas, car nous l'attendions. Notre mouvement ne s'en imposera dès à présent qu'avec une force plus irrésistible encore »[340]. Pourtant, depuis cette époque, il fut beaucoup moins question d'Alcyone, et il semble même qu'on n'en parle plus du tout aujourd'hui ; tous ces incidents étaient sans doute par trop défavorables à l'accomplissement de la mission qu'on lui destinait, et d'ailleurs on avait eu la prudence de ne le présenter tout d'abord que comme un « annonciateur », tout en faisant entrevoir assez clairement le rôle plus important qui devait lui être dévolu par la suite : de cette façon, on se réservait assez adroitement une autre issue pour le cas où les évènements viendraient à mal tourner.

Cependant, on avait été moins prudent au cours du procès de Madras, et « certaines déclarations faites sous la foi du serment, pendant les débats de ce procès, sont sans nul doute les plus extraordinaires qui aient jamais été faites en plein prétoire : ainsi, par exemple, Mme Besant déclara sous la foi du serment qu'elle s'était trouvée dans la présence du Chef Suprême de l'Évolution de la terre (le *Logos* planétaire) ; qu'elle a été consciemment présente à l'« Initiation » de Krishnamurti à un certain endroit dans le Thibet ; qu'elle a toutes les raisons de croire que le Christ, ou le Seigneur Maitreya, ainsi qu'on Le nomme en Orient, se servira, d'ici quelques années, pour Son travail parmi les hommes, du corps du disciple Krishnamurti, de même qu'il y a deux mille ans Il se servit du corps du disciple Jésus ; et qu'à une certaine réunion à Bénarès le Christ avait paru et, pendant quelques minutes, avait « adombré » Son « Élu ».

M. Leadbeater fit, sous la foi du serment, des déclarations analogues et d'autres encore, disant qu'il avait fait des recherches sur Mars et sur Mercure, qu'il pouvait voir les pensées des hommes, et qu'il avait été

---

[340] *Le Théosophe*, 16 mai 1914.

chargé, il y a bien des années, par certains Êtres Surhumains, de chercher des jeunes gens adaptés au travail spirituel dans l'avenir. Plusieurs déclarations dans ces deux dépositions laissaient aussi entendre que Mme Besant et M. Leadbeater se trouveraient en communication constante avec les « Chefs intérieurs » de la Société Théosophique, généralement appelés les Maîtres »[341]. On croit rêver en lisant toutes ces choses, et l'on comprend qu'un journal hindou, le Poona Mail, ait écrit que Mme Besant, qui aurait été jusqu'à dire à M. Narayaniah que Leadbeater était « un Arhat sur les confins de la divinité », s'était « rendue coupable de blasphème » par les affirmations extravagantes qu'elle avait osé faire ainsi sous serment.

Ces histoires plus ou moins scandaleuses ne furent pas sans susciter des troubles au sein même de la Société Théosophique : la scission la plus retentissante fut celle du « Rosicrucien » Rudolf Steiner, qui entraîna la plupart des groupements d'Allemagne, de Suisse et d'Italie, plus un certain nombre d'autres répandus un peu partout, et qui forma avec ces éléments une nouvelle organisation indépendante, à laquelle il donna le nom de « Société Anthroposophique ». À la suite de cette scission, accomplie officiellement le 14 janvier 1913, Mme Besant reconstitua une nouvelle section allemande fort amoindrie, comprenant les quelques branches restées fidèles à la direction d'Adyar, et, le 7 mars suivant, elle désigna comme secrétaire général de cette section, en remplacement de Steiner, le Dr Hübbe Schleiden, directeur de la revue *Sphinx* ; celui-ci était mêlé depuis fort longtemps au mouvement théosophiste, et, dès 1884, il avait été favorisé de communications « précipitées » des « Mahâtmâs », dont la première lui était parvenue dans un train où il se trouvait en compagnie d'Olcott[342]. En dehors du schisme de Steiner, dont nous allons parler plus longuement, il y en eut quelques autres moins importants : c'est ainsi que, le 30 octobre 1913, le groupe espagnol « Marc-Aurèle », de Pontevedra, se constitua en centre autonome, en déclarant « n'être plus en communion

---

[341] *The Madras Standard*, 24 avril 1913 (article signé C. I. Peacock, écrit pour la défense de M. Leadbeater).

[342] *Le Monde Occulte*, pp. 332-335.

d'idées et de doctrines avec la présidente actuelle, s'en tenir aux enseignements de Mme Blavatsky, et désapprouver formellement la tendance nouvelle imprimée à la Société »[343]. Enfin, certains théosophistes américains firent entendre des protestations indignées et créèrent une « Ligue de Réforme théosophique », qui compta parmi ses principaux membres le Dr Buck, dont il a été question plus haut ; dans le manifeste de cette ligue, qui eut pour organe la revue *Divine Life*, de Chicago, et qui publia en outre une série de brochures fort édifiantes sur les procès de Madras, nous relevons les passages suivants : « On se propose d'organiser aux États-Unis un corps de théosophistes destiné à amener une réforme des conditions où se trouve actuellement la Société Théosophique, dont la présidente, Mme Annie Besant, associée à M. Charles W. Leadbeater, a, pendant toute la durée de ses fonctions, causé la plus déplorable démoralisation du but et de l'idéal de cette Société... Contrairement aux principes les plus fondamentaux de la Théosophie[344], un nouveau culte personnel est exploité par la présidente de la Société, et une religion particulière se développe sous son patronage. La conduite de Mme Besant à cet égard constitue une malfaisance caractérisée, et sa collaboration continue avec M. Leadbeater est de nature à jeter le discrédit sur la Société. »

---

[343] *El Liberal*, de Madrid, 18 novembre 1913.
[344] Allusion à l'article des règlements que nous avons reproduit d'autre part, et qui interdit aux agents de la Société de prêcher comme tels une croyance religieuse particulière.

CHAPITRE XXII

L'ANTHROPOSOPHIE DE RUDOLF STEINER

Les théosophistes n'ont vraiment pas eu à se louer de leurs rapports avec les soi-disant Rosicruciens allemands : nous avons parlé précédemment des démêlés de Mme Blavatsky avec le Dr Franz Hartmann ; nous venons de voir comment, au début de 1913 et à propos de l'affaire Alcyone, Rudolf Steiner, secrétaire général de la section allemande de la Société Théosophique, se sépara entièrement de Mme Besant[345]. Pour se venger, celle-ci, prenant prétexte de ce que Steiner (né en 1861 à Kraljevic, en Hongrie) appartient à une famille catholique (et non juive comme certains l'ont prétendu), l'accusa d'être un Jésuite[346] ; si cela était vrai, il faudrait reconnaître qu'elle avait mis quelque temps à s'en apercevoir, car Steiner faisait partie de sa Société depuis une quinzaine d'années, et que sa « clairvoyance » ne lui avait guère servi en la circonstance. Cette accusation toute gratuite de « jésuitisme » est presque aussi courante que celle de « magie noire » dans les milieux « néospiritualistes », et elle ne mérite certes pas qu'on s'y arrête ; il y a des occultistes pour qui la crainte des Jésuites ou de leurs émissaires plus ou moins déguisés est devenue une véritable obsession. D'autre part, certains auteurs, et parmi eux Mme Blavatsky (qui avait peut-être emprunté cette idée à l'écrivain maçonnique J.-M. Hagon), n'ont pas hésité à attribuer aux Jésuites la fondation du grade de Rose-Croix dans la Maçonnerie écossaise ;

---

[345] Voir au sujet de ce conflit, *Mme Annie Besant et la Crise de la Société Théosophique*, par Eugène Lévy.

[346] *Theosophist*, janvier 1913.

d'autres prétendent que les Jésuites s'introduisirent au XVIIIe siècle dans diverses organisations rosicruciennes et les détournèrent de leur but primitif ; d'autres encore, allant plus loin, veulent identifier les Rose-Croix du XVIIe siècle eux-mêmes avec les Jésuites : autant de fantaisies pseudo-historiques qui ne résistent pas au moindre examen, et que nous ne mentionnons que pour montrer que, sous ce rapport, Mme Besant n'a rien inventé ; voyant se dresser devant elle un adversaire qui était d'origine catholique et se recommandait d'une école rosicrucienne (d'ailleurs imprécise et peut-être inexistante), elle ne pouvait manquer de le dénoncer comme un Jésuite[347]. Quelques-uns ont cru que cette querelle entre Steiner et Mme Besant n'avait été qu'une simple comédie[348] ; bien qu'il faille toujours se méfier des apparences, nous ne pensons pas qu'il en soit ainsi, et, à notre avis, il y eut là au contraire une scission véritable, qui, outre l'affaire qui en fut l'occasion avouée, et sans parler de la question de rivalité personnelle, peut bien avoir eu aussi quelques motifs politiques ; sans doute, de part et d'autre, on s'est toujours défendu de faire de la politique, mais nous verrons plus loin que la Société Théosophique n'en a pas moins servi fidèlement les intérêts de l'impérialisme britannique, dont ses adhérents allemands étaient sans doute fort peu disposés à faire le jeu, étant allemands avant d'être théosophistes.

Nous avons dit que Steiner donna à sa nouvelle organisation le nom de « Société Anthroposophique », avec une intention manifeste de concurrence à l'égard de la Société Théosophique, aussi bien que pour caractériser sa conception propre, qui fait en effet de l'homme le centre de ce qu'il appelle la « science spirituelle ». Il faut ajouter, du reste, que le mot d'« anthroposophie » n'est pas, comme on pourrait le croire, un néologisme imaginé par Steiner, car un ouvrage du Rosicrucien Eugenius Philalethes ou Thomas Vaughan, qui date de 1650, a pour titre

---

[347] Ajoutons à ce propos que Steiner n'a jamais été prêtre, comme l'a écrit par erreur le P. Giovanni Busnelli (*Gregorianum*, janvier 1920).
[348] Le *Dr Rudolf Steiner et la Théosophie actuelle*, par Robert Kuentz (articles publiés dans le *Feu*, octobre, novembre et décembre 1913, et réunis ensuite en une brochure).

Anthroposophia Magica. La Société Anthroposophique a pris pour devise : « La Sagesse n'est que dans la Vérité », par imitation de celle de la Société Théosophique : « Il n'y a pas de religion plus haute que la Vérité » ; cette dernière n'est d'ailleurs qu'une traduction fort défectueuse de la devise des Mahârâdjas de Bénarès[349]. Voici les principes sur lesquels la nouvelle organisation déclare se fonder, d'après une brochure de propagande qui fut publiée à l'époque même de sa création : « Pour se former une vie satisfaisante et saine, la nature humaine a besoin de connaître et de cultiver sa propre essence suprasensible et l'essence suprasensible du monde extérieur à l'homme. Les investigations naturelles de la science moderne ne peuvent pas conduire à un tel but, bien qu'appelées à rendre d'inestimables services dans les limites de leur tâche et de leur domaine. La Société Anthroposophique va poursuivre ce but par l'encouragement des recherches sérieuses et vraies dirigées vers le suprasensible, et par l'entretien de l'influence que ces recherches exercent sur la conduite de la vie humaine. Une investigation vraie de l'esprit, et l'état d'âme qui en résulte, doivent donner à la Société Anthroposophique son caractère, dont l'expression peut se résumer dans les principes directeurs suivants : 1° Une collaboration fraternelle peut s'établir au sein de la Société entre tous les hommes acceptant comme base de cette collaboration affectueuse un fonds spirituel commun à toutes les âmes, quelle que soit la diversité de leur foi, de leur nationalité, de leur rang, de leur sexe, etc. 2° L'investigation des réalités suprasensibles cachées derrière toutes les perceptions de nos sens s'unira au souci de propager une science spirituelle véritable. 3° Le troisième objet de ces études sera la pénétration du noyau de vérité que renferment les multiples conceptions de la vie et de l'univers chez les

---

[349] *Salyât nâsti paro dharma*. – Le mot sanscrit *dharma* a plusieurs significations, mais il n'a jamais eu proprement celle de « religion » ; bien qu'on puisse souvent le rendre approximativement par « loi », il est de ceux qu'il est à peu près impossible de traduire d'une façon exacte dans les langues européennes, parce que la notion qu'il exprime n'a véritablement aucun équivalent dans la pensée occidentale ; et d'ailleurs, si étonnant que cela puisse sembler à certains, ce cas est très loin d'être exceptionnel.

différents peuples à travers les âges »³⁵⁰. On retrouve là des tendances qui sont tout à fait analogues à celles de la Société Théosophique : d'une part, l'idée de « fraternité universelle » et le « moralisme » qui s'y rattache plus ou moins étroitement, car « la Société Anthroposophique s'orientera vers un idéal de coopération humaine... et n'atteindra son but spirituel que si ses membres se consacrent à un idéal de vie qui peut servir d'idéal universel à la conduite de la vie humaine »³⁵¹ ; d'autre part, l'annonce d'« une méthode d'investigation spirituelle qui sait pénétrer dans les mondes suprasensibles »³⁵², et qui consiste évidemment dans un développement de la « clairvoyance » ou de quelque autre faculté similaire, quelque soit le nom sous lequel on la désignera³⁵³.

Naturellement, la Société Anthroposophique se défend de vouloir constituer une religion, et même de se rattacher à n'importe quelle croyance particulière : « Rien ne doit rester plus étranger aux efforts de la Société qu'une activité favorable ou hostile à une orientation religieuse quelle qu'elles soit, car son but est l'investigation spirituelle, et non pas la propagation d'une foi quelconque ; aussi toute propagande religieuse sort-elle de ses attributions »³⁵⁴. Assurément, cela n'est que logique de la part de gens qui ont précisément reproché à Mme Besant d'avoir forfait aux principes théosophiques en se livrant à une « propagande religieuse » ; mais ce qu'il faut tout particulièrement noter à cet égard, c'est qu'on aurait le plus grand tort de croire que les doctrines du Dr Steiner se présentent avec un caractère spécifiquement chrétien : « L'investigateur spirituel qui contemple les plus nobles créations du génie humain au cours de son développement, ou qui approfondit les conceptions philosophiques ou les

---

³⁵⁰ *Esquisse des principes d'une Société Anthroposophique*, pp. 1-2.

³⁵¹ *Ibid.*, p. 3. – On remarquera aussi l'inspiration nettement kantienne de cette dernière formule.

³⁵² *Ibid.*, p. 4.

³⁵³ Précisons pourtant qu'il ne s'agit ici ni de spiritisme ni de médiumnité, car quelques-uns, comme M. Kuentz, ont fait cette confusion entre des choses qui sont réellement fort distinctes.

³⁵⁴ *Esquisse des principes d'une Société Anthroposophique*, p. 3.

dogmes de tous les peuples et de tous les temps, ne s'attachera pas à la valeur même de ces dogmes ou de ces idées ; il les considérera comme une expression de l'effort humain, tendu vers la solution des grands problèmes spirituels intéressant l'humanité. Ainsi une désignation empruntée à une confession particulière ne saurait-elle énoncer le caractère fondamental de la Société. » Ainsi, les religions sont mises ici sur le même rang que les simples conceptions philosophiques et traitées comme des faits purement humains, ce qui est bien un point de vue « anthroposophique », ou même « anthropologique » ; mais poursuivons : « Si, par exemple, l'impulsion imprimée à l'évolution humaine par la personnalité du Christ est étudiée au cours des investigations de la science spirituelle, cette étude ne procédera pas des données d'une confession religieuse. Le résultat obtenu pourra être accueilli par le croyant d'une confession quelconque, au même titre qu'un fidèle de la religion hindoue ou du Bouddhisme se familiariserait avec l'astronomie de Copernic, qui ne fait pas davantage partie de ses documents religieux. Cette impulsion attribuée au Christ est le résultat exclusif d'investigations (*sic*) ; elle est présentée de façon à pouvoir être admise par les croyants de toute religion, et non pas seulement par les fidèles chrétiens à l'exclusion des autres »[355]. La comparaison avec l'astronomie de Copernic est vraiment une trouvaille admirable ; sans doute, il ne s'agit là que d'une exposition toute extérieure, où il n'est aucunement fait mention du Rosicrucianisme, et où, par une discrétion plutôt excessive, le nom de Steiner ne figure même pas, puisqu'on y dit seulement que la Société Anthroposophique a à sa tête un « Comité fondateur » composé du Dr Kark Unger, de Mlle Marie Von Sivers et de M. Michel Bauer, et ayant son siège provisoire à Berlin. Pour connaître un peu le fond de la pensée de Steiner, c'est plutôt à ses ouvrages qu'il faut s'adresser, et l'on voit alors que, si sa doctrine peut, sous un certain aspect, être regardée comme une sorte de « Christianisme ésotérique », c'est encore dans un sens qui ne diffère pas très sensiblement de ce que l'on rencontre sous ce nom chez les autres théosophistes ; en voici un exemple : « Le disciple, par la force de

---

[355] *Esquisse des principes d'une Société Anthroposophique*, pp. 4-5.

son initiation, se trouve initié au mystère auguste qui est uni au nom du Christ. Le Christ se montre à lui comme le grand idéal terrestre. Lorsque l'*intuition* a ainsi reconnu le Christ dans le monde spirituel, le disciple comprend le fait historique qui s'est passé sur la terre au cours de la période gréco-latine, et comment le *Grand Être Solaire que nous appelons le Christ* est alors intervenu dans l'évolution. C'est pour le disciple une *expérience personnelle* que la connaissance de ce fait »[356]. Ici, il n'est pas question du « Bohdisattwa », car la façade simili-orientale du théosophisme a disparu ; mais le « Grand Être Solaire » dont il s'agit est vraisemblablement identique au *Logos* de notre système, tel que Mme Blavatsky le conçut d'après ce qu'elle crut comprendre du néo-platonisme, et tel que le conçoivent encore ses successeurs[357], qui en font le chef suprême des sept *Logoï* planétaires, et, par eux, de « la hiérarchie des puissants Adeptes qui s'élève jusqu'à la Divinité elle-même »[358] en vertu de ce rattachement. Steiner diffère donc de Mme Besant en ce qu'il voit dans le Christ la manifestation d'un principe plus élevé, à moins que ce ne soit simplement une manifestation plus directe du même principe, par la suppression d'un certain nombre d'entités intermédiaires (deux exactement), car il y a toujours moyen de concilier de pareilles divergences quand on veut bien y apporter un peu de bonne volonté de part et d'autre, et d'ailleurs elles n'ont jamais été mises en avant pour motiver la rupture.

À propos de l'ouvrage de Steiner auquel nous avons emprunté la citation précédente, il convient de faire une remarque assez curieuse : ce livre, intitulé *La Science Occulte*, fut publié à Leizpig en 1910 ; or, l'année précédente, il avait paru à Seattle (Washington) un autre ouvrage ayant pour titre *The Rosicrucian Cosmo-Conception*, par Max Heindel, dans lequel étaient exposées des théories tout à fait semblables dans leur ensemble. On pourrait donc, au premier abord, penser que Steiner, qui ne donne aucune explication de l'identité de ses affirmations avec celles de

---

[356] *La Science Occulte*, p. 338 de la traduction française.
[357] Voir notamment *Le Credo Chrétien*, par C. W. Leadbeater.
[358] *L'Occultisme dans la Nature*, p. 202.

Heindel, a fait des emprunts à celui-ci ; mais, d'autre part, comme Heindel a dédié un livre à Steiner lui-même, il est permis de supposer qu'il a au contraire tiré ses idées des enseignements de ce dernier avant qu'ils n'aient été rendus public, à moins pourtant que tous deux n'aient simplement puisé à une source commune. En tout cas, la différence la plus appréciable qu'il y ait entre eux (toute question de forme mise à part), c'est que Heindel n'hésite pas à attribuer nettement ses conceptions à la tradition rosicrucienne, tandis que Steiner se contente le plus souvent de parler au nom de « la science occulte », d'une façon extrêmement générale et vague, ce qui, du reste, est peut-être plus prudent. En effet, il n'est pas bien difficile de s'apercevoir que la plus grande partie des enseignements de Heindel, aussi bien que de ceux de Steiner, est tirée directement de la *Doctrine Secrète*, avec quelques modifications qui ne portent guère que sur les détails, mais en écartant avec soin tous les termes d'apparence orientale ; aussi ces conceptions n'ont-elles que fort peu de rapports avec le Rosicrucianisme authentique, et même ce qui y est présenté plus spécialement comme « terminologie rosicrucienne », ce sont presque toujours des expressions inventées par Mme Blavatsky. À un autre point de vue aussi, il y a, dans la réserve que garde Steiner, la preuve d'une certaine habileté, car on a toujours dit que les vrais Rose-Croix ne se proclamaient jamais tels, mais tenaient au contraire cette qualité cachée ; c'est sans doute une des raisons pour lesquelles Steiner évite de dire expressément, dans ses publications, qu'il se rattache au Rosicrucianisme, ce qui n'empêche qu'il le donne du moins à entendre et qu'il serait sûrement fort affligé qu'on ne le crût point. Nous ajouterons qu'il a dû se produire assez rapidement une scission entre Steiner et Heindel, car la dédicace de *The Rosicrucian Cosmo-Conception* a disparu dans les éditions plus récentes, et Heindel, qui a constitué de son côté une « Rosicrucian Fellowship » ayant son siège à Oceanside (Californie), a écrit dans un autre ouvrage, publié en 1916, que le premier messager qui avait été choisi et instruit par les Frères de la Rose-Croix pour répandre leurs enseignements échoua dans certaines épreuves, de sorte qu'il fallut en chercher un second, qui n'est autre que Heindel lui-même[359] ; et, bien que le premier ne soit pas nommé, il est certain que c'est de Steiner qu'il s'agit.

En ce qui concerne l'organisation de la Société Anthroposophique, voici quelques renseignements que nous trouvons dans la brochure dont nous avons déjà cité des extraits :

« Le travail de la Société s'organisera par groupes libres pouvant se former de façon indépendante dans tous les pays ou en tous lieux. Ces groupes pourront rester séparés ou se réunir, former des sociétés entre eux ou des associations plus libres, s'inspirant uniquement des conditions dictées par les circonstances de leur milieu. La Société Anthroposophique, dans ses visées réelles, n'est nullement une société au sens s'attachant d'habitude à ce mot ; le lien unissant les membres ne consiste pas en une organisation issue d'un règlement ou en tout autre cadre extérieur. » Il y a dans cette dernière phrase une idée qui pourrait être intéressante, d'autant plus que, effectivement, les vrais Rose-Croix n'ont jamais constitué de sociétés ; mais, si le mot de « société » est impropre, pourquoi donc s'en servir, et cela dans le titre même de l'organisation dont il s'agit ? « Seule, la culture de la science spirituelle au sens idéal consacré par l'exposé qui précède, confère au titre de membre sa physionomie intégrale et véritable. Ce titre, toutefois, entraîne certains droits comme, par exemple, l'accès de certains écrits de science spirituelle réservés aux seuls membres[360], et d'autres prérogatives de ce genre… Au point de vue extérieur, le lien de la Société Anthroposophique ne différera ainsi en rien de ce qu'il serait, par exemple, au sein d'une société anthropologique ou d'une autre similaire »[361]. Cela suppose évidemment qu'il existe, « au point de vue intérieur », un lien d'une autre nature, mais sur lequel on ne s'explique pas ; nous devons donc retrouver ici l'équivalent de la division de la Société

---

[359] *The Rosicrucian Mysteries*, pp. 12-14.
[360] Ce sont surtout les conférences de Steiner, qui forment un ensemble énorme : il y en avait déjà vingt et une séries en 1913.
[361] *Esquisse des principes d'une Société Anthroposophique*, pp. 4-5.

Théosophique en « section exotérique » et « section ésotérique ». En effet, les enseignements que l'on dit être réservés aux membres ne sont pas donnés à tous ceux-ci indistinctement, ou du moins ils ne le sont qu'en partie ; il y a, dans la Société Anthroposophique, une autre organisation déjà formée antérieurement par Steiner, et qui en constitue maintenant le « cercle intérieur » ; cette organisation, sur laquelle aucune information n'est donnée publiquement, s'affirme rosicrucienne, et on y emploie, pour la réception des membres, des formes d'initiation tout à fait analogues à celles qui sont en usage dans la Maçonnerie[362], trop analogues même, car il y a là encore une raison, parmi bien d'autres, de douter de l'authenticité de ce Rosicrucianisme. Nous ne pouvons que rappeler à ce propos ce que nous avons dit précédemment : la plupart des groupements actuels qui se parent de cette étiquette ne peuvent revendiquer qu'une filiation toute fantaisiste, ou, tout au plus, un simple rattachement théorique ; c'est là, si l'on veut, un Rosicrucianisme d'intention, mais nous ne pensons pas qu'on puisse y voir autre chose, à moins que l'on ne prétende que l'emploi de certains symboles, indépendamment de toute autre considération et même du sens qu'on y attache, est suffisant pour constituer un lien effectif[363]. Bien entendu, nous en dirons autant, à plus forte raison, pour ce qui est d'un rattachement supposé aux mystères antiques, dont il est fréquemment question dans les ouvrages de Steiner[364] ; nous verrons que l'idée de la « restauration des mystères » existe aussi chez Mme Besant et ses adhérents ; mais il ne peut s'agir en tout cela que d'essais de reconstitution pour lesquels on compte s'appuyer surtout sur l'« intuition » ou sur la

---

[362] On trouvera une description assez détaillée de l'initiation au premier degré dans la brochure du P. L. de Grandmaison intitulée *La Nouvelle Théosophie*, pp. 36-37. – Nous devons dire à cette occasion qu'il y a certains points sur lesquels il ne nous est pas possible d'accepter les conclusions formulées dans cette brochure, notamment en ce qui concerne les origines du Rosicrucianisme (pp. 22-24), ainsi que le rôle du théosophisme dans l'Inde.

[363] Il est possible que Steiner, à ses débuts, ait appartenu à l'« Illuminisme Rénové » de Léopold Engel, bien que nous ne puissions l'affirmer d'une façon absolue.

[364] Voir *Le Mystère chrétien et les Mystères antiques*, traduction de l'ouvrage allemand intitulé *Le Christianisme comme fait mystique*.

« clairvoyance », et qui, par suite, seront toujours extrêmement sujets à caution.

Quoi qu'il en soit, on peut maintenant voir comment, dans la Société Anthroposophique, la très large autonomie qui est promise aux divers groupes extérieurs ne compromet pas l'unité de direction : il suffira qu'il y ait, dans chacun de ces groupes, et même sans qu'ils soient nécessairement à leur tête, des « initiés » de l'organisation intérieure, qui se chargeront de transmettre, non pas précisément des ordres, mais plutôt des suggestions ; c'est généralement ainsi que les choses se passent dans les associations de ce genre. D'ailleurs, la Société Théosophique comprend aussi des sections ou des sociétés nationales qui possèdent l'autonomie administrative, et cela n'empêche pas la direction centrale d'exercer en fait un pouvoir presque absolu ; là aussi, c'est l'existence de la « section ésotérique », avec le serment d'obéissance qu'on fait prêter à ses membres, qui en fournit la possibilité. L'indépendance apparente est bien faite pour séduire ceux qui ne savent pas qu'elle n'est qu'illusoire, et c'est sans doute ce qui permit à la Société Anthroposophique de recueillir, dès son début, des adhésions plus ou moins nombreuses dans presque tous les pays ; elle en eut même quelques-unes en Angleterre, et elle en eut aussi en France, où nous nommerons seulement, comme ses représentants les plus connus, M. Edouard Schuré, dont nous avons eu déjà l'occasion de parler (et qui, après avoir quitté la Société Théosophique dès 1886, y était rentré en 1907), M. Eugène Lévy, Mme Alice Bellecroix et M. Jules Sauerwein, rédacteur au *Matin* et traducteur des ouvrages de Steiner.

D'un autre côté, Steiner voulut réaliser une idée très analogue à celle du monastère théosophique de Franz Hartmann : il fit construire à Dornach, près de Bâle, un temple « où les fervents de la science de l'esprit pourraient s'assembler, s'instruire et s'édifier dans un lieu préparé pour eux ». La description en est trop curieuse pour que nous n'en reproduisions pas quelques extraits : « L'édifice reflète bien la doctrine exposée par M. Steiner dans un grand nombre d'ouvrages et de conférences. Deux vastes coupoles s'élèvent sur la colline dominant un cirque boisé, couronné de vieilles ruines... Une des coupoles, plus grande que l'autre, symbolise l'Univers avec ses harmonies et les stades successifs de son évolution. Comme le nombre sept est celui qui, en occultisme, représente le déroulement des choses dans le temps, cette coupole est supportée par sept immenses colonnes de chaque côté. Les colonnes sont en forme de pentagrammes, constituées par des triangles qui s'emboîtent les uns dans les autres. Au-dessus de chaque colonne, un chapiteau orné représente une des formes planétaires de notre monde... La petite coupole est, pour ainsi dire, engagée dans la grande dont elle est issue. Sous cette coupole règne le nombre douze, celui de l'espace. Douze colonnes symbolisent les douze influences zodiacales, qui descendent sur le « microcosme » ou monde de l'être humain, tandis que, tout autour de l'édifice, des vitraux, dessinés par M. Steiner lui-même, peignent sous des couleurs sensibles les étapes du progrès de l'âme... M. Rudolf Steiner pense qu'un édifice où l'on doit étudier les forces de la nature doit, dans toutes ses parties, exprimer l'effort incessant, la métamorphose constante qui marquent le progrès de l'Univers »[365], Pour subvenir aux frais de la construction, qui devaient s'élever à trois millions, il avait été constitué une association immobilière appelée « Société de Saint-Jean » (*Johannesbau-Verein*), par allusion aux anciennes confréries de Maçons opératifs. Le temple devait être achevé vers la fin de 1914, mais la guerre eut pour effet d'interrompre les travaux ou tout au moins de les retarder, et ce n'est qu'en 1920, croyons-nous, que l'édifice put enfin être inauguré ; il contient, entre autres choses, un théâtre où l'on doit jouer les « drames ésotériques » de MM. Steiner et Schuré[366]. Ajoutons que le Dr Steiner exerce une influence de plus en plus grande sur ses disciples, et que ceux-ci, qui étaient déjà plus de quatre mille en 1914,

---

[365] *Le Matin*, 1er mai 1914.

[366] Ceux de ce dernier ont été traduits en allemand par Mlle Marie von Sivers.
– Il paraît cependant que M. Schuré s'est séparé de Steiner, pendant la guerre, à cause d'une brochure pangermaniste écrite par celui-ci, et que, depuis lors, il s'est de nouveau rapproché de la Société Théosophique, où il a même fait récemment quelques conférences sur l'« esprit celtique ».

et parmi lesquels il y a beaucoup de femmes, ont pour lui une admiration et une vénération égales à celles que les théosophistes « orthodoxes », si l'on peut employer ce mot en pareil cas, professent à l'égard de Mme Besant.

CHAPITRE XXIII

L'ORDRE DE L'ÉTOILE D'ORIENT ET SES ANNEXES

Faut-il croire que les chefs de la Société Théosophique, découragés par les insuccès que nous avons relatés, ont fini par renoncer à leurs entreprises messianiques ? Nous avons bien des raisons de penser qu'il n'en est rien : sous une forme ou sous une autre, avec ou sans Alcyone (et plus probablement sans lui, car nous avons entendu dire qu'on prépare déjà actuellement en secret un autre futur Messie, destiné à le remplacer), le mouvement se continuera, car le « groupe des Serviteurs » fonctionne toujours comme par le passé. Il est bien entendu que nous voulons parler ici du groupe réel, et non de celui des personnages plus ou moins fantastiques auxquels les théosophistes donnent aussi ce nom, et qu'ils regardent comme composant l'entourage du Bodhisattwa ; à vrai dire, du reste, ce dont il s'agit n'est pas un groupe unique et nettement défini, ce sont plutôt des groupes multiples et divers, formant autant d'organismes distincts en apparence de la Société Théosophique, mais créés et dirigés par elle ; l'ensemble de toutes ces associations constitue ce qu'on appelle l'« Ordre de Service de la Société Théosophique ». Nous y reviendrons plus loin ; pour le moment, nous voulons signaler seulement quelques-uns de ces groupements auxiliaires, et tout d'abord « l'Ordre du Soleil Levant », organisé à Bénarès par M. Arundale, puis transformé, le 11 janvier 1911, en « Ordre indépendant de l'Étoile d'Orient »[367], avec Alcyone comme chef nominal et Mme Besant

---

[367] Cet « Ordre de l'Étoile d'Orient » (*Star in the East*) ne doit pas être confondu avec un autre Ordre de dénomination similaire (*Eastern Star*), dont la fondation remonte à 1855, et qui n'est

comme « protectrice », « pour grouper tous ceux qui, tant dans le sein de la Société Théosophique qu'en dehors, croient à la venue de l'Instructeur Suprême du Monde ». On espère « que ses membres pourront faire quelque chose sur le plan physique pour préparer l'opinion publique à l'idée de cette venue, en créant une atmosphère de sympathie et de vénération, et qu'ils pourront, en s'unissant, former sur les plans supérieurs un instrument dont le Maître pourra se servir ». Cet Ordre « n'exclut personne, et reçoit tous ceux qui, quelle que soit la forme que revêt leur foi, partagent l'espoir commun » ; l'acceptation des principes suivants est seule nécessaire pour y être admis :

« 1° Nous croyons qu'un Grand Instructeur fera prochainement son apparition dans le monde, et nous voulons faire en sorte de régler notre vie pour être dignes de Le reconnaître lorsqu'Il viendra. 2° Nous essaierons donc de L'avoir toujours présent à l'esprit, et de faire en Son nom, et par conséquent le mieux que nous pourrons, tout travail qui fera partie de nos occupations journalières. 3° Autant que nos devoirs habituels nous le permettront, nous nous efforcerons de consacrer chaque jour une partie de notre temps à quelque travail défini qui puisse servir à préparer Sa venue. 4° Nous nous efforcerons de faire du dévouement, de la persévérance et de la douceur les caractéristiques dominantes de notre vie journalière. 5° Nous nous efforcerons de commencer et de terminer chaque journée par une courte sentence destinée à Lui demander Sa bénédiction sur tout ce que nous essayons de faire pour Lui et en Son nom[368]. 6° Nous essaierons, le considérant comme notre principal devoir, de reconnaître et de vénérer la grandeur sans distinction de personne, et de coopérer, autant que possible, avec ceux que nous sentons être spirituellement nos supérieurs. » Sur les rapports de l'Ordre avec la Société Théosophique, voici ce que disait M. Leadbeater, en présence d'Alcyone, à une réunion de la section italienne à Gênes : « Tandis que la Société Théosophique *demande* de reconnaître la

---

qu'une sorte d'annexe féminine de la Maçonnerie américaine.

[368] On communique aux membres de l'Ordre, à cet usage, des formules spéciales qui sont changées de temps à autre.

fraternité humaine, l'Ordre de l'Étoile d'Orient *commande* la croyance dans la venue d'un grand Maître et la *soumission* à ses six principes. D'autre part, on peut admettre les principes et les préceptes de l'Ordre sans accepter tous les enseignements de la Société Théosophique. La naissance de l'Ordre nous a révélé que, partout dans le monde, il y a des personnes qui attendent la venue du Maître, et grâce à lui on a pu les grouper... Le travail de l'Ordre et celui de la Société Théosophique sont identiques : élargir les idées des Chrétiens et de ceux qui croient qu'en dehors de leur petite Église il n'y a pas de salut ; enseigner que tous les hommes peuvent être sauvés... Pour une grande partie d'entre nous, la venue d'un grand Instructeur n'est qu'une croyance, mais, pour quelques-uns, c'est une certitude. Pour beaucoup, le Seigneur Maitreya n'est qu'un nom, alors qu'il est une grande entité pour certains d'entre nous qui l'ont vu et entendu souvent »[369]. Un peu plus tard, ces déclarations allaient être contredites sur certains points par M. Arundale, affirmant au nom d'Alcyone que l'« Ordre n'indique pas quel est l'Instructeur Suprême pour la venue duquel il a été fondé », qu'« aucun membre n'a le droit de dire, par exemple, que l'Ordre attend la venue du Christ ou du Seigneur Maitreya », et qu'« il serait préjudiciable aux intérêts de l'Ordre et à ceux de la Société Théosophique de regarder comme identiques les objets de ces deux organisations »[370]. Nous lisons encore ailleurs que, « si quelques membres croient que l'Instructeur du Monde se servira de tel ou tel corps (allusion évidente à la mission d'Alcyone), ce ne sont là que des opinions personnelles et non des croyances auxquelles les autres membres doivent adhérer » ; il est probable qu'il en aurait été autrement si les choses avaient mieux tourné. En tout cas, voilà un exemple très net de la façon dont les chefs théosophistes savent se plier aux circonstances et modifier, suivant l'opportunité, les apparences qui doivent leur permettre de pénétrer dans des milieux divers et d'y recruter des auxiliaires pour la réalisation de leurs plans.

---

[369] *Le Théosophe*, 16 octobre 1912.
[370] *The Daybreak*, août 1913.

Il a été créé des organisations qui sont adaptées à chacun des milieux qu'on veut atteindre ; il en est aussi qui s'adressent spécialement à la jeunesse et même à l'enfance. C'est ainsi que fut fondée, à côté de l'« Étoile d'Orient », une autre association dite des « Serviteurs de l'Étoile », ayant pour « protecteur » Krishnamurti et pour chef Nityânanda ; « tous les membres de cet Ordre, à l'exception des membres honoraires, doivent être âgés de moins de vingt et un ans, et le plus jeune enfant qui désire servir peut en faire partie »[371]. Antérieurement, il existait déjà deux autres organisations du même genre : la « Chaîne d'Or » et la « Table Ronde ». La « Chaîne d'Or » est un « groupement d'entraînement spirituel », où les enfants sont admis à partir de sept ans, et dont le but (du moins le but avoué) est exprimé dans la formule que les membres doivent répéter tous les matins : « Je suis un chaînon d'or de la chaîne d'amour qui enserre le monde ; il faut que je reste fort et brillant. Je veux tâcher d'être doux et bon pour toute créature vivante, de protéger et d'aider tous ceux qui sont plus faibles que moi. Et j'essaierai de n'avoir que des pensées pures et belles, de ne prononcer que des paroles pures et belles, de n'accomplir que des actions pures et belles. Puissent tous les chaînons devenir brillants et forts »[372]. Ce but apparaît comme à peu près identique à celui des « Ligues de Bonté » (*Bands of Mercy*), originaires d'Amérique, et introduites en Europe par M. Jérôme Périnet, de Genève ; ces Ligues sont d'inspiration manifestement protestante, et leurs jeunes adhérents doivent signer cette formule : « Je veux m'efforcer non seulement d'être bon pour toutes les créatures vivantes, mais d'empêcher qui que ce soit de les molester ou de leur nuire »[373]. On espère, dit-on, que cet engagement d'honneur, cette initiation à la valeur du serment, élèvera très vite l'enfant à la dignité d'homme ; c'est ce que prétendent aussi les promoteurs du « Scoutisme », autre institution non moins pénétrée de l'esprit protestant, et qui, née en Angleterre, n'est pas sans rapports avec le mouvement théosophiste ; en

---

[371] *The Daybreak*, octobre 1913, p. 151 ;

[372] Nous empruntons ce texte à un article de Mme I. de Manziarly, paru dans le *Théosophe* du 1er mars 1914.

[373] *Le Théosophe*, 16 septembre et 1er octobre 1913.

France même, les théosophistes patronnèrent activement la « Ligue d'Éducation nationale », fondée en 1911 pour la propagation du « Scoutisme ».

S'il n'est pas ouvertement question de la venue du « Grand Instructeur » dans la « Chaîne d'Or », il n'en est pas de même dans la « Table Ronde », dont on peut faire partie comme « associé » à partir de treize ans, comme « compagnon » à partir de quinze ans, et comme « chevalier » à partir de vingt et un ans (il est a peine utile de signaler l'analogie, certainement voulue, de ces trois grades avec ceux de la Maçonnerie), et dont les membres doivent prêter le serment formel du secret. Là, il s'agit de « suivre le grand Roi que l'Occident a nommé Christ et l'Orient Bodhisattwa : maintenant que l'espoir nous est donné de son retour prochain, le temps est venu de former des chevaliers qui prépareront Sa venue en Le servant dès à présent ; il est demandé à ceux qui entreront dans la Ligue de penser chaque jour à ce Roi, et de faire chaque jour une action pour Le servir ». Cette Ligue compta parmi ses premiers adhérents un certain nombre de dirigeants du mouvement « scoutiste », qui se donne aussi comme « une chevalerie nouvelle » ; au bout de peu de temps, elle eut des centres, non seulement en Angleterre et en Ecosse, mais encore en France, en Belgique, aux Pays-Bas, en Italie, en Hongrie, en Amérique, en Australie et en Nouvelle-Zélande[374]. En somme, c'est surtout un centre de recrutement pour l'« Étoile d'Orient », qui prétend être le noyau de la « religion nouvelle », le point de ralliement de tous ceux qui attendent la « venue du Seigneur »[375].

D'un autre côté, il se fonda en France et en Belgique, en 1913, une certaine « Confrérie des Mystères de Dieu », dont le titre semble inspiré de

---

[374] *Le Théosophe*, 1er août 1913.
[375] Il a existé jadis dans le théosophisme une autre « Société de la Table Ronde », d'un caractère tout différent : c'était un groupe fondé par des condamnés de la prison d'Etat de Folsom, en Californie, et « ayant pour but l'étude de la théosophie et leur amélioration morale » (*Lotus Bleu*, 27 avril 1895).

celui de la « Confrérie des Amis de Dieu » de Tauler, et qui se présentait en ces termes :

« Tous les lecteurs du *Christianisme Ésotérique* et de quelques-uns des ouvrages de M. Mead sont familiarisés à l'idée des *Mystères chrétiens*. Une vive espérance largement répandue chez quelques étudiants est que les Mystères pourront être restaurés d'une manière que nous ne saurions prévoir[376], et qu'ainsi sera comblé un besoin profondément senti dans l'Église chrétienne. Dans cette espérance et avec la conviction que les temps sont venus, la Confrérie des Mystères de Dieu a été fondée avec ces deux buts : 1° rassembler en un seul corps, lier ensemble par des promesses solennelles de service et de fraternité, ceux des Chrétiens qui, dans une humble attitude d'attente pour être employés comme Il le jugera bon, veulent consacrer leur vie au service du Christ, et veulent vivre, étudier, prier et travailler dans l'espérance que les Mystères seront restaurés ; 2° l'étude en commun du Mysticisme chrétien, des légendes et des traditions mystiques, ainsi que des allusions éparses se rapportant aux Mystères chrétiens… Il doit être spécifié que le premier but de la Confrérie est basé sur la prochaine venue du Seigneur et implique la croyance en cette venue. Il est à espérer que les nombreux Chrétiens de l'Ordre de l'Étoile d'Orient intéressés dans le cérémonial et le symbolisme se joindront à la Confrérie et trouveront, dans sa ligne de travail, une occasion définie d'aider à préparer Son chemin et à aplanir Ses voies »[377].

Enfin, sans doute pour faire concurrence à l'organisation rosicrucienne du Dr Steiner, entrée dans une tout autre direction, il fut créé un nouveau « Temple de la Rose-Croix », ayant pour objet « l'étude des

---

[376] Au Congrès théosophique de Stockholm, le 14 juin 1913, Mme Besant fit une conférence sur la « restauration des Mystères » ; c'est là aussi, comme nous l'avons dit plus haut, un des buts que se propose de son côté le Dr Steiner.

[377] *Le Théosophe*, 16 avril 1913 ; *Revue Théosophique belge*, juillet 1913. – Pour tout ce qui concernait cette organisation, on devait s'adresser, pour la France, à M. Raimond van Marle, et, pour la Belgique, à M. F. Wittemans.

Mystères, du Rosicrucianisme, de la Kabbale, de l'Astrologie, de la Franc-maçonnerie, du symbolisme, du cérémonial chrétien et des traditions occultes qui se rencontrent en Occident »[378]. Il y a là un certain nombre de choses passablement disparates ; on ne voit pas très bien, par exemple, ce que vient y faire l'astrologie, d'autant plus que les théosophistes avaient déjà à leur disposition, pour l'étude de celle-ci, une organisation spéciale, dirigée en Angleterre par M. Alan Leo et en France par M. L. Miéville, et ayant pour organe la revue *Modern Astrology*[379]. Mais, du reste, ce n'était pas là le but essentiel du « Temple de la Rose-Croix », qui, bien que « n'ayant aucune relation officielle avec l'Ordre de l'Étoile d'Orient », n'en devait pas moins « travailler à l'œuvre commune », c'est-à-dire à « préparer la voie du Seigneur », et, par ses formes rituéliques, « fournir la base d'une partie du grand aspect *cérémoniel* de la religion nouvelle »[380]. Pourtant, tout cela n'était pas encore suffisant : pour donner un corps à cette « religion nouvelle », les chefs de la Société Théosophique voulaient avoir à leur disposition une Église véritable, revêtue officiellement d'une dénomination chrétienne, voire même catholique, et c'est, comme nous allons le voir maintenant, ce qui fut fait en ces dernières années.

---

[378] *L'Acacia*, revue maçonnique, avril 1913, p. 257. – Dans le même article, il était aussi question de la fondation d'un « Groupe musical de la Société Théosophique ».

[379] Le côté commercial n'était pas négligé dans cette organisation : nous avons sous les yeux le tarif des horoscopes, dont les prix « varient selon le travail et selon les besoins du client » ; « tous les horoscopes au-dessous de cinquante francs sont jugés d'après des données rigoureusement scientifiques ; dans tous les horoscopes de cinquante francs et au-dessus, le jugement scientifique est combiné avec l'intuitif (*sic*), chaque horoscope étant synthétisé par M. Alan Leo ».

[380] *The Daybreak*, août 1913.

CHAPITRE XXIV

L'ÉGLISE VIEILLE-CATHOLIQUE

Au début de 1914, on apprenait l'existence à Paris d'une certaine « Église Catholique Française », appelée aussi « Église Gallicane » ; il y avait déjà, d'ailleurs, une autre « Église Gallicane », dirigée par un certain abbé Volet, et possédant un organe intitulé *Le Catholique Français* ; c'est le propre de ces organisations schismatiques de se multiplier presque indéfiniment, à l'instar des sectes protestantes, et de se faire une concurrence parfois peu loyale. La nouvelle Église était placée provisoirement sous le contrôle de « Mgr Arnold Henri Mathieu, comte de Landave de Thomastown, archevêque vieux-catholique de Londres, métropolitain de Grande-Bretagne et d'Irlande », en attendant la consécration, comme « métropolitain de France et des Colonies », de son vicaire général, « Mgr Pierre René, vidame de Lignières ». Il paraît que, en réalité, ce dernier personnage s'appelait tout simplement Laurain ; mais les dignitaires de cette Église avaient la manie des titres nobiliaires, comme d'autres avaient celle des décorations fantaisistes ; c'est ainsi que l'évêque Villatte, dont l'essai de « cultuelle » fit jadis un certain bruit, avait inventé l'« Ordre de la Couronne d'Épines ». Quoi qu'il en soit, il était assez singulier qu'une Église qui se proclamait fièrement « Française et non Romaine », fût soumise, même provisoirement, à l'autorité d'un Anglais ; elle se fit connaître tout d'abord, précisément comme celle de Villatte (passé depuis lors à une Église syrienne sous le nom de Mar Timotheus), par des offres de prêtres schismatiques à des communes qui se trouvaient privées de leurs curés parce que les municipalités avaient en des difficultés avec les évêques[381]. Bientôt, il parut un bulletin intitulé *Le Réveil Catholique*, qui eut exactement quatre numéros, de mars à août 1914, et dont la publication fut arrêtée par la guerre et par la mobilisation de l'« archevêque métropolitain »[382]. Ce bulletin, pour établir la « succession apostolique » de Mgr Mathieu, consacré par Mgr Gérard Gul, archevêque janséniste d'Utrecht, énuméra toute la lignée des archevêques et évêques jansénistes hollandais ; de ceux-ci, et à travers plusieurs intermédiaires, on remontait à Bossuet, puis au cardinal Barberini, neveu du Pape Urbain VIII. On y put voir ensuite la « division religieuse » de la France en un archevêché et huit évêchés « régionnaires » ; plusieurs de ces derniers avaient déjà des titulaires désignés, parmi lesquels deux évêques d'une prétendue « Église Orthodoxe Latine », MM. Giraud, ancien frère lai de la Trappe, et Joanny Bricaud. Celui-ci, qui est fort connu dans les milieux occultistes, se faisait appeler précédemment « S. B. Jean II, Patriarche de l'Église Gnostique Universelle », et il se prétend aujourd'hui le successeur de Papus à la tête de l'« Ordre Martiniste » et de plusieurs autres organisations ; il convient d'ajouter que ces titres lui sont contestés par d'autres occultistes ; il serait d'ailleurs difficile d'énumérer toutes les Églises et tous les Ordres auxquels M. Bricaud a affirmé se rattacher successivement ou même simultanément. Si nous signalons spécialement la présence de cet occultiste dans le personnel de l'Église dont il s'agit ici, c'est que ce fait est encore un exemple des relations qui existent entre une foule de groupements qu'on pourrait croire, à première vue, tout à fait étrangers les uns aux autres. Cependant, il ne fut nullement question du théosophisme et de ses représentants dans l'« Église Catholique Française », qui semble bien n'avoir eu, comme la plupart des autres schismes analogues, qu'une existence éphémère ; c'est dans l'Église vieille-catholique

---

[381] Nous pouvons citer, comme ayant reçu ces offres, la commune de Chevrières, dans le département de l'Isère.

[382] L'administration était 5, rue du Pré-aux-Clercs ; le culte était célébré à l'« église Jeanne d'Arc », 18, passage Élysée des Beaux-Arts.

d'Angleterre, qui lui avait donné naissance, que les théosophistes commençaient alors à s'introduire.

Le chef de cette Église vieille-catholique, l'archevêque Mathieu, qui s'appelle en réalité Arnold Harris Matthews, né à Montpellier de parents irlandais, s'était d'abord préparé à recevoir les ordres dans l'Église épiscopalienne d'Ecosse ; puis il s'était fait catholique en 1875, et avait été ordonné prêtre à Glasgow en juin 1877. Il abandonna le sacerdoce en juillet 1889, et, en octobre 1890, il prit le nom italien d'Arnoldo Girolamo Povoleri ; il fit même paraître un avis dans le *Times* pour annoncer ce changement de nom. Il se maria en 1892 ; il se faisait alors appeler le Rév. comte Povoleri di Vicenza, et c'est vers la même époque qu'il prit aussi le titre de comte de Landaff ; ajoutons encore que, récemment, on le vit figurer sous le nom de marquis de Povoleri, en compagnie de son fils et de sa fille, à certaines réceptions de l'impératrice Eugénie à Bayswater, où se rencontrait d'ailleurs une société plutôt mélangée[383]. A un certain moment, il sembla se réconcilier avec l'Église Catholique, mais ce ne fut que pour peu de temps : en 1908, M. Mathew (c'est ainsi qu'il orthographiait maintenant son nom) se fit consacrer évêque par le Dr Gérard Gul, qui était à la tête de l'Église vieille-catholique de Hollande, formée des débris du Jansénisme unis à quelques dissidents qui, en 1870, avaient refusé d'accepter le dogme de l'infaillibilité pontificale ; les diverses Églises vieilles-catholiques (y compris celle qui est actuellement dirigée par les théosophistes) reconnaissent seulement le Pape comme « Patriarche et Primat de l'Occident ». Le nouvel évêque consacra à son tour deux autres prêtres anglais dévoyés, MM. Ignace Beale, et Arthur Howorth ; et, au bout de trois ans à peine, il fonda une « Église Catholique Orthodoxe d'Occident » répudiant toute subordination vis-à-vis d'Utrecht aussi bien que de Rome. Cette Église prit successivement diverses dénominations, qu'il serait peu utile et peu intéressant d'énumérer toutes, tandis que son chef essayait d'entrer en négociations, tantôt avec le Saint-Siège par le

---

[383] *L'indépendance Belge*, 10 mai 1918.

cardinal Merry del Val, tantôt avec l'Eglise Anglicane par l'archevêque de Canterbury et l'évêque de Londres, tantôt même avec l'Église Orthodoxe d'Orient par l'archevêque de Beyrouth [384] ; enfin, en 1911, il fut formellement excommunié par le Saint-Siège[385].

En 1913, le clergé de l'« Église vieille-catholique de Grande-Bretagne et d'Irlande » (telle était la dénomination qui avait finalement prévalu) s'augmenta de plusieurs membres, tous anciens ministres anglicans et théosophistes plus ou moins en vue : M. James Ingall Wedgwood, secrétaire général de la section anglaise de la Société Théosophique (désigné dans les « vies d'Alcyone » sous le nom de *Lomia*), M. Rupert Gauntlett, secrétaire d'un « Ordre des guérisseurs » rattaché à la Société Théosophique, M. Robert King, spécialiste des « consultations psychiques » basées sur l'examen de l'horoscope, et M. Reginald Farrer. En 1915, l'archevêque Mathew, qui ignorait tout du théosophisme, fut épouvanté en s'apercevant que M. Wedgwood et ses associés attendaient la venue d'un nouveau Messie ; il ferma son Église vieille-catholique et offrit sa soumission à Rome, puis se ressaisit presque aussitôt et fonda une « Église Catholique Uniate d'Occident ». Ne pouvant obtenir de M. Mathew la consécration épiscopale qu'il ambitionnait, M. Wedgwood s'adressa, mais vainement, à l'évêque Vernon Herford, qui dirige une sorte de chapelle nestorienne à Oxford ; il fut plus heureux auprès de M. Frederick Samuel Willoughby, consacré par M. Mathew en 1914, et expulsé de l'Église vieille-catholique l'année suivante.

M. Willoughby consacra d'abord MM. King et Gauntlett (dont le premier fonda une branche de l'Église vieille-catholique en Ecosse), et

---

[384] Signalons incidemment, à propos que des tentatives d'alliance se poursuivent actuellement entre l'Église Anglicane et certaines fractions de l'Église Orthodoxe, pour des raisons qui sont probablement plus politiques que religieuses.

[385] Ces notes biographiques sont empruntées, ainsi qu'une partie des détails qui suivent, à une brochure fort documentée qui a paru en Angleterre sous ce titre : *Some Fruits of Theosophy : The origins and purpose of the so-called Old Catholic Church disclosed*, par Stanley Morison.

ensuite, avec l'assistance de ceux-ci, M. Wedgwood, le 13 février 1916 ; dans le courant de cette même année 1916, il devait d'ailleurs faire sa soumission au Saint-Siège. M. Wedgwood partit aussitôt pour l'Australie ; il consacra à Sidney, comme « évêque pour l'Australasie », M. Charles Webster Leadbeater, ancien ministre anglican lui aussi, comme nous avons déjà eu l'occasion de le dire ; et celui-ci, assisté de M. Wedgwood, consacra à son tour, comme « auxiliaire pour l'Australasie », le « Jongheer » Julian Adrian Mazel, d'origine hollandaise. Le 20 avril 1916, une assemblée des évêques et du clergé de l'Église vieille-catholique de Grande-Bretagne adopta une nouvelle constitution, qui fut publiée sous la signature de M. Wedgwood, et dans laquelle il n'est fait, d'ailleurs, aucune allusion au théosophisme, non plus qu'au futur Messie. En novembre 1918, il y eut encore une autre déclaration de principes, dans laquelle le titre de l'Église vieille catholique se trouve remplacé par celui d'« Église Catholique Libérale ». Cette dernière dénomination nous fait souvenir qu'il y eut aussi en France, il y a une dizaine d'années, un essai d'« Église Catholique Libérale »[386] sous le patronage de quelques occultistes, notamment de M. Albert Jounet, qui est de ceux que l'on rencontre dans beaucoup d'organisations diverses, et parfois peu compatibles entre elles en apparence tout au moins ; il fut même le fondateur d'une « Alliance Spiritualiste » qui se vantait d'opérer la conciliation de toutes les doctrines, et qui, naturellement, ne réussit guère mieux que le « Congrès de l'Humanité »[387].

Dans le *Theosophist* d'octobre 1916, Mme Besant, parlant de certains mouvements qui sont destinés, suivant elle, à acquérir une importance mondiale, mentionne parmi eux « le mouvement peu connu appelé vieux-catholique : c'est une Église chrétienne vivante, qui croîtra et multipliera avec les années, et qui a un grand avenir devant elle ; elle est vraisemblablement appelée à devenir la future Église de la Chrétienté *quand Il viendra* ». Dans le même article, il est question de deux autres

---

[386] Cette Église avait son siège dans l'ancienne chapelle swedenborgienne de la rue Thouin.
[387] En ces dernières années, M. Jounet avait adhéré à la Société Théosophique, mais il s'en retira au bout de fort peu de temps.

mouvements, qui sont le « Theosophical Éducational Trust », c'est-à-dire l'ensemble des œuvres d'éducation dirigées par la Société Théosophique, et la « Co-Maçonnerie », dont nous parlerons plus loin. C'est la première fois qu'il ait été question officiellement de l'Église vieille-catholique dans un organe théosophiste, et les espoirs que l'on fonde sur cette organisation s'y trouvent nettement définis. Du reste, M. Wedgwood lui-même, qui se montre si réservé dans ses déclarations épiscopales, est au contraire fort explicite devant ses collègues de la Société Théosophique ; en effet, il s'exprime ainsi dans un rapport à la Convention théosophique de 1918 : « L'Église vieille-catholique travaille à répandre les enseignements théosophiques dans les chaires chrétiennes ; et la partie la plus importante de sa tâche consiste à préparer les cœurs et les esprits des hommes à la venue du Grand Instructeur »[388].

Le but des théosophistes, en s'emparant de cette Église, est donc bien exactement celui que nous avons indiqué : c'est le même que celui pour lequel ils ont fondé précédemment l'« Ordre de l'Étoile d'Orient », avec cette seule différence que cet Ordre s'adresse à tous sans distinction, tandis que l'Église vieille-catholique est spécialement destinée à attirer ceux qui, sans avoir peut-être de principes religieux bien définis, tiennent cependant à se dire chrétiens et à en conserver au moins toutes les apparences extérieures.

Voici donc la dernière transformation de M. Leadbeater, du moins jusqu'à ce jour, et les nouvelles occupations auxquelles ce « clairvoyant » se livre maintenant : « L'évêque Leadbeater fait des investigations dans le côté occulte de la messe, et il prépare un livre complet sur la science des

---

[388] *The Vahan*, organe officiel de la Société Théosophique, 1er juin 1918 ; *The Messenger*, de Krotona (Californie), septembre 1918. – Les théosophistes américains demeurés fidèles à Mme Besant ont choisi Krotona pour y établir leur quartier général, parce que cette localité porte le nom de celle où Pythagore institua son école, et aussi parce que la Californie, où les sectes occultes sont particulièrement nombreuses et florissantes, est désignée comme devant être le berceau de la « sixième race-mère ». En août 1917, M. Wedgwood a installé à Krotona une église vieille-catholique, qui a pour curé le Rév. Charles Hampton.

sacrements... Le livre sur la messe sera illustré de diagrammes des divers stades de l'édifice eucharistique (*sic*), à mesure qu'il prend forme au cours de la messe. Le but et le rôle de chaque partie sont expliqués, et ainsi l'ouvrage ne contiendra pas seulement la théorie et la signification des sacrements, mais aussi la forme complète ou le côté architectural de la chose (*sic*)... Le principal événement de la semaine pour quelques-uns, à Sidney, est la grand'messe du dimanche matin, à laquelle l'évêque Leadbeater est toujours présent, et généralement officie ou prononce le sermon »[389]. Quelle sincérité peut-il y avoir dans tout cela ? La trop grande habileté des chefs théosophistes à dissimuler leurs desseins et à mener de front les entreprises les plus opposées en apparence, pourvu seulement qu'ils pensent pouvoir les faire servir à la réalisation de ces desseins, ne permet assurément pas de se faire là-dessus beaucoup d'illusions.

---

[389] *The Messenger*, de Krotona, novembre 1918.

CHAPITRE XXV

THÉOSOPHISME ET FRANC-MAÇONNERIE

Parallèlement à son œuvre religieuse, ou mieux pseudoreligieuse, que nous venons d'exposer, Mme Besant en accomplissait une autre d'un caractère tout différent, une œuvre maçonnique. Nous avons déjà vu que, dès l'origine, il y avait eu beaucoup de Maçons dans la Société Théosophique et autour d'elle ; du reste, l'idéal de « fraternité universelle » dont cette Société présente la réalisation comme le premier de ses buts lui est commun avec la Maçonnerie. Pourtant, il ne s'agissait là que de rapports purement individuels, n'engageant aucune organisation maçonnique, et il n'y en a jamais eu d'autres entre la Société Théosophique et la Maçonnerie dite « régulière » ; peut-être est-ce parce que celle-ci trouve le théosophisme trop compromettant, ou peut-être est-ce aussi pour d'autres raisons : nous n'entreprendrons pas de résoudre ici cette question. Il est probable que certains Maçons, qui sont en même temps et sans doute même avant tout des théosophistes, vont trop loin et prennent trop facilement leurs désirs pour la réalité lorsqu'ils écrivent des choses de ce genre : « La Franc-Maçonnerie et la Théosophie, quoi qu'on puisse dire de celle-ci, se rencontrent, se complètent et se soudent par leurs côtés initiatiques, absolument identiques ; elles sont toutes deux, de ce point de vue, une seule et même chose, vieille comme le monde »[390]. Si le point de vue dont il s'agit

---

[390] *Le Temple de la Vérité ou la Franc-Maçonnerie restituée dans sa véritable doctrine*, par A. Micha, p. 59. – M. Georges Pécoul, citant cette phrase dans l'article dont nous avons déjà fait mention à propos de M. Bergson, a le tort d'accepter sans restriction

est exclusivement doctrinal, il ne faut voir là qu'une expression de la prétention des théosophistes à posséder la doctrine qui est la source de toutes les autres, prétention qu'ils appliquent ici à la Maçonnerie comme ils le font ailleurs à l'égard des religions, mais qui est sans aucun fondement, puisque le théosophisme, on ne saurait trop le répéter, n'est qu'une invention essentiellement moderne. D'autre part, si l'on se place au point de vue historique, il est trop commode, et aussi beaucoup trop simple, de parler de la Maçonnerie en général comme d'une sorte d'entité indivisible ; les choses sont autrement compliquées dans la réalité, et, là comme quand il s'agit du Rosicrucianisme (nous l'avons déjà noté précédemment à propos de ce dernier), il faut toujours savoir faire les distinctions nécessaires et dire de quelle Maçonnerie on entend parler, quelle que soit d'ailleurs l'opinion que l'on peut avoir sur les rapports ou l'absence de rapports des différentes Maçonneries entre elles. C'est pourquoi nous avons eu soin de préciser que ce que nous disions tout à l'heure ne concerne que la Maçonnerie « régulière » ; en effet, il en va tout autrement si l'on considère la Maçonnerie « irrégulière », beaucoup moins connue du grand public, et qui comprend des organisations fort variées, dont certaines sont étroitement liées à l'occultisme ; ce sont en général des groupements peu nombreux, mais qui se prétendent bien supérieurs à la Maçonnerie ordinaire, tandis que celle-ci, de son côté, affecte de les traiter avec le plus profond mépris, voire même de les regarder comme de vulgaires « contrefaçons ».

Une des figures les plus curieuses de cette Maçonnerie « irrégulière » fut l'Anglais John Yarker, qui mourut en 1913 : auteur de nombreux ouvrages sur l'histoire et le symbolisme maçonniques, il professait sur ces sujets des idées très particulières, et il soutenait, entre autres opinions bizarres, que « le Maçon initié est prêtre de toutes les religions ». Créateur ou rénovateur de plusieurs rites, il était en même temps rattaché à une foule d'associations occultes, à prétentions initiatiques plus ou moins justifiées ;

---

l'affirmation qui y est contenue (*Les Lettres*, décembre 1920, pp. 676-678).

il était notamment membre honoraire de la *Societas Rosicruciana in Anglia*, dont les chefs faisaient également partie de ses propres organisations, tout en appartenant à cette Maçonnerie « régulière » que lui-même avait abandonnée depuis longtemps. Yarker avait été l'ami de Mazzini et de Garibaldi, et, dans leur entourage, il avait connu jadis Mme Blavatsky ; aussi celle-ci le nomma-t-elle membre d'honneur de la Société Théosophique dès qu'elle l'eut fondée. En échange, après la publication d'*Isis Dévoilée*, Yarker conféra à Mme Blavatsky le grade de « Princesse Couronnée », le plus élevé des grades « d'adoption » (c'est-à-dire féminins) du Rite de Memphis et Misraïm, dont il s'intitulait « Grand Hiérophante »[391]. Ces politesses réciproques sont d'ailleurs d'usage entre les chefs de semblables groupements ; on peut trouver que le titre de « Princesse Couronnée » convenait fort mal à la mauvaise tenue légendaire de Mme Blavatsky, à tel point qu'il semblait presque une ironie ; mais nous avons connu d'autres personnes à qui le même titre avait été conféré, et qui ne possédaient pas même l'instruction la plus élémentaire. Yarker prétendait tenir de Garibaldi sa dignité de « Grand Hiérophante » ; la légitimité de cette succession fut toujours contestée en Italie, où existait une autre organisation du Rite de Memphis et Misraïm, qui se déclara indépendante de la sienne. Yarker avait pour principal auxiliaire, dans les dernières années, un certain Theodor Reuss, dont nous avons déjà parlé à propos de l'« Ordre des Templiers Orientaux » dont il s'est institué le chef ; ce Reuss, qui se fait appeler maintenant ReussWillsson, est un Allemand établi à Londres, où il a rempli longtemps, si même il ne les remplit encore, des fonctions officielles à la « Theosophical Publishing Company », et qui, nous a-t-on affirmé, ne pourrait rentrer dans son pays sans s'exposer à des poursuites judiciaires pour certaines indélicatesses commises antérieurement ; cela ne l'a pas empêché de fonder, sans quitter l'Angleterre, un soi-disant « Grand-Orient de l'Empire d'Allemagne », qui

---

[391] On peut trouver une allusion à ce fait dans le *Lotus Bleu* du 7 juillet 1890, au début d'un article sur *Le Maillet du Maître*, qui devait ouvrir une série consacrée au symbolisme maçonnique, mais dont la suite ne parut jamais.

compta parmi ses dignitaires le Dr Franz Hartmann. Pour en revenir à Yarker, nous devons encore signaler que ce même personnage constitua un certain Rite Swedenborgien, qui, bien que soi-disant « primitif et originel » (de même que le Rite de Memphis, de son côté, s'intitule « ancien et primitif »), était tout entier de son invention, et n'avait aucun lien avec les rites maçonniques qui, au XVIIIe siècle, s'étaient inspirés plus ou moins complètement des idées de Swedenborg, et parmi lesquels on peut citer notamment le rite des « Illuminés Théosophes », établi à Londres, en 1767, par Benédictin Chastanier, et celui des « Illuminés d'Avignon », fondé par le bénédictin Dom A.-J. Pernéty. Il est d'ailleurs tout à fait certain que Swedenborg lui-même n'avait jamais institué aucun rite maçonnique, non plus qu'aucune Église, bien qu'il existe aussi actuellement, d'un autre côté, une « Église Swedenborgienne », dite « de la Nouvelle Jérusalem », qui est une secte nettement protestante. En ce qui concerne le Rite Swedenborgien de Yarker, nous possédons une liste de ses dignitaires, datée de 1897, où, suivant la chronologie qui est particulière à ce rite, 7770 A. O. S. (*Ab Origine Symbolismi*) : on y voit figurer le nom du colonel Olcott comme représentant du Suprême Conseil auprès des Grande Loge et Temple de Bombay. Ajoutons que, en 1900, Papus essaya d'établir en France une Grande Loge Swedenborgienne rattachée au même rite, tentative qui eut fort peu de succès ; Papus avait nommé Yarker membre du Suprême conseil de l'Ordre Martiniste[392], et Yarker, par réciprocité, lui avait fait une place, avec le titre de « Grand Maréchal », dans le Suprême Conseil de son Rite Swedenborgien.

Ce qui précède est tout ce qu'il y a lieu de noter, au point de vue maçonnique, en ce qui concerne Mme Blavatsky et le colonel Olcott ; il convient toutefois de rappeler ici que ce dernier, antérieurement à la création de la Société Théosophique, appartenait à la Maçonnerie américaine « régulière ». Mais ce dont les fondateurs de la Société s'étaient

---

[392] Ce Suprême Conseil ne devait compter que vingt et un membres, mais les chartes furent distribuées si généreusement que nous en avons connu plus de soixante.

contentés ne pouvait suffire à Mme Besant, et cela pour deux raisons : d'abord, son tempérament de propagandiste à outrance la portait à s'adresser de préférence à une organisation plus largement répandue, et elle entendait bien y jouer un rôle actif, et non pas purement honorifique ; ensuite, son féminisme ardent s'accommodait mal des grades « d'adoption », sorte d'annexe où les femmes sont tenues à l'écart des travaux sérieux, et il lui fallait une Maçonnerie qui admît au contraire les femmes au même titre que les hommes et sur un pied de complète égalité. C'est là une chose contraire aux principes maçonniques généralement reconnus, et pourtant il existait une telle organisation : c'était la Maçonnerie mixte fondée en France, en 1891, par Maria Deraismes et le Dr Georges Martin, et connue sous la dénomination du « Droit Humain ». Maria Deraismes, qui fut en son temps une des dirigeantes du mouvement féministe, avait été initiée en 1882, contrairement aux constitutions, par la Loge *Les Libres-Penseurs*, du Pecq, qui relevait de la Grande Loge Symbolique Ecossaise ; cette initiation fut déclarée nulle, et la Loge où elle avait eu lieu fut « mise en sommeil » pour ce fait. Mais, quelques années plus tard, le Dr Georges Martin, ancien conseiller municipal de Paris et ancien sénateur de la Seine, qui, comme homme politique, se fit connaître surtout par son insistance à réclamer le droit de vote pour les femmes, et qui avait vu échouer tous ses efforts pour faire admettre celles-ci dans la Maçonnerie « régulière », s'associa avec Maria Deraismes pour fonder une Maçonnerie nouvelle, qui ne fut naturellement reconnue par aucune des obédiences déjà existantes, ni en France ni à l'étranger. Maria Deraismes mourut en 1894 ; après elle, c'est Mme Georges Martin qui fut placée à la tête de la Maçonnerie mixte, laquelle était alors uniquement « symbolique », c'est-à-dire ne pratiquait que trois degrés ; par la suite, on y introduisit les hauts grades, suivant le système écossais en trente-trois degrés, et en 1899 fut fondé le « Suprême Conseil Universel Mixte », qui en est depuis lors le pouvoir directeur. Ce Suprême Conseil est réputé pour son autocratie, qui, en France, provoqua un schisme en 1913 : une partie des Loges formèrent une nouvelle obédience indépendante, appelée « Grande Loge Mixte de France », ne reconnaissant plus que les trois grades symboliques, ainsi que cela avait lieu à l'origine. Cependant, la Maçonnerie mixte s'est répandue peu à peu dans divers pays, notamment en Angleterre, en Hollande, en Suisse et aux États-Unis ; sa première Loge anglaise fut consacrée à Londres, le 26 septembre 1902, sous le titre de *Human Duty* (Le Devoir Humain), tandis que les Loges françaises portent toutes la dénomination uniforme du « Droit Humain », suivie simplement d'un numéro d'ordre.

C'est dans cette Maçonnerie mixte qu'entra Mme Besant, et, là comme dans la Société Théosophique, elle obtint rapidement les plus hauts grades et les plus hautes fonctions : vénérable d'honneur de la Loge de Londres, elle fonda une autre Loge à Adyar sous le titre de *Rising-Sun* (Le Soleil Levant) ; puis elle devint vice-présidente du Suprême Conseil Universel Mixte, et « déléguée nationale » de ce même Suprême Conseil pour la Grande-Bretagne et ses dépendances. En cette dernière qualité, elle organisa la branche anglaise, sous le nom de « Co-Maçonnerie », et elle parvint à lui donner un grand développement, avec une certaine autonomie ; les concessions qu'elle obtint du Suprême Conseil pour réaliser cette organisation comme elle l'entendait sont peut-être la preuve la plus évidente de l'influence considérable qu'elle a su acquérir dans ce milieu. Elle donna à sa branche des statuts qui, sous prétexte d'adaptation à la mentalité anglo-saxonne, furent sensiblement différents de ceux qui étaient et sont encore en usage dans la branche française : ainsi, elle y rétablit toutes les anciennes formes rituéliques qu'a toujours conservées avec soin la Maçonnerie anglaise et américaine, notamment l'usage de la Bible dans les Loges, et aussi la formule « A la gloire du Grand Architecte de l'Univers », que le Grand-Orient de France a supprimé en 1877, et que la Maçonnerie mixte française remplace par « A la gloire de l'Humanité ». En 1913, la Co-Maçonnerie britannique avait à sa tête un Grand Conseil, dont la Grande-Maîtresse était naturellement la S∴ Annie Besant, assistée de la S∴ Ursula M. Bright, chez qui elle réside habituellement lorsqu'elle séjourne en Angleterre, et dont le Grand Secrétaire était le F∴ James I.

Wedgwood, aujourd'hui évêque de l'Église vieille-catholique ; sa représentante pour les Indes était la S∴ Francesca Arundale, tante de l'ancien principal du « Central Hindu College », qui est lui-même un membre éminent de la Co-Maçonnerie. L'influence théosophiste s'exerce aussi d'une façon très sensible dans la branche américaine de la Maçonnerie mixte : c'est la S∴ Annie Besant qui installa, le 21 septembre 1909, la Loge de Chicago [393] ; une théosophiste notoire, la S∴ Alida de Leeuw, est viceprésidente de la Fédération américaine (dont le président est le F∴ Louis Goaziou, d'origine française). Par contre, dans la branche française, les théosophistes et les occultistes n'avaient été jusqu'à ces dernières années qu'une petite minorité, bien que, parmi les fondatrices de la première Loge du « Droit Humain », il y ait eu déjà au moins une théosophiste, Mme Maria Martin, sœur de Miss Francesca Arundale ; elle devint plus tard Grande Secrétaire Générale du Suprême Conseil Universel Mixte, et, lorsqu'elle mourut, elle fut remplacée dans ces fonctions par une autre théosophiste, Mme Amélie Gédalge. Cette dernière est aujourd'hui parvenue à la présidence du Suprême Conseil, où elle remplace Mme Georges Martin, morte en 1914 ; il faut donc croire que, même en France, les théosophistes sont arrivés à s'assurer désormais la prépondérance. Les chefs du théosophisme semblent bien espérer, d'ailleurs, que la branche anglaise est appelée à supplanter la branche française dont elle est issue et à devenir un jour ou l'autre l'organisme central de la « Co-Maçonnerie Universelle » ; mais, même si le centre demeure officiellement en France, il n'en est pas moins soumis dès maintenant à leur influence directe : nouvel exemple de ces procédés d'accaparement que nous avons vus précédemment en œuvre dans l'Église vieille-catholique.

À son origine, la Maçonnerie mixte n'avait rien d'occultiste ni même de « spiritualiste » ; voici, quant à son esprit et à son but, la conception du Dr Georges Martin (nous respectons scrupuleusement le style) : « L'Ordre

---

[393] Extrait du *Bulletin mensuel de la Franc-Maçonnerie mixte*, reproduit dans l'*Acacia*, janvier 1910, pp. 70-78.

Maçonnique Mixte International est la première puissance maçonnique mixte philosophique, progressive et philanthropique organisée et constituée dans le monde, qui se place au-dessus de toutes les préoccupations d'idées philosophiques ou religieuses que puissent professer ceux qui demandent à en devenir membres... L'Ordre veut s'intéresser principalement aux intérêts vitaux de l'être humain sur la terre ; il veut étudier surtout dans ses Temples les moyens de réaliser la Paix entre tous les peuples et la Justice sociale, qui permettra à tous les humains de jouir, durant leur vie, de la plus grande somme possible de félicité morale ainsi que de bien-être matériel »[394]. Et nous lisons encore ailleurs : « Ne se réclamant d'aucune révélation divine et affirmant bien haut qu'elle n'est qu'une émanation de la raison humaine, cette institution fraternelle n'est pas dogmatique ; elle est rationaliste »[395]. Malgré tout, et indépendamment même de toute intervention théosophiste, la Maçonnerie mixte a été amenée peu à peu, par la force des choses, à entretenir des relations plus ou moins suivies avec la plupart des autres organisations maçonniques « irrégulières », même avec celles qui ont le caractère occultiste le plus prononcé. C'est ainsi, par exemple, que, dans une liste des *Past Grand Masters* (Grands-Maîtres honoraires) du Rite National Espagnol, fondé par le F∴ Villarino del Villar, et en rapports étroits avec les organisations du F∴ John Yarker (qui, dans les dernières années de sa vie, devint d'ailleurs un des collaborateurs de la revue anglaise *The Co-Mason*), nous voyons les chefs de la Maçonnerie mixte, y compris Mme Besant, figurer côte à côte avec ceux des principales écoles d'occultisme, dont les querelles, comme nous l'avons déjà noté, n'excluent pas certaines alliances de ce genre[396]. Ce qui est assez curieux, c'est de voir avec quelle insistance, avec quelle âpreté même, tous ces groupements revendiquent la possession des plus pures doctrines maçonniques ; et la CoMaçonnerie, qui est « irrégulière » au

---

[394] *La Lumière Maçonnique*, novembre-décembre 1912, p. 522.

[395] *La Lumière Maçonnique*, pp. 472-473.

[396] Par une erreur dont l'effet est assez comique, on a inscrit en toutes lettres, dans la liste dont il s'agit, *Monsieur* Annie Besant et *Monsieur* Marie Georges Martin.

premier chef, se vante de restaurer la tradition primordiale, comme on le voit par cette phrase qui termine sa déclaration de principes : « La Co-Maçonnerie Universelle rétablit la coutume immémoriale d'admettre sur le pied d'égalité les hommes et les femmes aux *Mystères* desquels est dérivée la Franc-Maçonnerie, fondés sur la Fraternité, la Vérité et la pratique de toutes les vertus morales et sociales »[397]. Du reste, c'est une habitude constante de tous les schismes et de toutes les hérésies, dans quelque ordre que ce soit, de se présenter comme un retour à la pureté des origines : le Protestantisme lui-même ne veut-il pas se faire passer pour une manifestation du pur esprit évangélique, tel qu'il était aux temps du Christianisme primitif ?

La restauration des Mystères, à laquelle fait allusion la phrase que nous venons de citer, est également, nous l'avons vu, une des raisons d'être du « Christianisme ésotérique », de sorte que celui-ci et la Co-Maçonnerie apparaissent, sous ce rapport tout au moins, comme les deux faces complémentaires d'une même entreprise. Qu'on se souvienne aussi de la prétention qu'a la Maçonnerie, d'une façon générale, de constituer un lien entre tous les peuples et entre tous les cultes (c'est ce que la Maçonnerie écossaise, en particulier, entend par le « Saint-Empire ») ; et l'on pourra dès lors comprendre toute la signification de ces paroles prononcées, il y a longtemps déjà, par Mme Besant : « Ce que nous avons à faire maintenant, c'est de nous embarquer dans une période constructive, durant laquelle la Société Théosophique s'efforcera de se faire le centre de la Religion du monde, Religion dont le Bouddhisme, le Christianisme, l'Islamisme et toutes les autres sectes sont les parties intégrantes… En fait, nous considérons, non sans un solide fondement pour notre croyance, que nous représentons seuls l'Église Universelle éclectique et réellement catholique,

---

[397] La première phrase de la même déclaration mérite d'être citée comme un remarquable échantillon du jargon pompeux que l'on rencontre fréquemment dans les documents de ce genre : « L'Ordre de la Co-Maçonnerie Universelle, fondé sur la Liberté de Pensée, l'Unité, la Morale, la Charité, la Justice, la Tolérance et la Fraternité, est ouvert aux hommes et aux femmes, sans distinction de race et de religion. »

reconnaissant comme frères et comme fidèles tous ceux qui, sous chaque forme de culte, recherchent la vérité et la justice »[398]. Ces prétentions pouvaient alors paraître fort extravagantes, et elles le sont en effet, mais on est moins tenté d'en rire lorsqu'on songe aujourd'hui à la persévérance acharnée avec laquelle, depuis un quart de siècle, celle qui les émettait a travaillé à en faire une réalité.

---

[398] Déclaration de Mme Basant à W. T. Stead : *Borderland*, octobre 1897, p. 401.

CHAPITRE XXVI

LES ORGANISATIONS AUXILIAIRES DE LA SOCIÉTÉ THÉOSOPHIQUE

Nous avons déjà signalé l'existence de multiples groupements annexes de la Société Théosophique, qui lui permettent de pénétrer et d'agir dans les milieux les plus divers, et le plus souvent sans faire la moindre allusion à ses doctrines spéciales, sans mettre en avant aucun autre but que la « fraternité universelle » et certaines tendances moralisatrices qui peuvent sembler peu compromettantes. Il faut bien se garder d'effrayer, par des affirmations trop extraordinaires, les gens que l'on se propose d'attirer insensiblement pour s'en faire des auxiliaires plus ou moins inconscients ; l'histoire de l'Église vieille-catholique nous a fourni un exemple de cette dissimulation. Les théosophistes sont animés d'un ardent esprit de propagande, en quoi ils se révèlent bien occidentaux, malgré leurs prétentions contraires, car le prosélytisme répugne profondément à la mentalité orientale, à la mentalité hindoue en particulier ; et leurs méthodes d'infiltration rappellent étrangement celles qui sont communes à beaucoup de sectes protestantes.

Il ne faudrait pas croire, d'ailleurs, que cette façon d'agir soit exclusivement propre à la période la plus récente de la Société Théosophique ; cette action extérieure s'est seulement développée comme la Société elle-même. Ainsi, dans un ouvrage de Mme Blavatsky, nous lisons ceci :

« N'avez-vous pas entendu parler du parti et des cercles « nationalistes » qui se sont formés en Amérique depuis la publication du livre de Bellamy[399] ? Ils commencent à se mettre en avant et le feront de plus en plus, au fur et à mesure que le temps s'écoulera. Eh bien ! l'origine de ce mouvement et de ces cercles est due aux Théosophes ; ainsi, le président et le secrétaire du Cercle nationaliste de Boston (Massachusetts) sont des Théosophes, et la majorité des membres de son bureau exécutif appartient à la Société Théosophique. L'influence de la Théosophie et de la Société Théosophique est évidente dans la constitution de tous ces cercles et du parti qu'ils forment, car ils ont pris pour base et pour premier principe fondamental la Fraternité de l'Humanité, telle que la Théosophie l'enseigne. Voici ce qui se trouve dans la déclaration de leurs principes : « Le principe de la Fraternité de l'Humanité est une des vérités éternelles qui décident du progrès du monde, en établissant la distinction qui existe entre la nature humaine et la nature animale. » Quoi de plus théosophique ? »[400]. D'autre part, vers la même époque, il se forma à Nantes une « Société d'Altruisme », dont le programme se répartissait sur des sujets divers : hygiène, morale, philosophie, sociologie, et qui comprenait une section d'études théosophiques, laquelle ne tarda pas à se constituer en « Branche Altruiste de la Société Théosophique » ; ce fut la seconde branche de la Société Théosophique en France[401].

Nous avons là un exemple de chacun des deux types d'organisations dont nous devons préciser ici la nature : il en est, en effet, qui, sans avoir aucun lien officiel avec la Société Théosophique, n'en sont pas moins dirigées ou inspirés par les théosophistes, comme les « cercles nationalistes » américains dont parlait Mme Blavatsky. Pour nous borner aux associations de ce genre qui existent en France, ou qui du moins y existaient à une date récente, nous citerons les suivantes, dont nous avons relevé les noms au hasard dans quelques publications théosophistes :

---

[399] *Looking backwards* (Coup d'œil rétrospectif).
[400] *La Clef de la Théosophie*, pp. 65-66.
[401] *Lotus Bleu*, 7 avril 1890.

« Société Végétarienne de France » ; « Ligue pour l'organisation du Progrès » ; « Assistance Morale Indépendante » (Les Vieillards assistés) ; « Association des Villégiatures féminines » ; « Société de Criminalogie (*sic*) et de Défense sociale » ; « Société Idéaliste, Union internationale pour la réalisation d'un idéal supérieur dans les lettres, les arts et la pensée » ; et il y en a certainement d'autres encore. Dans le même ordre d'idées, nous avons déjà noté le rôle que les théosophistes ont joué dans la diffusion du « Scoutisme » ; nous ajouterons qu'ils sont aussi très nombreux dans divers groupements à tendances plus ou moins nettement protestantes, comme, par exemple, la société « Foi et Vie ».

Quant aux associations qui, comme l'était la « Société d'Altruisme » de Nantes, sont proprement des organisations auxiliaires de la Société Théosophique et lui sont entièrement subordonnées, sans pourtant en porter toujours l'étiquette, nous avons dit plus haut qu'elles sont aujourd'hui réunies, pour la plupart, dans ce qu'on appelle l'« Ordre de Service de la Société Théosophique », qui se définit comme « un essai d'application de la théosophie en vue de pourvoir aux besoins de toutes les classes de l'humanité ». Voici une énumération des principales branches de cet « Ordre de Service », avec l'indication du siège de chacune d'elle[402] :

Éducation : « Le relèvement des classes déprimées », Allepy ; « Ligue de l'Éducation », Rangoon (Birmanie) ; « Éducation Théosophique », Amsterdam ; « Éducation Morale », Paris ; « Éducation Harmonieuse », La Haye ; « Éducation Nationale », Muzaffurpur (Inde) ; « Ligue pour l'Éducation des jeunes filles », Bénarès ; « Ligue pour l'Éducation », Bruxelles ; « Chaîne d'Or » et « Tables Rondes » pour la jeunesse. – *Réforme des maux sociaux* : « Abolition de la vivisection, de la vaccination et de l'inoculation », Londres, Manchester et Bournemouth ; « Antivivisection », New-York ; « Medical », Londres ; « La Sociologie et le

---

[402] La plus grande partie de cette énumération est empruntée à un rapport publié dans le *Théosophe* du 1er août 1913 ; nous y avons ajouté quelques nouvelles organisations créées depuis cette date.

Problème social », Manchester ; « Développement de la pureté sociale », Chicago ; « Développement de la tempérance et de la moralité », Surat (Inde) ; « Idéals élevés », Spokane (États-Unis) ; « Travaux d'hôpitaux et de prisons », Seattle (États-Unis) ; « Abolition des mariages entre enfants » (Inde) ; « Protection des animaux », Adyar ; « Les Sept M »[403], Buitenzorg (Indes néerlandaises) ; « Ligue mentale internationale de la Paix », Rio-de-Janeiro ; « Ligue de l'Union mentale pour la Paix », Cuba ; « Wereldvrede » (Paix Universelle), La Haye ; « Ligue Théosophique belge pour la Paix Universelle », Bruxelles. – *Propagation de la théosophie* : « Traduction d'ouvrages sur la Sagesse de l'Islam » (c'est-à-dire le Sufisme) [404], Muzaffurpur ; « Ligue Braille » (édition d'ouvrages théosophiques pour les aveugles), Londres et Boston ; « Université Théosophique », Chicago ; « L'Oasis, pour répandre la théosophie parmi les ouvriers de l'arsenal », Toulon ; « L'Union Fraternelle, pour répandre la théosophie parmi les classes laborieuses », Paris ; « Science, Religion et Art », Brooklyn ; « Bodhalaya », Bombay ; « Mission Théosophique », New-York ; « Ligue de la Pensée Moderne », Adyar ; « Ligue Théosophique Espéranto »[405], Londres ; « Ligue de la Méditation journalière », Londres. – *Buts divers* : « Æsculapius », Bénarès et Manchester ; « Fraternité des Guérisseurs », Leyde ; « Ordre des Aides »[406], Melbourne ; « Ligue de l'Unité », Paris ; « Diminution de la souffrance », Paris ; « Ligue des Serviteurs suisses, pour

---

[403] Ces sept M sont les initiales des noms malais de sept choses dont les adhérents doivent prendre l'engagement de s'abstenir.

[404] Il existe aussi un soi-disant « ordre des Sufis » qui est étroitement lié à la Société Théosophique ; cette organisation, fondée en Amérique en 1910 par Inayat Khan, a aujourd'hui des branches en Angleterre et en France ; il est bon de dire que les véritables Sufis n'ont jamais formé un Ordre ni une association quelconque. – Sur le Sufisme accommodé aux conceptions théosophistes, voir aussi *l'Islamisme Ésotérique*, par Edmond Bailly.

[405] L'intérêt pris à la propagation de l'*espéranto* par les théosophistes, ainsi que par la Maçonnerie, mérite d'être signalé spécialement ; ce mouvement a aussi des attaches avec celui du « Scoutisme », et, d'un autre côté, l'association de la « Paix par le Droit » a créé une « Bibliothèque espérantiste pacifiste ».

[406] Il s'agit sans doute des « aides invisibles » institués en vue du « travail astral » par M. Leadbeater ; on a vu que celui-ci est actuellement établi en Australie, où se trouve le siège de l'Ordre en question.

le développement de la fraternité et de l'union », Neuchâtel ; « Ligue Idéaliste belge », Anvers ; « Association de la Pensée, pour préparer le monde à l'avènement du *Maître* », Capetown ; « Ordre indépendant de l'Étoile d'Orient » et « Serviteurs de l'Étoile » ; « Ligue SaintChristophe, pour aider ceux qui ont un lourd karma physique », Londres ; « Redemption League, pour la protection de la femme et de la jeune fille » ; « Ordre de la Lyre, pour réaliser, par un contact toujours plus intime avec la Nature, le développement progressif du sens interne qui donne la perception de la Vie », Genève ; « Ligue européenne pour l'organisation des Congrès théosophiques ».

Nous reviendrons sur le caractère le plus général de ces associations, qui peut se résumer dans le mot de « moralisme » ; mais nous devons tout d'abord signaler, dans ce qu'on peut appeler l'activité extérieure de la Société Théosophique, la place considérable qu'occupent les œuvres d'éducation, sans même parler des collèges et écoles qui, dans l'Inde et ailleurs, sont aussi des fondations théosophistes. Nous avons déjà mentionné les efforts qui sont faits pour enrôler indirectement les enfants dès leur plus jeune âge, et les organisations qui ont été spécialement formées à cette intention ; nous noterons encore qu'il existait à Paris, avant la guerre, un journal mensuel intitulé *Le Petit Théosophe*, « s'adressant à la jeunesse de sept à quinze ans ». Mais il faut ajouter que, parmi les œuvres dites d'éducation, toutes ne s'adressent pas exclusivement aux enfants ou aux jeunes gens, et qu'il en est aussi qui sont destinées aux adultes : c'est ainsi qu'on vit les théosophistes porter un vif intérêt à l'œuvre des « Écoles d'été », qui sont « des réunions d'hommes animés d'un même idéal qui profitent de leurs vacances pour passer quelque temps ensemble, se livrer à un enseignement mutuel et puiser dans le contact d'âmes sympathiques de nouvelles forces pour les luttes de la vie quotidienne ». Voici quelques extraits d'un article consacré par un organe théosophiste à cet « admirable moyen de propagande, mis à profit de plus en plus par les mouvements tendant à aider au progrès de l'humanité » :

« Il y a deux sortes d'Écoles d'été. Les unes sont l'œuvre d'une société déterminée, et s'adressent surtout aux membres de cette société, comme les Écoles si réussies qui sont tenues chaque année en Angleterre par la Société Végétarienne de Manchester ou la Société Fabienne. On en compte un grand nombre en Grande-Bretagne et aux États-Unis. Les autres, au contraire, font appel à tous les hommes qui ont comme lien commun, plus ou moins lâche d'ailleurs, de partager les mêmes opinions sur un sujet donné. On a vu ainsi des Écoles d'été spiritualistes réunissant des représentants de presque toutes les sectes protestantes d'Angleterre unis par un même désir de fraternité. De même, l'École d'été humanitaire tenue à Brighton les deux dernières années réunissait des libres-penseurs, des spirites, des théosophes, des occultistes, des antivivisectionnistes, des végétariens, des cité-jardinistes (sic) et même des matérialistes... On peut dire qu'étant donné les facilités d'expression et d'échange qu'on y rencontre, les Écoles d'été constituent une véritable « Coopération des Idées ». Nous pensons que le moment est venu de doter la France d'un pareil instrument de progrès. Nous avons l'intention de tenter d'ouvrir cette année une École d'été aux environs de Paris, probablement dans la forêt de Fontainebleau. La réussite, au point de vue du nombre des participants, est déjà assurée ; de nombreux Théosophes. Végétariens, Rythmiciens, Espérantistes, Harmonistes, Naturistes, pressentis, nous ont assuré de leur adhésion »[407]. La guerre empêcha de donner suite à ce projet mais il ne faudrait pas s'étonner de le voir reprendre quelque jour sous une forme ou sous une autre ; on peut imaginer aisément quels étranges rassemblements doivent former des hommes recrutés dans tous ces milieux, assurément disparates, mais reliés malgré tout par de mystérieuses affinités.

Un autre point important à noter, c'est que la propagande, et non pas seulement celle des idées plus ou moins vagues de « fraternité » et de « moralité », mais même la propagande théosophiste nettement

---

[407] *Le Théosophe*, 1er mars 1914.

caractérisée, cherche volontiers à s'exercer dans les milieux ouvriers. Dans la nomenclature que nous avons donnée, on a pu voir qu'il existe à Paris une société qui se propose formellement ce but, et qu'il en est une autre dont l'action, chose remarquable, vise exclusivement les ouvriers de l'arsenal de Toulon, lesquels semblent d'ailleurs constituer un milieu de prédilection pour toutes sortes de propagandes plus ou moins suspectes, car on sait que cet arsenal s'est fréquemment révélé comme un actif foyer de menées révolutionnaires. Nous serions curieux de savoir comment les ouvriers apprécient certains points de l'enseignement théosophiste, si toutefois on les leur expose ; nous nous demandons s'ils peuvent être bien flattés d'apprendre, par exemple, qu'ils sont des « animaux lunaires », qui ne sont parvenus à l'humanité que dans la présente « chaîne planétaire », et certains même au cours de la « ronde » actuelle, tandis que les « bourgeois » étaient déjà des hommes dans la « chaîne » précédente ; nous n'inventons rien, c'est M. Leadbeater lui-même qui raconte tout cela le plus sérieusement du monde (le mot « bourgeois » est même en français dans son texte)[408] ; mais ces choses sont probablement de celles qu'on juge préférable de passer sous silence quand on s'adresse à un auditoire ouvrier. Quoi qu'il en soit, sur ce terrain éminemment « démocratique », le théosophisme se trouve en concurrence, et dans des conditions plutôt désavantageuses, avec le spiritisme, qui est mieux à la portée des esprits incultes (tandis que le théosophisme est plutôt fait pour séduire ceux qui possèdent une demi-culture), et dont la propagande non moins acharnée fait, en certaines régions surtout, de nombreuses victimes dans le monde ouvrier. Ainsi, il existe (ou du moins il existait avant la guerre, qui a dû y apporter quelque perturbation) une secte spirite dénommée « Fraternisme », dont le centre était à Douai, et qui avait recruté des milliers d'adhérents parmi les mineurs du Nord de la France ; une autre secte spirite assez analogue existait en Belgique sous le nom de « Sincérisme », et elle avait pour chef un Maçon de haut grade, le chevalier Le Clément de Saint-Marcq. Sans quitter les mêmes régions, nous trouvons encore un autre

---

[408] *L'Occultisme dans la Nature*, pp. 226-230 et 331-333.

exemple très frappant dans le cas de l'« Antoinisme », cette pseudo-religion qui prit en Belgique un développement si extraordinaire, et qui possède même un temple à Paris depuis 1913 ; son fondateur, qu'on appelait le « Père Antoine », mort en 1912, était lui-même un ancien ouvrier mineur à peu près illettré ; c'était un « guérisseur » comme on en rencontre beaucoup parmi les spirites et les magnétiseurs, et ses « enseignements », que ses disciples regardent comme un nouvel Évangile, ne contiennent qu'une sorte de morale protestante mêlée de spiritisme, et qui est de la plus lamentable banalité. Ces « enseignements », qui sont parfois rédigés en un jargon presque incompréhensible, et où l'« intelligence » est sans cesse dénoncée comme le plus grand des maux, sont tout à fait comparables à certaines « communications » spirites ; du reste, Antoine était précédemment à la tête d'un groupe spirite, dit des « Vignerons du Seigneur », et ses disciples croient à la réincarnation comme les spirites ordinaires et les théosophistes. Au moment où la guerre éclata, la « religion antoiniste » était sur le point d'être reconnue officiellement ; un projet de loi avait été déposé à cet effet par deux des chefs de la Maçonnerie belge, les sénateurs Charles Magnette et Goblet d'Alviella. Depuis cette époque, on a raconté des choses singulières sur le respect tout spécial témoigné par les Allemands à l'égard des temples antoinistes, et que les adhérents de la secte attribuèrent à la protection posthume du « Père », Cette secte de « guérisseurs » n'est pas absolument unique en son genre : il en est une autre, d'origine américaine, connue sous la dénomination de « Christian Science », qui cherche actuellement à s'implanter en France, et il paraît même qu'elle a quelque succès dans certains milieux[409] ; sa fondatrice, Mme Baker Eddy, avait annoncé qu'elle ressusciterait six mois après sa mort ; Cette prédiction ne s'est pas réalisée, ce qui n'a pas empêché l'organisation dont il s'agit de continuer à prospérer, tant est grande la crédulité de certaines gens[410]. Mais, pour en revenir à l'Antoinisme, ce qu'il y a de

---

[409] La revue *La Science et la Vie*, organe de vulgarisation scientifique et industrielle dans lequel on ne s'attendrait pas à trouver des choses de ce genre, a publié, depuis le début de 1919, toute une série d'articles consacrés à la propagande de la « Christian Science ».

[410] Signalons encore l'existence, en Amérique, d'une autre secte analogue, celle des « Mental

particulièrement remarquable au point de vue où nous nous plaçons ici, c'est que les théosophistes lui témoignent une vive sympathie, comme le prouve cet extrait d'un de leurs journaux : « La Théosophie ayant une portée à la fois morale, métaphysique, scientifique et ésotérique, il n'est pas permis de dire que les enseignements théosophiques et antoinistes sont identiques ; mais on peut affirmer que la morale antoiniste et la morale théosophique présentent entre elles de très nombreux points de contact. Le *Père*, d'ailleurs, ne prétend que rénover l'enseignement de Jésus de Nazareth, trop matérialisé à notre époque par les religions qui se réclament de ce grand Être[411] ». Un tel rapprochement est, au fond, assez peu flatteur pour le théosophisme ; mais il ne faut s'étonner de rien, car le « Père Antoine », malgré l'ignorance et la médiocrité intellectuelle dont il fit toujours preuve, fut considéré par certains occultistes plutôt naïfs comme « un des douze Grands-Maîtres Inconnus de la Rose-Croix » ; et les mêmes occultistes attribuaient aussi cette qualité à plusieurs autres « guérisseurs » du même genre, notamment à Francis Schlatter, un Alsacien émigré en Amérique, et qui disparut d'une façon assez mystérieuse vers 1897[412] ; pourquoi n'arriverait-on pas tout aussi bien à faire de ces gens des sortes de « Mahâtmâs » ?

Une propagande théosophiste d'un tout autre genre que celle qui nous a conduit à cette digression, c'est celle qui s'exerce dans les milieux artistiques et littéraires ; nous en avons un exemple tout récent. Au début de 1918 parut un journal intitulé *L'Affranchi*, qui, par la façon dont il comptait ses années d'existence, se donnait comme la suite de l'ancien *Théosophe*, mais dans lequel le mot même de « théosophie » ne fut jamais prononcé. Ce journal, qui avait pour devise : « Hiérarchie, Fraternité,

---

Scientists », qui prétendit guérir les maladies par leur simple négation ; pour cette raison, on les appelle aussi *Deniers* (Négateurs).
[411] Article intitulé *Une religion spirituelle*, paru dans le *Théosophe* du 1er décembre 1913.
[412] *Histoire des Rose-Croix*, par Sédir, pp. 55 et 126 : l'auteur déclare d'ailleurs que cette affirmation est erronée. – L'écrivain occultiste Auguste Strindberg a raconté dans *Inferno* (pp. 110-113), une histoire fantastique au sujet de ce Schlatter.

Liberté », ne contenait que des articles signés de pseudonymes, dont une grande partie était consacrée aux questions sociales ; il y était fait de très discrètes allusions au « Messie futur », dont on présentait comme des précurseurs, à mots couverts, certains personnages en vue, parmi lesquels Wilson et Kerensky. À côté de ces articles, il y en avait d'autres qui traitaient de l'art et de son rôle dans l'« évolution », et aussi de bizarres poèmes décadents ; et le groupe des « Affranchis », dont ce journal était l'organe, se manifestait en même temps par des représentations et des expositions du modernisme le plus outrancier (il y eut même un « Guignol Affranchi ») ; on annonçait aussi l'apparition de deux nouvelles publications spéciales, *L'Art et Le Travail*, et on organisait même au siège social un service de consultations juridiques. Au même groupement appartenait encore la *Revue Baltique*, « consacrée à la défense particulière des questions des pays baltiques, qui seront la clef de la paix mondiale », ce qui montre qu'on y mêlait les préoccupations politiques et diplomatiques à la littérature[413]. En août 1918, le groupe prit à bail la maison de Balzac, menacée de destruction, dont son administrateur, M. Carlos Larronde, devint conservateur, et dont on déclara vouloir faire le siège d'une « Corporation des Artistes » et « un centre de renaissance intellectuelle et artistique ». Il ne faut pas oublier que les théosophistes ont à leur disposition des fonds considérables, ce qui donne à leur propagande une force très réelle et qu'il serait vain de contester ; on en a une autre preuve dans l'important immeuble qu'ils ont fait édifier en ces dernières années à Paris, square Rapp, pour y établir leur « quartier général » ; cet immeuble est la propriété de la « Société Immobilière Adyar », dont le président est M. Charles Blech, secrétaire général de la section française de la Société Théosophique (ou « Société théosophique française », pour employer l'appellation qui a maintenant prévalu officiellement). À l'intérieur de l'organisation des « Affranchis » et au-dessus d'elle, il s'en trouvait deux autres plus fermées, le « Groupe mystique *Tala* » (Le Lien) et le « Centre

---

[413] Parmi les principaux membres du groupe figurait d'ailleurs M. de LubiczMilosz, qui est aujourd'hui représentant officiel du gouvernement lithuanien à Paris.

Apostolique » ; celles-là, bien entendu, étaient nettement théosophistes. Enfin, en mai 1919, on annonça « l'intention d'établir à Saint-Rémi-lèsChevreuse une *École synthétique d'éducation* où toutes les facultés de l'enfant recevront un développement parallèle et où les dons particuliers seront cultivés jusqu'à leur complet épanouissement ; chacun se classera d'après ses aptitudes et son travail ». Aujourd'hui, le groupe des « Affranchis » a changé de nom : il est devenu le groupe des « Veilleurs »[414] (sans doute par allusion aux *Egrêgoroi* du Livre d'Enoch, dont l'interprétation a toujours fortement préoccupé les occultistes), et il se livre à des essais de vie en commun qui font songer aux utopies socialistes de la première moitié du XIXe siècle ; nous ne savons s'ils auront plus de succès que ces dernières, mais il est permis d'en douter, ca nous avons entendu dire qu'il y avait eu déjà quelques scissions (notamment entre les groupements dirigés par MM. Gaston Revel et René Schwaller) qui font plutôt mal augurer de l'avenir.

Nous venons de citer incidemment un témoignage de l'admiration que les théosophistes professèrent à l'égard du président Wilson ; l'idée de la « Société des Nations », en effet, était assurément de celles qui ne pouvaient manquer de séduire et d'enthousiasmer ces « humanitaires ». Aussi vit-on se former en 1918 une « Union pour l'Affranchissement des Peuples », dont le « comité permanent » avait son siège dans les bureaux de l'*Affranchi*, et qui, dans son manifeste, « adressa l'hommage du monde reconnaissant au président Wilson, porte-parole de la conscience humaine », en ajoutant : « Une ère nouvelle commence pour l'humanité. La période atroce des guerres a pris fin. La Société des Nations s'opposera irrésistiblement aux menaces de la violence et au réveil de l'esprit conquérant. Le programme de paix formulé par le président Wilson sur la base du droit des peuples à disposer d'eux-mêmes peut seul garantir au monde l'établissement définitif de la justice et de la concorde… Pendant la

---

[414] L'association a été déclarée sous ce titre le 19 juillet 1920 ; à son siège social, 17, boulevard de Boulogne (Parc des Princes), fonctionne une œuvre d'éducation physique dite « Institut Eurythmothérapique », dirigée par Mme Madeleine Leprince et le Dr Thiers.

période libératrice qui commence, l'Union pour l'Affranchissement des Peuples sera, devant l'opinion universelle, l'interprète sincère et l'organe impartial des nationalités. Elle secondera les efforts de toutes les collectivités humaines dans leur évolution vers le bien. » En septembre de la même année, ce groupement théosophiste fit encore paraître une autre publication intitulée *Le Drapeau Bleu*, « journal du Monde Nouveau » et « organe de la Société des Nations et des Classes », avec cette devise : « Évoluer vers l'Unité, dans la Hiérarchie, par l'Amour » ; comme on le voit, l'idée d'évolution constitue pour les théosophistes une véritable obsession[415]. Il paraît que le drapeau bleu est un « symbole de synergie, de sympathie, de synthèse dans l'ordre national et international »[416] ; on retrouve ici un exemple des formules pompeuses et vides qui ont cours dans tous les milieux de ce genre, et qui suffisent pour en imposer aux naïfs. Il fut également fondé, un peu plus tard, un groupe italien du « Drapeau Bleu », appelé « Società per l'Evoluzione Nazionale », ayant pour organe la revue *Vessillo*, et pour devise : « Pour la Nation comme Individu, pour l'Humanité comme Nation ». Tout cela nous rappelle le fameux « Congrès de l'Humanité » dont nous avons parlé plus haut : l'inspiration est bien la même, et les résultats ne seront sans doute pas beaucoup plus brillants ; pourrait-il en être autrement, alors que même la « Société des Nations » officiellement constituée ne peut vivre et que nous assistons déjà à son effondrement ? En tout cas, il est un fait certain : c'est que les milieux dont nous nous occupons ici et ceux avec lesquels ils ont des affinités sont tous plus ou moins pacifistes et internationalistes ; mais, si l'internationalisme d'un grand nombre de théosophistes, de ceux qui forment la masse, est

---

[415] Deux théosophistes français, les Drs A. Auvard et M. Schultz, ont même inventé une doctrine spéciale à laquelle ils ont donné le nom plutôt barbare d'« évoluisme ».

[416] Les espérantistes, de leur côté, ont pris comme emblème le drapeau vert, dont la couleur correspond au nom donné à la « langue auxiliaire internationale » qu'ils s'efforcent de propager ; ils ont aussi pour insigne une étoile à cinq branches, tout à fait analogue à l'« étoile flamboyante » de la Maçonnerie et à l'étoile d'argent que portent les membres de l'« Ordre de l'Étoile d'Orient » ; faut-il aussi faire un rapprochement du même genre pour l'étoile bleue qui sert de marque distinctive à certaines sociétés antialcooliques ?

assurément réel et sincère, on peut se demander s'il en est bien de même de celui de leurs chefs, qui nous ont déjà donné tant de raisons de douter de leur sincérité en toutes choses ; nous essaierons plus loin de répondre à cette question.

CHAPITRE XXVII

LE MORALISME THÉOSOPHISTE

Nous avons déjà eu l'occasion d'indiquer que, depuis la mort de Mme Blavatsky, le côté doctrinal du théosophisme avait perdu de son importance au profit du côté moral et sentimental ; ce n'est pas à dire, d'ailleurs, que ce dernier ait été absent à l'origine, puisque la « fraternité universelle » a toujours été le premier des trois buts proclamés par la Société Théosophique. Sous ce rapport, sinon en ce qui concerne la propagande théosophiste proprement dite, c'est Mme Blavatsky elle-même qui avait pris notamment l'initiative d'une action dans certains milieux ouvriers ; voici en effet ce qu'elle écrivait en 1890 : « À Londres, dans le vrai centre du matérialisme le plus luxueux, nous avons fondé, dans l'*East-End*, le premier club des Femmes-Ouvrières complètement libre de conditions et croyances théologiques. Jusqu'à ce jour, de pareils efforts ont été sectariens et ont imposé certaines croyances spéciales religieuses ; les nôtres sont basés sur la *fraternité humaine* seulement, et ne reconnaissent aucune différence de croyance comme barrière »[417]. Il s'agissait donc là, dans la pensée de la fondatrice, d'une concurrence directe aux institutions charitables à caractère confessionnel, et cette concurrence devait être également portée sur d'autres terrains, particulièrement sur celui de l'éducation ; c'est dans ce sens qu'il faut entendre des déclarations comme celle-ci : « Le devoir de tous les Théosophes, ayant cet objet (de la fraternité universelle) en vue, est de propager une éducation *non-sectaire*, dans tous les pays et par tous les

---

[417] *Lotus Bleu,* 7 octobre 1890, p. 237.

moyens pratiques »[418]. Mais, de l'aveu même de nombreux théosophistes aujourd'hui dissidents, les œuvres d'éducation et autres de la Société Théosophique ont pris au contraire, avec Mme Besant, un caractère « sectaire » fort prononcé ; nous croyons d'ailleurs, pour notre part, que cette « évolution » fâcheuse était inévitable, car la Société Théosophique, qu'on le veuille ou non, est une secte comme une autre, et elle l'a toujours été, bien que son allure « pseudo-religieuse » soit certainement allée en s'accentuant. C'est précisément pour donner à leur mouvement le caractère d'une religion tout en assurant cependant que telle n'est point leur intention, que les chefs actuels du théosophisme insistent tant sur le « moralisme », car ils croient, conformément à la conception protestante, que c'est là l'essentiel en toute religion : « Toutes recommandent les mêmes vertus et condamnent les mêmes vices, dit M. Leadbeater,… et les membres de toutes les religions sont d'accord pour déclarer qu'un homme, pour mériter le nom d'homme de bien, doit être juste, bienveillant, généreux et véridique »[419]. C'est avec la même intention que les théosophistes développent surtout aujourd'hui des théories comme celles du « karma » et de la réincarnation, et qu'ils s'étendent complaisamment sur ce qu'elles ont de « consolant »[420] ; du moins, ce sont eux qui les trouvent telles, tandis que d'autres peuvent les apprécier d'une façon tout opposée : simple différence, au fond, dans les dispositions sentimentales de chacun ; mais l'important quand on veut se rendre compte de la mentalité théosophiste, est de voir combien ce caractère « consolant » contribue à faire accepter des théories comme celles-là, indépendamment de toute justification logique qu'on ne saurait tenter sans quelque imprudence. Dans le fait d'avoir adopté une telle attitude, il y a le signe incontestable d'une faiblesse intellectuelle chez les dirigeants du théosophisme ; mais il y a encore autre chose : c'est la concurrence religieuse qui se poursuit, sous une forme différente de celle qu'elle revêtait au début ; pour rivaliser avec les religions, il fallait bien

---

[418] *La Clef de la Théosophie*, p.64.
[419] *L'Occultisme dans la Nature*, p.379.
[420] Voir par exemple une brochure intitulée *A ceux qui souffrent*, par Mlle Aimée Blech.

offrir des avantages comparables à ceux que trouve dans celles-ci le commun de leurs fidèles. Le théosophisme devait donc en arriver tôt ou tard, par la force des choses, à se présenter comme une secte religieuse ; qu'il l'avoue ou qu'il le nie, cela n'y change rien ; et cette secte, si l'on tient compte des origines de ses chefs, devait forcément avoir des tendances analogues à celles des sectes protestantes : c'est ce qui s'est produit effectivement, et ces tendances ont dans la prépondérance du « moralisme » une de leurs manifestations les plus significatives.

Si l'on se reporte à la liste des organisations auxiliaires de la Société Théosophique, que nous avons donnée dans le chapitre précédent, il est facile de se rendre compte que le but déclaré de presque toutes ces associations, en mettant à part celles qui ont un caractère très spécial et ouvertement théosophiste, se rattache à peu près exclusivement à un certain nombre d'idées directrices à base sentimentale : humanitarisme, pacifisme, antialcoolisme, végétarisme, qui sont particulièrement chères à la mentalité essentiellement « moraliste » du Protestantisme anglosaxon. Certains mouvements actuels, certaines campagnes antialcooliques par exemple, ont des dessous fort curieux à étudier ; il serait très instructif d'y suivre, d'une part, l'influence du Protestantisme, et, d'autre part, celle de la Maçonnerie et des sociétés secrètes ; et nous ajouterons que l'étude du mouvement féministe, même en dehors de la « Co-Maçonnerie » dont nous avons parlé, ne serait pas moins intéressante au même point de vue. Nous nous bornerons ici à citer quelques exemples en ce qui concerne l'antialcoolisme et le végétarisme ; il est bien entendu que les organisations que nous allons mentionner n'ont aucun lien direct avec le théosophisme, mais il n'en est pas moins incontestable qu'elles procèdent du même esprit.

Il existe en Amérique deux sociétés secrètes, l'une masculine et l'autre féminine, appelées « Fils de Jonadab » et « Filles Unies de Réchab », qui basent leur organisation sur ce verset biblique : « Nous ne boirons pas de vin, car Jonadab, fils de Réchab, notre père, nous a fait ce commandement, disant : Vous ne boirez pas de vin, ni vous ni vos fils à tout jamais »[421] ; aucun membre qui a rompu son engagement ne peut être réintégré par la suite. Une autre association analogue est l'« Ordre des Fils de la Tempérance », qui est réservé aux hommes, mais auquel se joignent celui des « Filles de la Tempérance », pour les femmes, et celui des « Cadets de la Tempérance », pour les jeunes gens. À la question : « Pourquoi cet Ordre possède-t-il des secrets ? », voici la réponse qui est donnée : « Une ancienne allégorie enseignait que l'*Envie* et l'*Oisiveté* se marièrent un jour, et qu'elles eurent un enfant, dont le nom fut *Curiosité*. Cet enfant vit encore sur la terre, où il est comme une sorte d'être omniprésent qui assure sa subsistance en dérobant un peu à l'un, un peu à l'autre, et quelque chose à tous. C'est pour éviter les trop fréquentes incursions de cette créature indiscrète et importune que les secrets furent introduits dans notre Ordre. » Nous donnons cette citation parce qu'elle est assez caractéristique de la mentalité spéciale qui règne dans tous ces groupements ; nous ne croyons pas qu'on ait jamais songé, avant l'époque contemporaine, à former des sociétés secrètes pour des buts aussi puérils. D'autre part, il existe dans la Maçonnerie anglaise des Loges spéciales, dites « Loges de tempérance », dont les membres prennent l'engagement de s'abstenir rigoureusement de toute boisson alcoolique. Enfin, nous signalerons l'« Ordre indépendant des Bons Templiers », autre association d'origine américaine, qui exige aussi le serment formel du secret, sous prétexte d'habituer ses membres à être maîtres d'eux, et qui a de nombreuses attaches avec la Maçonnerie ; à côté des Loges d'adultes, où les membres des deux sexes sont admis à partir de seize ans, cet Ordre possède des Loges enfantines ou « Temples de la Jeunesse ». Il existe plusieurs branches de cette organisation dans divers pays d'Europe : Angleterre, pays scandinaves, Allemagne, Hongrie, Suisse, Belgique et France ; En 1906, le « Grand Chef Templier international » était M. Wawrinski, député au

---

[421] *Jérémie*, XXV, 6.

Parlement suédois ; le chef de la branche française est le Dr Legrain, médecin-chef de l'asile de Ville-Evrard[422].

L'antialcoolisme fait aussi partie des enseignements théosophistes : « L'alcool, a écrit Mme Blavatsky, est un pire ennemi que la viande pour l'avancement spirituel et moral, car, sous quelque forme que l'on s'en serve, la condition psychique de l'homme en éprouve une influence directe marquée et très nuisible »[423]. Quant au végétarisme, les raisons pour lesquelles les théosophistes le préconisent sont de différentes sortes ; tout d'abord, on met en avant, là aussi, la question de l'« évolution spirituelle » : « L'homme qui se nourrit de la chair des animaux absorbe aussi quelquesunes des propriétés de l'animal dont cette chair provient. La Science Occulte enseigne et prouve à ses disciples, par une démonstration oculaire (*sic*), que l'effet « abrutissant » et « animal » produit sur l'homme par cette nourriture a le plus de force lorsqu'il s'agit de la chair des grands animaux, moins par celle des oiseaux, moins encore par celle des poissons et des autres animaux à sang froid, mais que la nourriture qui a le moins d'influence de ce genre est celle qui provient des végétaux… Nous conseillons réellement, à ceux qui veulent se vouer à une étude sérieuse, de ne prendre que la nourriture qui sera la moins lourde pour leurs cerveaux et pour leur corps et qui contribuera le moins à retarder et à entraver le développement de leur intuition, ainsi que de leurs pouvoirs et de leurs facultés intérieures »[424]. Comme le montrent ces derniers mots, c'est surtout en vue de certains « entraînements psychiques » que le végétarisme est tout spécialement recommandé, sinon même imposé, aux membres de la « section ésotérique » ; mais, si Mme Blavatsky l'avait réellement cru aussi nécessaire à cet égard qu'elle le prétendait, il est probable qu'elle eût commencé par l'adopter pour son usage personnel, ce qu'elle ne fit jamais ; on ne peut, il est vrai, adresser le même reproche à Mme Besant. Les raisons

---

[422] Le Dr Legrain appartient en même temps à la Maçonnerie : il fut, en 1901, vénérable de la Loge *La Jérusalem Ecossaise*.
[423] *La Clef de la Théosophie*, p. 369.
[424] *La Clef de la Théosophie*, pp. 367-368.

précédentes sont assurément très discutables, mais, en tout cas, elles sont beaucoup moins ridicules que les considérations sentimentales qu'on y ajoute pour justifier le végétarisme d'une façon plus générale, et qui sont même celles sur lesquelles les théosophistes actuels paraissent insister le plus : nous sommes les frères des animaux, disent-ils, et on ne doit pas dévorer ses frères, même s'ils sont moins « évolués » que nous ; on pourrait leur répondre que, de la façon dont ils comprennent l'évolution, nous sommes aussi les frères des végétaux, voire même des minéraux, de sorte que leur raisonnement, rigoureusement poursuivi et appliqué, nous condamnerait à mourir de faim purement et simplement. Ce n'en est pas moins pour ce motif surtout que la plupart des théosophistes tiennent beaucoup au régime végétarien, auquel ils ajoutent toutefois d'ordinaire le lait et les œufs, qui sont pourtant bien des substances animales ; il est vrai qu'il y a dans le végétarisme plusieurs variétés et plusieurs degrés. Il ne s'agit pas, dans notre pensée, de condamner absolument le végétarisme en lui-même, mais ce qu'on peut dire raisonnablement, c'est que le régime alimentaire doit être uniquement affaire de climat, de race et de tempérament ; Papus a pu écrire très justement qu'« il faut être ignorant comme un théosophiste pour imposer à des Anglais le même régime alimentaire qu'à des Hindous »[425], et il raconte à ce propos le trait suivant : « À Londres, dans le quartier général d'une société mystique (la Société Théosophique), nous avons vu deux membres, la comtesse de W... et Mme M...[426], mourant littéralement de faim pour éviter de manger des « êtres vivants », tandis que les fondateurs, sous prétexte de maladie, engouffraient à table de grandes tranches de poisson, suivies de monumentaux plats de riz et de légumes divers. Les dames désiraient avoir des « visions » ; en attendant, elles s'étaient procuré une jolie dose d'anémie cérébrale »[427].

Nous avons mentionné, parmi les créations théosophistes, la « Société Végétarienne de France », qui a pour organe la revue *Hygie*, conjointement

---

[425] *Traité élémentaire de Magie pratique*, p. 128.

[426] La première doit être la comtesse Wachtmeister ; nous ne savons qui est l'autre.

[427] *Ibid.*, pp. 130-131.

avec la « Société Belge pour l'étude de la Réforme Alimentaire » ; il a existé antérieurement une autre publication similaire, intitulée *La Réforme Alimentaire*, qui se proposait en outre de « combattre la vaccine et les méthodes pasteuriennes ». Sur ce dernier point, nous avons déjà noté l'animosité de la doctoresse Anna Kingsford contre Pasteur, et aussi l'existence, dans l'« Ordre de Service de la Société Théosophique », d'une association anglaise ayant pour but l'« abolition de la vivisection, de la vaccination et de l'inoculation ». Ce sont là des opinions qui peuvent être parfaitement soutenables en elles-mêmes, mais qu'on s'étonne de voir si étroitement mêlées à toutes sortes de niaiseries sentimentales et « humanitaires » (ou mieux *humane*, comme disent les Anglais, d'un mot qui exprime une nuance à peu près intraduisible), ce qui ne peut que leur faire perdre tout caractère sérieux aux yeux de beaucoup de gens sensés.

Pour le végétarisme, nous pouvons trouver l'occasion de rapprochements tout à fait analogues à ceux que nous avons faits pour l'antialcoolisme ; et, pour commencer, nous dirons que la doctrine antoiniste, dont il a été question au chapitre précédent, recommande également le régime végétarien. D'un autre côté, nous connaissons une société secrète anglaise appelée « Ordre de la Réconciliation » (*Order of the Atonement*), dont le siège est à Brighton, et qui possède des « Grands Temples » à Paris, à Jérusalem et à Madras ; cette organisation se définit comme « un Ordre strictement templier et végétarien », deux choses entre lesquelles il est assurément difficile d'apercevoir la moindre relation logique ; du reste, on ne s'explique pas beaucoup mieux la dénomination de « Bons Templiers » appliquée à une association antialcoolique. Cet « Ordre de la Réconciliation » prétend tirer son origine « du Temple de *Ioua* (sic), dans la Cité Sainte », c'est-à-dire du Temple édifié par Salomon à Jérusalem, exactement comme la Maçonnerie ; ses membres prennent l'engagement de consacrer tous leurs efforts à hâter l'avènement de l'« Age d'Or ». Cette dernière expression, qui désigne évidemment ici l'époque où les hommes s'abstiendront de toute nourriture animale, fait penser à une autre association, fondée en Angleterre en 1895, et qui porte précisément le nom d'« Ordre de l'Age d'Or » ; les membres de cette organisation, qui se qualifient modestement de « Chevaliers de la Rédemption », vont beaucoup plus loin que les théosophistes dans le sens d'un strict végétarisme : non seulement ils prescrivent toute substance d'origine animale, mais encore ils sont « fruitariens » et s'abstiennent de tout aliment cuit ; il serait difficile de se montrer plus rigoureux. Cet Ordre, qui exprime son « idéal » en des formules particulièrement pompeuses et déclamatoires, a des adhérents dans l'Amérique du Nord, ce qui n'a rien d'étonnant, et même dans l'Inde ; dans cette dernière contrée, ils se recrutent à peu près exclusivement parmi les Jaïnistes. Le même Ordre compte parmi ses membres les plus éminents le Dr Wu-ting-fang, qui, en Chine, fut ministre dans le gouvernement provisoire révolutionnaire de Sun-yat-sen (qui, après s'être réfugié quelque temps au Japon, s'est fait récemment élire président d'une République chinoise du Sud, et qui, disons-le en passant, est protestant et appartient à la Maçonnerie américaine). Enfin, il revendiquait aussi comme « fruitarien » le président de la République mexicaine Francisco Madero (assassiné en 1913), qui était en même temps un occultiste et un Maçon de haut grade : il y a entre tout cela des relations bien inattendues. Mais en voilà assez sur ce sujet, que d'aucuns estimeront peut-être peu sérieux et peu digne de retenir l'attention ; Si pourtant nous nous y sommes arrêté, c'est que ces choses, si extravagantes qu'elles soient, sont loin d'être aussi inoffensives et aussi négligeables que pourrait le croire un observateur trop superficiel ; c'est aussi qu'elles montrent assez clairement quels sont les courants de la mentalité moderne auxquels s'apparente le théosophisme, et nous pensons qu'il ne sera pas inutile d'insister encore sur ce dernier point.

CHAPITRE XXVIII

THÉOSOPHISME ET PROTESTANTISME

Il nous paraît hors de doute que certaines des tendances qui s'affirment dans la propagande théosophiste, surtout celles que nous avons qualifiées de « moralistes », portent la marque de l'esprit protestant, et, plus spécialement, de l'esprit du Protestantisme anglo-saxon. Nous ne voulons pas dire, certes, que ces tendances soient le monopole exclusif du Protestantisme ; mais c'est là qu'elles sont prépondérantes, et c'est de là qu'elles se sont répandues plus ou moins largement dans le monde moderne. Du reste, nous trouvons encore une analogie entre le théosophisme et les courants actuels du Protestantisme (surtout le « Protestantisme libéral », qui en est la forme extrême, et d'ailleurs l'aboutissement logique) dans le fait de substituer une « religiosité » vague à la religion proprement dite, en faisant prédominer les éléments sentimentaux sur l'intellectualité, au point d'en arriver à éliminer celle-ci à peu près entièrement ; n'est-ce pas là aussi ce qu'ont voulu faire, au sein du Catholicisme même, les modernistes, dont la mentalité, nous l'avons déjà dit, est au fond toute protestante ? Toutes ces tendances se tiennent de fort près, et il n'y a pas lieu de s'étonner que les théosophistes qui se disent catholiques (car il y en a) proclament en toute occasion leurs sympathies modernistes ou « modernisantes »[428]. Nous avons dit aussi que, d'une façon générale, le « néo-spiritualisme » s'apparente au Protestantisme ; c'est surtout dans les pays protestants que

---

[428] Voir par exemple une brochure anonyme intitulée *La Compagnie de Jésus et la Théosophie : Réponse d'une Catholique aux « Études »* (articles du R. P. de Grandmaison).

les sectes qui s'y rattachent prennent naissance, se développent et se multiplient d'une façon invraisemblable, ce qui est l'indice d'un grave déséquilibre de la mentalité religieuse ; mais, de toutes ces sectes, le théosophisme est peut-être, avec quelques groupements spirites que l'on pourrait qualifier de « piétistes », celle où l'influence de l'esprit protestant apparaît le plus manifestement.

Si l'on examine les méthodes que le théosophisme emploie à sa diffusion, il est facile de voir qu'elles sont identiques à celles dont usent les sectes protestantes : de part et d'autre, c'est le même acharnement à la propagande, et c'est aussi la même souplesse insinuante pour atteindre les divers milieux que vise cette propagande, en créant toutes sortes d'associations, plus ou moins indépendantes en apparence, mais toutes destinées à concourir à la même œuvre. Faut-il rappeler ici, par exemple, l'action protestante qui s'exerce en tous pays au moyen de ces « Unions Chrétiennes de Jeunes Gens » (*Y. M. C. A.*) et de leurs filiales[429], où tous sont admis sans distinction de confession religieuse, afin de faire aussi large que possible le champ d'un prosélytisme qui, pour être déguisé, n'en est pas moins ardent ? Et ce n'est pas tout : des associations comme celles-là, tout en se défendant d'être « confessionnelles », avouent cependant encore l'inspiration protestante qui les dirige ; mais, à côté d'elles, il en est d'autres qui affichent une neutralité absolue, et qui ne leur en sont pas moins étroitement rattachées, qui ont parfois à leur tête une partie du même personnel, ou qui, en tout cas, comptent une majorité protestante parmi leurs dirigeants. Telles sont les associations « neutres » de « boy-scouts », à côté des associations ouvertement protestantes[430] ; la même chose a lieu pour les ligues antialcooliques ; et les diverses sociétés secrètes ou demi-secrètes dont nous avons parlé au chapitre précédent, tout en étant « neutres » pour la plupart, n'en ont pas moins une origine essentiellement protestante. Or ce sont bien les mêmes caractères que l'on retrouve dans

---

[429] Parmi celles-ci, il faut citer, en France, l'œuvre des « Foyers du Soldat ».

[430] Voir *La Question des Boy-Scouts ou Eclaireurs en France*, par Copin-Albancelli.

les multiples organisations auxiliaires qu'ont instituées les théosophistes : que ces organisations aient un but de propagande théosophiste avouée, qu'elles se proclament indépendantes, et ouvertes à tous, tout en reconnaissant leur origine, ou même qu'elles dissimulent celle-ci plus ou moins soigneusement, toutes sont soumises, en fait, à une direction unique, toutes sont consacrées au « service » du théosophisme, directement ou indirectement, et parfois à l'insu d'une grande partie de leurs membres, parfaitement inconscients du rôle qu'on leur fait jouer.

Cette identité de tendances et de méthodes peut s'expliquer, d'une façon assez naturelle, par les origines protestantes des chefs du théosophisme et de la majorité de ses adhérents ; il y a même parmi eux bon nombre d'anciens « clergymen » qui, s'ils ont abandonné leur ministère, n'ont point pour cela changé leur mentalité, et qui la gardent intacte jusque sous le masque « vieux-catholique » qu'ils ont pris en dernier lieu. Mais faut-il s'en tenir là, et doit-on croire que l'esprit de concurrence religieuse oppose le théosophisme au Protestantisme proprement dit, comme il l'oppose, quoi qu'on en dise, au Catholicisme ? Le cas n'est pas du tout le même, car il faut tenir compte de la multiplicité indéfinie des sectes, qui est essentiellement inhérente au Protestantisme, comme conséquence de son affirmation du « libre examen », c'est-à-dire, en somme, de son absence de principes et d'autorité traditionnelle ; or les sectes protestantes sont bien aussi en concurrence entre elles, ce qui ne les empêche pas d'être unies par des liens très réels, car elles ne sont que des expressions diverses d'une même mentalité générale ; et, ici, la rivalité n'implique pas nécessairement une hostilité foncière, parce qu'il n'y a rien qui soit comparable à l'unité catholique. C'est pour les mêmes raisons que les Églises schismatiques qui se disent catholiques (nous ne parlons pas, bien entendu, des Églises orthodoxes orientales) tendent invinciblement à se rapprocher du Protestantisme, et présentent d'ailleurs le même phénomène de dispersion ; il serait même difficile de tracer, entre ces schismes et les communions protestantes, une ligne de démarcation bien nette : les Anglicans, par exemple, n'aiment-ils pas à s'affirmer catholiques ? Au fond, l'attitude du théosophisme à l'égard des sectes protestantes ne diffère pas sensiblement de celle qu'ont ces différentes sectes dans leurs rapports entre elles ; et c'est pourquoi les Hindous peuvent le regarder, dans son orientation actuelle tout au moins, comme une secte protestante nouvelle, qui est venue s'ajouter à toutes celles qui existaient déjà : une de plus ou de moins, dans une telle multitude, cela ne peut avoir qu'une assez médiocre importance. Du reste, nous avons connu des gens qui étaient passés successivement par diverses sectes protestantes, et qui étaient venus de là au théosophisme ou inversement ; ces gens sont de ceux dont un théosophiste belge démissionnaire a pu dire très justement qu'ils « donnent à certains groupes un air d'Armée du Salut »[431] ; et l'on a exactement la même impression en lisant certains passages des publications théosophistes, dont le ton est tout à fait semblable à celui des prêches protestants. De tels rapprochements ne sauraient être accidentels ; nous ne voulons pas dire, bien entendu, que le théosophisme procède de telle ou telle branche définie du Protestantisme ; mais, quand nous parlons du Protestantisme en général comme nous le faisons ici, il faut surtout entendre par là un certain état d'esprit, une certaine mentalité spéciale. C'est cet état d'esprit et cette mentalité que trahissent précisément toutes les analogies que nous avons relevées : ils sont bien ceux des théosophistes, comme ils sont, à des degrés divers, ceux de beaucoup d'autres « néo-spiritualistes », comme ils sont aussi, nous le répétons, ceux des modernistes et des immanentistes » soi-disant catholiques, et encore, dans le domaine philosophique, ceux des pragmatistes et des intuitionnistes contemporains. Cela n'empêche pas, d'ailleurs, que, dans ces courants de pensée ou à leur point de départ, il peut y avoir des influences individuelles ou collectives s'exerçant d'une façon plus ou moins cachée, et favorisées dans leur action par l'enchevêtrement de tous ces groupements et de toutes ces écoles. Les divergences, si elles ne sont pas toutes superficielles, sont en tous cas beaucoup moins fondamentales que les tendances communes ; et l'on peut dire que tout se passe comme si l'on était en présence d'une

---

[431] *Lettre ouverte à Mme Besant*, par M. Emile Sigogne : *Mysteria*, février 1914.

multitude d'efforts tendant, chacun dans son domaine et selon ses moyens propres, à la réalisation d'un plan unique.

À propos des rapports du théosophisme avec le Protestantisme, une question se pose encore : si l'on estime que le théosophisme est antichrétien en principe et qu'il le demeure toujours malgré les actuelles apparences « néo-chrétiennes », faudra-t-il donc en conclure que le Protestantisme, lorsque ses tendances sont poussées à l'extrême, doit logiquement aboutir à l'antichristianisme ? Si paradoxale qu'une telle conclusion paraisse peut-être au premier abord (et surtout quand on se souvient que beaucoup de sectes protestantes aiment à se dire « chrétiennes » sans épithète, ou encore « évangéliques », il y a pourtant des faits qui sont tout au moins susceptibles de lui donner quelque vraisemblance [432] : tel est surtout le cas du « Protestantisme libéral », qui n'admet même plus la divinité du Christ, oui qui ne l'admet que comme une « façon de parler », et qui n'est plus, au fond, qu'un simple « moralisme » déguisé en pseudo-religion ; et cette dégénérescence est plus logique, à notre avis, que le moyen terme auquel s'arrête le Protestantisme qui se qualifie d'« orthodoxe », comme s'il pouvait y avoir une orthodoxie là où nulle règle ne peut intervenir efficacement pour limiter l'arbitraire des interprétations individuelles !

D'un autre côté, il faut encore noter que les idées messianiques et millénaristes prennent actuellement une singulière extension dans certaines sectes protestantes : telle est, par exemple, celle des « Adventistes », qui annoncent pour une date peu éloignée la fin du monde et le retour du Christ glorieux. En outre, aujourd'hui plus que jamais, les prophètes et les Messies prétendus pullulent étrangement dans tous les

---

[432] Cette conclusion est précisément celle d'un article consacré à M. Leadbeater et signé Thimothée (Charles Godard), publié dans *l'Écho du merveilleux* du 15 juillet 1912 ; cet article, qui ne concorde d'ailleurs pas entièrement avec notre propre manière de voir, se termine ainsi : « Après avoir rêvé sur les pages que Mme Annie Besant a écrites au sujet de la venue prochaine de l'*Instructeur du Monde*, du grand révélateur d'une religion mondiale, ils (les théosophistes) seront disposés à le reconnaître dans l'Antéchrist. Le protestantisme aura l'antichristianisme comme conséquence finale. »

milieux ou l'on s'occupe d'occultisme : nous en avons connu un certain nombre, en dehors d'Alcyone et du théosophisme, et on en annonce encore d'autres ; l'idée d'une prochaine « réincarnation du Christ » se répand maintenant dans les cercles spirites ; faut-il voir là un signe des temps ? Quoi qu'il en soit, et sans prétendre risquer la moindre prédiction, il est bien difficile, en présence de toutes ces choses, de s'empêcher de penser à ces paroles de l'Évangile : « Il s'élèvera de faux Christs et de faux prophètes, qui feront de grands prodiges et des choses étonnantes, jusqu'à séduire, s'il était possible, les élus eux-mêmes »[433], Assurément, nous n'en sommes pas encore là ; les faux Messies que nous avons vus jusqu'ici n'ont fait que des prodiges d'une qualité fort inférieure, et ceux qui les ont suivis n'étaient probablement pas bien difficiles à séduire ; mais qui sait ce que nous réserve l'avenir ? Si l'on réfléchit que ces faux Messies n'ont jamais été que des instruments plus ou moins inconscients entre les mains de ceux qui les ont suscités, et si l'on se reporte en particulier à la série de tentatives faites successivement par les théosophistes, on est amené à penser que ce ne sont là que des essais, des expériences en quelque sorte, qui se renouvelleront sous des formes diverses jusqu'à ce que la réussite soit obtenue, et qui, en attendant, ont toujours pour résultat de jeter un certain trouble dans les esprits. Nous ne croyons pas, d'ailleurs, que les théosophistes, non plus que les occultistes et les spirites, soient de force à réussir pleinement par eux-mêmes une telle entreprise ; mais n'y aurait-il pas, derrière tous ces mouvements, quelque chose d'autrement redoutable, que leurs chefs mêmes ne connaissent peut-être pas, et dont ils ne sont pourtant à leur tour que de simples instruments ? Nous nous contenterons de poser cette dernière question sans chercher à la résoudre ici ; il faudrait, pour cela, faire intervenir des considérations extrêmement complexes, et qui nous entraîneraient bien au-delà des limites que nous nous sommes fixées pour la présente étude.

---

[433] *St Matthieu*, XXIX, 24.

CHAPITRE XXIX

RÔLE POLITIQUE DE LA SOCIÉTÉ THÉOSOPHIQUE

Il nous reste maintenant à parler du rôle politique que joue la Société Théosophique, particulièrement dans l'Inde : ce rôle a été diversement apprécié[434], et il est sans doute difficile de s'en faire une idée très nette, parce qu'il fait partie des choses que les théosophistes tiennent réellement secrètes, beaucoup plus secrètes que leur pseudo-ésotérisme ; Ils ont toujours affirmé que, en tant que théosophistes tout au moins, ils ne faisaient pas de politique, alléguant que « leur organisation est essentiellement internationale »[435]. Ce rôle existe pourtant, et, si la Société prise dans son ensemble est en effet internationale, sa direction n'en est pas moins devenue purement anglaise ; aussi, quelles qu'aient pu être parfois les apparences, nous avons la conviction, nous pourrions même dire la certitude, que le théosophisme, envisagé sous ce rapport, est surtout un instrument au service de l'impérialisme britannique. Il dut même en être ainsi dès le début, ou à peu près, car des témoins dignes de foi nous ont assuré que Mme Blavatsky, pendant son séjour dans l'Inde, recevait du gouvernement anglais une subvention annuelle assez importante (on nous a indiqué le chiffre de douze mille roupies) : c'était, paraît-il, le prix de certains services rendus contre son pays d'origine ; du reste, elle répudiait

---

[434] Ainsi, le Dr Ferrand croit que la Société Théosophique est réellement internationaliste, et il lui prête même des tendances hostiles à tout gouvernement établi ; le P. de Grandmaison, tout en reconnaissant qu'elle a fréquemment servi la puissance dans l'Inde, pense cependant qu'elle a pu varier parfois dans son attitude à cet égard.

[435] *La Clef de la Théosophie*, p. 327.

volontiers sa qualité de Russe et aimait à se dire Américaine (nous avons vu qu'elle s'était effectivement fait naturaliser en 1878). Hodgson, beaucoup moins compétent en ces matières qu'en ce qui concerne l'étude des phénomènes psychiques, eut donc le plus grand tort de la soupçonner d'être une espionne russe ; et si, comme il y a lieu de le croire, ce soupçon lui fut inspiré par certains fonctionnaires, c'est que ceux-ci n'en savaient pas plus long que lui : la police politique, dans l'Inde, est entièrement en dehors des services administratifs officiels, bien que certains de ses agents appartiennent en même temps à ces derniers ; toujours est-il que le gouvernement, qui devait savoir ce qu'il en était, ne tint aucun compte de l'accusation d'Hodgson. La Société Théosophique, à cette époque déjà, travaillait pour l'Angleterre ; et voici, à ce propos, une note bien significative que Sinnett (lui-même fonctionnaire du gouvernement) inséra dans son premier ouvrage : « Beaucoup de vieux Indiens et plusieurs livres sur la révolte de l'Inde parlent de la manière incompréhensible dont les nouvelles d'évènements ayant lieu à distance pénétraient quelquefois dans les bazars des natifs avant qu'elles arrivassent aux Européens, dans les mêmes endroits, malgré l'emploi des moyens de communications les plus rapides dont ils pouvaient disposer. L'explication qui m'a été donnée de ce fait est que les Frères (c'est-à-dire les « Mahâtmâs »), qui à cette époque désiraient conserver le pouvoir britannique parce qu'ils le regardaient comme préférable pour l'Inde à tout autre système de gouvernement venant des natifs, distribuaient rapidement les nouvelles, suivant leurs méthodes particulières, lorsque ces nouvelles étaient de nature à calmer l'excitation populaire et à décourager les nouveaux soulèvements[436]. Le sentiment qui les animait alors est le même que celui qui les anime encore aujourd'hui, et le gouvernement agirait sagement en favorisant le développement de l'influence de la Société Théosophique dans l'Inde. Les soupçons qui furent dirigés dans le principe contre ses fondateurs, quoique

---

[436] Le fait dont il s'agit est très réel et a été souvent constaté, non seulement dans l'Inde, mais aussi dans les pays musulmans ; quant à l'explication donnée, elle est naturellement aussi fantaisiste que la personnalité même des « Mahâtmâs ».

mal adressés, étaient cependant assez excusables, mais, aujourd'hui que l'on comprend mieux le caractère du mouvement, les fonctionnaires du gouvernement britannique dans l'Inde feraient bien, lorsque l'occasion s'en présente, de montrer de la sympathie pour les promoteurs de la Société, qui ont nécessairement une tâche ingrate à accomplir s'ils sont privés de toute marque de sympathie »[437].

En fait, l'appui moral et financier du gouvernement, sinon de tous ses fonctionnaires, ne fit jamais défaut à la Société Théosophique, non plus que celui de certains princes indigènes dont les sentiments anglophiles sont bien connus. Ainsi, le Mahârâja de Cooch-Behar, haut dignitaire de la Maçonnerie britannique, qui mourut en Angleterre en 1911, était membre de la Société Théosophique ; il en organisa une branche dans la capitale de ses États en 1890, et fut élu en 1893 président de la branche de Darjeeling[438]. Il était le gendre de Keshab Chander Sen, fondateur d'une des sectes du *Brahma Samâj*, appelée « Église de la Nouvelle Dispensation », et qui est peut-être celle dont les tendances vers le Christianisme protestant furent les plus prononcées. Son fils et successeur, le Mahârâja actuel, appartient également à la Maçonnerie anglaise, et il est un des dignitaires de l'Ordre du *Secret Monitor*, qui en est une dépendance. La Société Théosophique compte également, sinon parmi ses membres, du moins parmi ses protecteurs et bienfaiteurs, le Mahârâja de Kapurthala, autre haut dignitaire de la Maçonnerie britannique, qui, en 1892, fit don d'une somme de deux mille roupies au « Budget commémoratoire de H. P. B.[439], destiné à la publication de traductions orientales »[440]. Et, puisque nous venons de faire allusion à la Maçonnerie dans l'Inde, voici un simple fait qui permettra de se rendre compte de ce que peut y être son rôle : le chef de la police secrète

---

[437] *Le Monde Occulte*, p. 157.
[438] *Lotus Bleu*, 7 décembre 1890 et 27 mars 1893.
[439] Les théosophistes désignent très fréquemment Mme Blavatsky par ces seules initiales.
[440] *Lotus Bleu*, 27 septembre 1892. – Nous mentionnerons encore le Mahârâja de Durbungha, membre de la Société Théosophique, qu'il dota d'une somme de vingt-cinq mille roupies (*Le Lotus*, mars et juillet 1888).

indigène était, en 1910, Député Grand-Maître de la Grande Loge de District du Bengale, fonction qu'avait remplie précédemment le Mahârâja de Cooch-Behar.

Naturellement, l'appui gouvernemental prend pour prétexte les œuvres d'éducation qu'a fondées la Société Théosophique ; mais il se justifie surtout, en réalité, par la lutte qu'elle mène, précisément au moyen de ces œuvres, et aussi de diverses autres organisations, contre les institutions traditionnelles hindoues, en particulier contre l'institution des castes, à l'égard de laquelle les Européens ne montrent généralement tant d'hostilité que parce qu'ils sont incapables de comprendre les principes profonds sur lesquels elle repose ; du reste, la civilisation hindoue est tout entière basée sur une tradition qui se rattache à des principes d'ordre purement métaphysique. Bien entendu, les vrais Hindous, qui sont essentiellement traditionalistes, et qui, pour la raison que nous venons de dire, ne peuvent pas ne pas l'être, se gardent bien d'entrer en contact avec un tel milieu, d'autant plus qu'ils ne sauraient pardonner au théosophisme la dénaturation des doctrines orientales ; aussi témoignent-ils un profond mépris à ceux de leurs compatriotes, bien rares d'ailleurs, qui se sont affiliés à cette Société, et qui, par contre, comme ceux qui consentent à entrer dans la Maçonnerie, sont fort bien vus du gouvernement britannique, dont ils obtiennent parfois d'avantageuses situations. C'est ainsi, par exemple, qu'on plaça à la tête du service archéologique du Kashmir, il y a quelques années, le théosophiste J. C. Chatterji, auteur de plusieurs ouvrages[441] qui, malgré leurs titres et leurs prétentions, sont plus souvent inspirés de la philosophie évolutionniste (et très « exotérique ») d'Herbert Spencer que de l'antique doctrine orientale.

Quant à Mme Besant, ses protestations d'amitié à l'égard des Hindous n'ont jamais été prises au sérieux par ceux-ci : dès 1891, à l'époque où elle déclarait encore qu'« être converti au Christianisme est plus mauvais que

---

[441] *Philosophie Ésotérique de l'Inde* ; *Vision des Sages de l'Inde* ; *Le Réalisme Hindou.*

d'être un sceptique ou un matérialiste », tout en se proclamant elle-même convertie à l'Hindouïsme[442], M. S. C. Mukhopâdyâya écrivait, dans la revue *Light of the East*, que cet Hindouisme était du « pur battage », et qu'il n'y avait, autour de cette « Bouddhiste de fantaisie », que quelques centaines de théosophistes à peine sur deux cent cinquante millions d'Hindous ; et, considérant Mme Besant comme un simple agent politique anglais, il concluait en mettant ses compatriotes en garde contre elle, et en leur conseillant de résister plus que jamais à toute intrusion étrangère. Beaucoup plus tard, voici en quels termes, de la plus énergique sévérité, l'œuvre de Mme Besant était jugée par des patriotes hindous :

« Mme Besant s'est fait remarquer par beaucoup de choses dans sa vie aventureuse, mais son dernier rôle est celui d'une ennemie subtile et dangereuse du peuple hindou, chez lequel elle voltige comme une chauve-souris dans les ténèbres de la nuit… De même que les sirènes entraînent par leurs chants les hommes à la ruine, cette femme éloquente et douée attire la jeunesse hindoue à sa destruction, par ses paroles mielleuses et mensongères. Le poison de sa parole argentée, bu par ses auditeurs charmés, est plus mortel que le venin du serpent… Depuis l'établissement du « Central Hindu College » à Bénarès, Mme Besant s'est enfoncée de plus en plus dans la fange de l'hypocrisie et du mensonge. Peut-être la passion orgueilleuse de la supériorité imaginaire de sa race a-t-elle vaincu sa ferveur religieuse. Elle a toujours été instable et inconstante dans son attachement aux idées et aux causes. Cette qualité de sa mentalité a amené M. W. T. Stead à la nommer « la femme sans conviction stable ». Quoi qu'il en soit, il est certain qu'à présent elle est complètement d'accord avec les plans de la caste étrangère qui gouverne les Indes et doit être comptée parmi les ennemis de l'Inde… Quelle est donc la fonction de Mme Besant dans les rangs des agents officiels ? Quelle méthode suit-elle ? On lui a confié la délicate mission de contrôler le système religieux hindou de l'intérieur. Le gouvernement ne peut toucher à notre religion directement et

---

[442] *The Two Worlds*, 20 avril 1894.

ouvertement. Mais la bureaucratie étrangère ne peut laisser tranquille une organisation aussi vaste et aussi influente, parce qu'elle craint toute institution qui peut unifier la race conquise. Par conséquent, les espions et les imposteurs sont envoyés déguisés pour entrer dans cette citadelle et tromper les gardiens. Mme Annie Besant et ses collègues de Bénarès, comme le Dr Richardson et M. Arundale, sont des impérialistes anglais, qui travaillent avec l'idée de contrôler la vie religieuse hindoue. Ils sont comme des loups dans des peaux de moutons et sont plus à redouter et à condamner que les ennemis brutaux et grossiers de l'Inde... C'est pourquoi elle a traduit la *Bhagavad Gîtâ* et fondé le « Central Hindu College »[443]. Maintenant, elle a consacré toute son énergie à la propagande impérialiste de la Grande-Bretagne »[444]. Et, par contre, ceux que ces mêmes patriotes hindous regardent comme des traîtres à leur cause n'ont que des éloges pour Mme Besant et son œuvre : nous n'en voulons pour preuve que le chaleureux plaidoyer publié en leur faveur, en juin 1913, et à l'occasion des procès de Madras, par le *Rajput Herald*, revue paraissant à Londres, qui se proclame « dévouée à l'Impérialisme » et sur la couverture de laquelle s'étale une carte de « l'Empire sur lequel le soleil luit toujours » (*the Empire on which the sun ever shines*) ; voilà, certes, une amitié bien compromettante. Du reste, Mme Besant elle-même ne devait-elle pas, en janvier 1914, créer à Adyar un nouveau périodique intitulé *The Commonwealth*, destiné plus particulièrement à l'Inde, et portant cette devise :

« Pour Dieu, la Couronne et le Pays » (*For God, Crown and Country*) ? Longtemps auparavant, elle se faisait déjà gloire d'avoir obtenu, pour son « Central Hindu College », un portrait signé du roi Edouard VII, moyennant la gracieuse intervention de la princesse de Galles[445] ; et n'est-

---

[443] Ajoutons que cet établissement se trouve en concurrence avec le « Dayânanda Anglo-Vedic College » de Lahore, fondation de l'*Arya Samâj* : c'est ainsi que Mme Besant, tout en accomplissant son propre travail, venge à l'occasion les injures faites jadis à Mme Blavatsky.
[444] *La Sirène indienne*, extrait du journal hindou *Bandé Mâtaram*, mars 1911.
[445] Lettre à Leadbeater, 14 juillet 1906.

ce pas elle aussi qui a fait inscrire, dans les statuts de la CoMaçonnerie britannique, que celle-ci (y compris les Loges de l'Inde) « exige de ses membres la loyauté envers le Souverain »[446] ? On sait en quel sens les Anglais entendent, en matière politique, les termes de « loyauté » et de « loyalisme » ; tout cela est donc parfaitement concluant et ne nous laisserait aucun doute, même si nous n'avions pas eu d'autres informations directes, et toutes concordantes, qui sont encore venues renforcer notre conviction.

D'ailleurs, nous pouvons citer quelques textes qui, dans le même ordre d'idées, sont assez édifiants aussi : il y a une dizaine d'années, Mme Besant déclarait, dans une conférence faite à Lahore, « que l'invasion étrangère a souvent servi au développement, et que les Hindous doivent cesser de haïr les Anglais ». Cette déclaration est à rapprocher d'un document un peu plus récent, le serment que doivent prêter les « Frères du Service », c'est-à-dire les adhérents d'une branche de l'« Ordre de Service de la Société Théosophique » qui fut organisée dans l'Inde, vers 1913, « parmi les membres les plus dévoués de la Société », soi-disant « pour faire entrer la Théosophie dans la pratique de la vie, et pour associer la Théosophie à la solution des réformes sociales ». Voici le texte de ce serment, dont le début ne laisse place à aucune équivoque : « *Estimant que l'intérêt primordial de l'Inde est de se développer librement sous le pavillon britannique*, de s'affranchir de toute coutume qui puisse nuire à l'union de tous les habitants, et de rendre à l'Hindouïsme un peu de flexibilité sociale et de fraternisme vécu, je promets : 1° *de ne tenir aucun compte des différences de caste* ; 2° de ne pas marier mes fils tant qu'ils sont mineurs, ni mes filles avant qu'elles aient atteint leur dix-septième année ; 3° de donner l'instruction à ma femme et à mes filles, ainsi qu'aux autres femmes de ma famille, autant qu'elles s'y prêteront ; d'encourager l'instruction des filles et de m'opposer à la réclusion de la femme ; 4° d'encourager l'instruction du peuple autant que cela me sera possible ; 5° de ne tenir aucun compte, dans

---

[446] Article 7 des statuts de la Co-Maçonnerie.

la vie sociale et politique, des différences de couleur et de race ; de faire ce que je pourrai pour favoriser l'entrée libre des races de couleur dans tous les pays, sur le même pied que les émigrants blancs ; 6° de combattre activement tout ostracisme social en ce qui concerne les veuves qui se remarient ; 7° d'encourager l'union des travailleurs dans tous les domaines de progrès spirituel, éducatif, social et politique, sous la direction du Congrès National Hindou »[447]. Ce prétendu « Congrès National Hindou », il est bon de le dire, fut créé par l'administration anglaise avec la coopération des théosophistes, si ce n'est même sous leur inspiration, et cela du vivant de Mme Blavatsky : celle-ci a écrit que ce Congrès était « un corps politique avec lequel notre Société n'a rien à faire, quoiqu'il fût organisé par nos membres, indiens et anglo-indiens » ; mais, dans le même article, elle ajoutait un peu plus loin :

« Lorsque l'agitation politique commença, le Congrès National convoqué fut modelé *d'après notre plan*, et conduit principalement par nos membres qui avaient servi comme délégués à notre Convention »[448]. Jusqu'à ces derniers temps, ce Congrès est demeuré presque entièrement soumis à l'influence de Mme Besant ; son but véritable était d'endiguer les aspirations à l'autonomie, en leur donnant un semblant de satisfaction, d'ailleurs à peu près complètement illusoire ; le projet de « Home Rule » irlandais (et l'on sait comment il est accueilli) procède exactement de la même politique, qu'on essaie aussi d'appliquer à l'Égypte. Pour en revenir aux « Frères du Service », ce n'est pas une institution comme celle-là qui serait susceptible de donner au théosophisme, même si la chose était possible, un peu de prestige aux yeux des vrais Hindous ; ceux-ci ne sont guère portés à croire à toutes ces billevesées de « progrès » et de « fraternisme », non plus qu'aux bienfaits de l'« instruction obligatoire », ils se soucient fort peu de faire de leurs femmes et de leurs filles des « suffragettes » (c'est le but avoué des Loges « co-maçonniques » dans

---

[447] Nous empruntons ce texte au *Bulletin Théosophique* de décembre 1913.
[448] *Lotus Bleu*, 7 octobre 1890, pp.235 et 236.

l'Inde aussi bien qu'en Europe et en Amérique), et ils ne consentiront jamais à se laisser persuader, sous prétexte d'« assimilation » à leurs dominateurs étrangers, de fouler aux pieds leurs coutumes les plus sacrées : l'engagement « de ne tenir aucun compte des différences de caste » équivaut, pour un Hindou, à une véritable abjuration.

Mais il y a mieux encore, et, au procès de Madras, Mme Besant, pour impressionner favorablement les juges, ne craignit pas de faire étalage de quelques-uns au moins des services qu'elle avait rendus au gouvernement, en prétendant qu'il fallait y voir le véritable motif de la campagne dirigée contre elle. Dans le mémoire qu'elle déposa pour sa défense, nous lisons ce qui suit : « La défenderesse expose que cette instance a été entreprise pour des motifs politiques et une malveillance personnelle à l'effet de porter atteinte à la défenderesse, en vertu d'un complot élaboré pour détruire sa vie ou sa réputation, parce qu'elle avait retenu la population studieuse de l'Inde de participer aux complots des « Extrémistes » et s'est efforcée de leur inspirer le loyalisme à l'Empire. Depuis qu'elle est intervenue pour mettre fin aux exercices de garçons faits en secret et au rassemblement d'armes dans le Mahârâshtra, pendant la vice-royauté de Lord Curzon, elle a été considérée comme un obstacle à toute propagande de violence parmi les étudiants et sa vie même a été menacée à la fois aux Indes et en Europe… La défenderesse demande que ces jeunes gens (ses deux pupilles) soient protégés par la Cour contre ce renouvellement d'influences qui les feraient haïr les Anglais, au lieu de les aimer et de leur être dévoués comme ils le sont aujourd'hui, et qui en feraient de mauvais citoyens »[449]. D'autre part, voici le début d'un exposé des causes du procès, rédigé par M. Arundale : « On ne saurait comprendre le procès intenté contre Mme Besant si on le considère comme étant un fait isolé, au lieu de le considérer comme faisant partie d'un mouvement commencé depuis longtemps et ayant pour but de détruire l'influence qu'elle exerce sur la jeunesse dans l'Inde, car cette influence, elle l'a toujours exercée pour empêcher la jeunesse de prendre

---

[449] *Le procès de Madras*, pp. 46-47.

part à toute violence politique et pour empêcher les jeunes gens de s'affilier aux nombreuses sociétés secrètes qui actuellement constituent le véritable danger dans l'Inde. La campagne contre Mme Besant avait été commencée par le fameux Krishnavarma, qui dans son journal conseillait de l'assassiner, car il la considérait comme le plus grand obstacle pour le parti extrémiste[450]. Les attaques de M. Tilak dans l'Inde, sans aller jusqu'à conseiller d'assassiner Mme Besant, avaient pour but de détruire son influence sur les jeunes Hindous. Le mouvement extrémiste avait à sa tête des hommes d'une orthodoxie stricte, tels que les deux leaders principaux, Arabindo Ghosh et Tilak. M. Ghosh se trouve actuellement dans l'Inde française et M. Tilak est en prison. Les journaux de M. Tilak ont néanmoins continué leurs attaques contre Mme Besant, et dans Madras même le *Hindu* y a collaboré tant qu'il a pu »[451]. Et voici encore la conclusion du même exposé :

« Quelle que soit l'issue de ce procès, il n'y a aucun doute que si le complot contre Mme Besant réussit à détruire son influence dans l'Inde, l'un des principaux facteurs de rapprochement entre l'Angleterre et l'Inde aura disparu »[452].

Au fond, ce n'est pas précisément le gouvernement britannique qui est à blâmer de se servir de pareils auxiliaires, qu'il est toujours possible, d'ailleurs, de désavouer s'ils deviennent gênants ou commettent quelque maladresse : lors du procès de Madras, le 7 mai 1913, le *Times* émettait le vœu « que le gouvernement se garde de donner son approbation, ou même aucun semblant d'approbation, au mouvement théosophiste », ce qui sous-entendait, pour quiconque est au courant, qu'il l'avait effectivement

---

[450] Dans une lettre datée du 15 septembre 1913, Mme Besant dut reconnaître que le parti « extrémiste » n'avait jamais encouragé aucun assassinat, et aussi que Mme Tingley (la continuatrice de Judge), qu'elle avait avait accusée de fournir de l'argent à ses adversaires, « ne s'était jamais mêlée de la politique de l'Inde ».

[451] *Ibid.*, pp. 7-8.

[452] *Ibid.*, p. 13.

approuvé et favorisé jusque-là. Du reste, dans une lettre écrite en réponse à cet article, et qui fut insérée dès le 9 mai, M. Wedgwood eut soin de rappeler qu'« il a été reconnu par de hauts fonctionnaires de l'Inde que l'influence de la Société Théosophique et le travail personnel de Mme Besant dans l'Inde ont été des plus efficaces pour inspirer à la jeunesse hindoue des sentiments de fidélité envers le gouvernement anglais ». Ce sont là des moyens politiques qui, si répugnants qu'ils puissent paraître à certains, sont en tous pays d'un usage plus ou moins courant : c'est ainsi que, il y a quelques années, on introduisit en Bohême diverses organisations occultes, dans lesquelles on s'efforçait de faire entrer les patriotes tchèques qui étaient particulièrement suspects au gouvernement de Vienne ; or l'un des chefs de ces organisations était tout simplement le directeur de la police secrète autrichienne ; l'histoire contemporaine de l'occultisme en Russie fournirait aussi de bien curieux exemples de faits plus ou moins similaires. Ceux qui sont blâmables en pareil cas, ce sont les gens qui consentent à se charger de ce rôle peu honorable, et qui n'est pas toujours exempt de tout danger : nous venons de voir Mme Besant se plaindre que sa vie ait été menacée, et si, en fait, il n'y a jamais eu contre elle aucun attentat véritable, il n'en est pas moins vrai que, malgré toutes les précautions dont elle s'entoure, il lui est arrivé de recevoir des pierres au cours de ses tournées dans l'Inde. On a bien essayé, en 1916, pour la réhabiliter aux yeux des Hindous et donner à ceux-ci quelque confiance en elle, d'un simulacre d'internement dans sa propre villa de Gulistan, ce qui ne l'empêcha d'ailleurs nullement d'y tenir des réunions ; mais cette ruse assez grossière ne put tromper personne, et il n'y a qu'en Europe que quelques-uns ont cru que cette mesure avait été motivée par un changement réel dans l'attitude politique de Mme Besant. On peut comprendre maintenant pourquoi certains Hindous associent volontiers son nom à celui de Rudyard Kipling, qui est assurément un grand écrivain (et Mme Besant n'est pas non plus dépourvue de tout talent), mais que diverses aventures qui font peu d'honneur à son caractère empêchent de retourner dans son pays natal ; et il y a cette circonstance aggravante, que tous deux sont d'origine irlandaise. Puisque nous parlons de Rudyard Kipling, nous signalerons qu'il a écrit un roman intitulé *Kim*, qui, à quelques détails près, peut être regardé comme une véritable autobiographie ; en particulier, ce qui y est rapporté sur la rivalité des Russes et des Anglais dans les régions septentrionales de l'Inde est rigoureusement historique. On y trouve aussi, entre autres choses, de curieux détails sur l'organisation de l'espionnage politique, et sur l'utilisation par les Anglais, à cet effet, d'une société secrète appelée *Sat Bhai* (Les Sept Frères) ; cette société existe bien réellement, et elle fut introduite en Angleterre par des officiers de l'armée des Indes en 1875, l'année même où fut fondée la Société Théosophique.

Il va sans dire que, si la duplicité des chefs du mouvement théosophiste ne fait pour nous aucun doute, la bonne foi de la plupart de ceux qui les suivent, surtout de ceux qui n'appartiennent pas à la nationalité anglaise, est tout à fait hors de question ; dans tous les milieux de ce genre, il faut toujours savoir distinguer entre les charlatans et leurs dupes, et, si l'on ne peut avoir que du mépris pour les uns, on doit plaindre les autres, qui forment la grande masse, et s'efforcer de les éclairer s'il en est temps encore, et si leur aveuglement n'est pas irrémédiable. Pendant que nous sommes sur ce chapitre, nous citerons encore un passage tout à fait remarquable, extrait d'un ouvrage relatif aux fameuses « vies d'Alcyone » : « Lorsque la famille ne suit pas la loi naturelle (en se groupant autour du père et de la mère), c'est le désordre. Il en est de même pour les nations du monde ; il doit y avoir la *nation-père* et la *nation-mère*, vivant dans une parfaite harmonie, ou c'est la guerre. La nation qui demain dirigera, celle qui remplira dans le monde un rôle semblable à celui de *Manou*, du père, sera probablement l'Angleterre ; du côté mère, ou *Bodhisattwa*, nous aurons les Indes. C'est de cette façon que le *Manou* et le *Bodhisattwa* s'appliqueront bientôt à remettre de l'ordre dans le monde en ce qui concerne les nations »[453]. Traduit en langage clair, ce passage signifie ceci : tandis que l'Inde, sous la domination anglaise, devra se contenter d'un rôle

---

[453] *De l'an 25000 avant Jésus-Christ à nos jours*, par G. Revel, p. 60 – Voir *L'Ère d'un nouveau Cycle* et *L'Avenir Imminent*, par Mme Besant.

« spirituel » consistant à fournir, en la personne de Krishnamurti, un « support » à la manifestation du « Grand Instructeur » attendu, l'Angleterre est appelée à dicter ses lois au monde entier (le rôle essentiel du *Manou* est, en effet, le rôle de législateur). Ce sera bien la réalisation des « États-Unis du Monde », mais sous l'égide de la « nation dirigeante » et à son profit exclusif ; ainsi, l'internationalisme des chefs du théosophisme, c'est bien, tout simplement, l'impérialisme britannique porté à son degré le plus extrême, et, après tout, cela se comprend jusqu'à un certain point ; mais que penser de l'inconcevable naïveté des théosophistes français, qui acceptent avec docilité et répètent avec un servile empressement de semblables « enseignements » ?

La conception des rapports de l'Angleterre et de l'Inde, telle que nous venons de la voir formulée, n'est pas toute nouvelle, et Mme Besant n'a même pas le mérite de l'avoir inventée. En effet, dans la *Voie Parfaite* d'Anna Kingsford et Edward Maitland, nous lisons ce qui suit : « Puisque de l'union spirituelle dans la foi unique de Bouddha et du Christ naîtra la future rédemption du monde, les relations entre les deux peuples par lesquels, sur le plan physique, cette union doit être effectuée, deviennent un sujet d'une importance et d'un intérêt spéciaux. Envisagée sous cet aspect, la connexion qui existe entre l'Angleterre et l'Inde s'élève de la sphère politique à la sphère spirituelle »[454]. Les auteurs, chez qui nous avons déjà noté l'idée que le Bouddhisme et le Christianisme sont comme les deux éléments complémentaires d'une même religion, ont seulement oublié que le Bouddhisme a, depuis bien longtemps, cessé d'exister dans l'Inde ; mais voyons un peu plus loin : « Dans cette prévision de l'avenir imminent[455] doit se trouver le fil conducteur de la politique spirituelle du monde. Transporté du plan mystique au plan terrestre, les « rois de l'Orient » (allusion aux Rois-Mages de l'Évangile) sont ceux qui possèdent la souveraineté politique sur les provinces de l'Hindoustan. Sur le plan

---

[454] *The Perfect Way*, p. 250.
[455] On voit que Mme Besant a pris ici jusqu'au titre d'un de ses ouvrages.

personnel, ce titre implique ceux qui possèdent la connaissance « magique », ou les clefs du royaume de l'Esprit ; avoir celui-ci, c'est être Mage. Dans l'un et l'autre de ces deux sens, le titre nous appartient désormais. De l'un des principaux dépôts de cette connaissance magique, la Bible, notre pays a été longtemps le gardien et le champion principal[456]. Pendant trois siècles et demi, une période qui rappelle le mystique « un temps, des temps et la moitié d'un temps »[457], et aussi l'« année d'années »[458] du héros solaire d'Énoch, la Grande-Bretagne a amoureusement et fidèlement, quoiqu'inintelligemment, chéri la Lettre qui maintenant, par la découverte de l'interprétation[459], est, comme son prototype (allusion à l'Ascension du Christ), « transportée » sur le plan de l'Esprit. Possédant ainsi la Gnose, dans sa substance aussi bien que dans sa forme, notre pays sera prêt pour la souveraineté plus élevée, parce que spirituelle, à laquelle il est destiné, et qui survivra à son empire matériel… Donc, tout ce qui tend à unir l'Angleterre à l'Orient est du Christ, et tout ce qui tend à les séparer est de l'Antéchrist. »[460].

Toute cette histoire, et plus spécialement cette dernière citation, nous rappelle une étrange coïncidence : Éliphas Lévi, qui mourut en 1875, avait annoncé qu'en 1879, c'est-à-dire au moment même où Mme Blavatsky devait fixer dans l'Inde le siège de sa Société, un nouveau « Royaume Universel » politique et religieux serait établi, que ce Royaume

---

[456] Il y a ici une allusion au titre de *Defensor Fidei* que prennent les rois d'Angleterre depuis Henri VIII ; et cette allusion est d'autant plus nette que les trois siècles et demi dont il est question aussitôt après sont justement le temps écoulé depuis le schisme anglican.
[457] *Daniel*, VII, 25.
[458] C'est-à-dire trois cent soixante-cinq ans, ou plutôt, suivant la chronologie hébraïque, trois cent cinquante-cinq années lunaire (de trois cent ciquante-cinq jours), qui font seulement trois cent quarante-cinq années solaires environ. Or, de 1534, date du schisme d'Henri VIII, à 1879, dante indiquée dans la prédiction d'Éliphas Lévi dont allons parler, il y a exactement, en effet, trois cent quarante-cinq ans ; la concordance est trop remarquable pour ne pas donner à penser que la date de 1879 a dû être calculée sur la base que nous venons d'indiquer.
[459] Grâce aux révélations « intuitives » d'Anna Kingsford.
[460] *The Perfect Way*, p. 253.

appartiendrait « à celui qui aurait les clefs de l'Orient », et que ces clefs seraient possédées « par la nation qui a la vie et l'activité la plus intelligente ». Cette prédiction était contenue dans un manuscrit qui était en la possession d'un occultiste de Marseille, élève d'Éliphas Lévi, le baron Spedalieri ; celui-ci le donna précisément à Edward Maitland, de sorte qu'il n'est pas douteux que c'est là qu'il faut chercher l'inspiration des lignes que nous venons de reproduire. Ajoutons qu'une lettre fort élogieuse de Spedalieri, ne parlant de rien moins que de « miracles d'interprétation », fut insérée dans la préface de la seconde édition de la *Voie Parfaite* ; sans en nommer l'auteur, on le désignait comme « l'ami, disciple et héritier littéraire du célèbre mage, feu l'abbé Constant (Éliphas Lévi), ce qui sera pour tous les initiés une suffisante indication de sa personnalité ». Plus tard, Maitland remit le manuscrit d'Éliphas Lévi au Dr Wynn Westcott, *Supreme Magus* de la *Societas Rosicruciana in Anglia*, et ce dernier le publia enfin en 1896 sous ce titre : *The Magical Ritual of the Sanctum Regnum*. Naturellement, les Anglais, qui ont volontiers, comme les Allemands, la prétention de constituer la « race supérieure », devaient être tentés d'appliquer la prédiction à leur nation, dominatrice de l'Inde (si Éliphas Lévi lui-même, bien que Français, ne l'avait déjà fait dans sa pensée), et nous venons de voir qu'ils n'y ont pas manqué ; mais les clefs matérielles de l'Orient ne suffisaient pas, il fallait aussi les clefs intellectuelles et spirituelles, et, s'ils ont compté sur la Société Théosophique pour en obtenir la possession, on doit reconnaître qu'ils se sont singulièrement trompés, tout autant que si, pour parvenir à la connaissance du véritable esprit de la Bible et de l'Évangile, ils ont compté sur le nouveau « Christianisme ésotérique », que ce soit d'ailleurs celui d'Anna Kingsford ou celui de Mme Besant.

Bien entendu, en mentionnant ici la prédiction d'Éliphas Lévi, nous ne voulons pas dire qu'il faille lui attribuer une importance extraordinaire, mais seulement que certains Anglais qui la connaissaient ont pu effectivement la prendre au sérieux et même tenter d'en aider la réalisation ; du reste, pour juger cette prédiction à sa juste valeur, il faudrait en connaître l'inspiration réelle, et ce qu'il y a de certain, c'est que son auteur avait des relations dans des milieux britanniques ou l'on alliait l'occultisme à la diplomatie[461]. D'un autre côté, les théosophistes, comme on l'a vu plus haut, prétendent que le dernier quart de chaque siècle est tout particulièrement favorable à certaines manifestations occultes, qu'ils attribuent naturellement à l'action de leur « Grande Loge Blanche » ; quoi qu'il en soit de cette assertion, inacceptable pour nous sous la forme qu'ils lui donnent, il n'en est pas moins vrai que 1875 et les années qui suivirent marquent effectivement le point de départ de beaucoup d'activités assez énigmatiques : outre celles que nous avons déjà eu l'occasion de signaler, à commencer par la Société Théosophique elle-même[462], nous indiquerons encore un Ordre dit des « Frères de Lumière » (*Fratres Lucis*)[463], institué par un Israélite anglais nommé Maurice Vidal Portman, orientaliste et homme politique, qui, en 1876, faisait partie de l'entourage de Lord Lytton, alors vice-roi des Indes. On déclara d'ailleurs, comme il est presque toujours d'usage en pareil cas, qu'il ne s'agissait là que de la reconstitution d'un ancien Ordre du même nom, qui aurait été fondé à Florence en 1498 ; et, dans certains milieux théosophistes (ce qui prouve encore que tout cela

---

[461] Ce qni nous fait aussi penser qu'Éliphas Lévi avait bien en vue l'Angleterre, c'est le calcul que nous avons indiqué dans une note précédente.

[462] Rappelons également à ce propos que l'année 1882, celle même où parut la *Voie Parfaite*, devait, d'après la duchesse de Pomar, être le commencement d'une ère nouvelle ; et, coïncidence singulière, on trouve une affirmation identique dans les enseignements de la H. B. of L.

[463] Cet Ordre, dont le centre actuel est à Bradford, dans le Yorkshire, ne doit pas être confondu, malgré la similitude des noms, avec la *F. T. L.* (*Fraternitas Thesauri Lucis*) ou « Fraternité du Trésor de Lumière »), organisation rosicrucienne, ou soi-disant telle, d'origine vraisemblablernent américaine. – Il y a encore deux autres « Fraternités de Lumière », toutes deux americaines : l'une, *Brotherhood of Light* sans épithèthe, a son centre à Los Angeles (Californie) ; l'autre, *Hermetic Brotherhood of Light*, a déjà été mentionnée à propos de la *Hermetic Brotherhood of Luxor*, avec laquelle sa dénomination semble destinée à provoquer une confusion. Il faut y ajouter aussi l'« Ordre de Lumière » (*Order of Light*), également américaion, dont nous avons eu à signaler l'existence dans le chapitre au « parlement des Religions ».

se tient et s'enchaîne), on affirma même que « Swedenborg, Pasqualis[464], SaintMartin, Cazotte et plus tard Éliphas Lévi avaient été affiliés à l'Ordre des *Fratres Lucis*, tandis que Saint-Germain, Mesmer, Cagliostro et peut-être Ragon[465] appartinrent à une branche égyptienne de la même Fraternité », en ajoutant avec quelque acrimonie que cette dernière branche « n'a rien de commun, bien entendu, avec certaine F. H. de Luxor (la H. B. of L.) d'invention anglo-américaine et toute récente »[466]. Comme on assure d'autre part que le comte de Saint-Germain et Mme Blavatsky furent des envoyés d'un même centre[467], et comme cette dernière avait précisément séjourné en Égypte, on a sans doute voulu donner à entendre qu'elle aussi était rattachée aux *Fratres Lucis*, et que ceux-ci (qui doivent naturellement avoir pour antithèse ceux qu'elle appelle les « Frères de l'Ombre ») auraient été une émanation directe de la « Grande Loge Blanche ». C'est là une façon bien fantaisiste d'écrire l'histoire ; pour revenir à des choses plus sérieuses, nous dirons que Lord Lytton, dont nous venons de rencontrer le nom à propos des *Fratres Lucis*, est le célèbre auteur de *Zanoni*, de l'*Etrange Histoire* et de la *Race Future* (où les théosophistes ont puisé quelques inspirations, et notamment l'idée de la force mystérieuse appelée *vril*) ; il fut « Grand Patron » (c'est-à-dire président d'honneur) de la *Societas Rosicruciana*, et son fils fut ambassadeur d'Angleterre à Paris. Ce n'est sans doute pas par un simple hasard que ce nom de Lytton se retrouve à chaque instant mêlé à l'histoire de l'Occultisme ; c'est justement chez une personne appartenant à la même famille qu'Éliphas Lévi fit, à Londres, certaine

---

[464] Il s'agit de Martinès de Pasqually, le fondateur du rite des « Elus Coëns », dont Louis-Claude de Saint-Martin fut le disciple avant de connaître les ouvrages théosophiques de Bœhme et de Gichtel.

[465] La raison de cette dernière supposition est sans doute que Ragon traduisit en français et publia, en 1821, un manuscrit d'un Maçon allemand nommé Köppen, datant de 1770 et intitulé *Crata Repoa*, qui contient un prétendu rituel des « Initiations aux anciens Mystères des Prêtres d'Égypte ».

[466] Les Cycles, par E.-J. Coulomb : *Lotus Bleu*, 27 novembre 1893, p. 258. – Si ce qui nous a été dit au sujet de la personnalité de Metamon est bien exact, la dénégation relative à la H. B. of L. est vraiment amusante.

[467] *Lotus Bleu*, 27 septembre 1895.

évocation d'Apollonius de Tyane qu'il a décrite dans son *Dogme et Rituel de la Haute Magie*, et dont le but était, paraît-il, la connaissance d'un secret social important. Tous ces rapprochements sont susceptibles d'offrir un grand intérêt à ceux qui voudraient étudier les dessous politique, ou politico-religieux, de l'occultisme contemporain et des organisations qui s'y rattachent de près ou de loin, dessous qui sont certainement plus dignes d'attention que tout l'appareil fantasmagorique dont on a jugé bon de s'entourer pour mieux les dissimuler aux yeux des « profanes ».

CHAPITRE XXX

CONCLUSION

Nous avons voulu surtout, dans cette étude, faire œuvre d'information, et rassembler à cet effet une documentation, dont les éléments, jusqu'ici, ne pouvaient se trouver qu'épars un peu partout ; quelques-uns étaient même d'un accès assez difficile pour tous ceux qui n'ont point été favorisés dans leurs recherches par des circonstances quelque peu exceptionnelles. Pour ce qui est des doctrines, si nous n'avons pas estimé utile, en raison de leur inconsistance trop évidente, de nous y arrêter plus longuement que nous ne l'avons fait, et si nous avons, là encore, donné surtout des citations, c'est que nous pensons, comme un autre de leurs adversaires, que « le moyen le plus sûr de les réfuter, c'est de les exposer brièvement en laissant parler les maîtres eux-mêmes »[468] ; et nous ajouterons que le meilleur moyen de combattre le théosophisme, c'est, à notre avis, d'exposer son histoire telle qu'elle est. Nous pouvons donc laisser au lecteur le soin d'en tirer lui-même toutes les conclusions qu'il n'est que trop facile de dégager, car nous en avons certainement dit assez pour que quiconque aura eu la patience de nous suivre jusqu'au bout soit en état de porter sur le théosophisme un jugement définitif. À tous ceux qui sont dépourvus de parti pris, le théosophisme apparaîtra probablement plutôt comme une mauvaise plaisanterie que comme une chose sérieuse ; mais, malheureusement, cette mauvaise plaisanterie, loin d'être inoffensive, a fait bien des victimes et continue à en faire de plus en plus (d'après Mme Besant, la Société Théosophique

---

[468] *La Nouvelle Théosophie*, par le P. de Grandmaison, p. 54.

proprement dite, sans parler de ses nombreuses organisations auxiliaires, comptait en 1913 vingt-cinq mille membres actifs)[469], et c'est là la raison principale qui nous a déterminé à entreprendre ce travail. Il faut dire aussi, d'ailleurs, que l'histoire de la Société Théosophique n'est pas dénuée d'intérêt en elle-même, car elle est assez instructive à divers égards ; elle soulève même bien des questions peu connues et que nous n'avons pu qu'indiquer en passant, parce que, pour les traiter d'une façon un peu approfondie, il aurait fallu entrer dans des considérations dépassant de beaucoup l'étendue et la portée du sujet que nous entendions traiter spécialement.

Notre exposé n'a pas la prétention d'être absolument complet sur tous les points ; mais, tel qu'il est, il est largement suffisant pour que les gens de bonne foi soient pleinement édifiés, et aussi pour que les théosophistes puissent se rendre compte que nous sommes très exactement informé de la plupart des particularités de leur histoire ; nous pouvons également les assurer que nous connaissons aussi bien qu'eux, et même mieux que beaucoup d'entre eux, le fond de leurs propres théories. Ils pourront donc se dispenser de rééditer contre nous le reproche d'« ignorance » qu'ils ont l'habitude d'adresser à leurs adversaires, car c'est à l'« ignorance » qu'ils attribuent généralement les attaques dont leur Société est l'objet, et, à la vérité, nous avons parfois constaté avec regret que certains avaient pu en effet donner prise à ce reproche, soit au point de vue historique, soit en ce qui concerne les théories. À ce propos, nous devons dire quelques mots d'une récente brochure intitulée *L'Église et la Théosophie*, reproduction

---

[469] *Le procès de Madras*, p. 41. – A cette époque, il existait des « Sociétés Théosophiques nationales » dans les pays suivants : Angleterre, Ecosse, France, Belgique, Pays-Bas, Scandinavie, Allemagne, Autriche, Bohême, Hongrie, Suisse, Italie, Russie, Finlande, États-Unis, Amérique Centrale, Inde, Australie, Nouvelle-Zélande, Afrique du Sud. L'espagne et l'Amérique du Sud possédaient des groupements moins importants ou moins organisés, dirigés par des « agents présidentiels ». – Il semble d'ailleurs que le nombre des théosophistes se soit encore accru considérablement depuis la guerre ; on prétend même qu'il atteindrait aujourd'hui cinquante mille, et, au récent Congrès de Paris, trente-trois nations étaient représentées.

d'une conférence faite par un théosophiste pour répondre à certaines attaques[470], et dans laquelle se trouve mentionnée incidemment, sans commentaires, une étude portant le même titre que le présent volume, mais beaucoup moins développée, que nous avons fait paraître dans la *Revue de Philosophie*[471], et qui, d'ailleurs, n'en était alors qu'au début de sa publication.

À l'adversaire qu'il vise spécialement, l'auteur de cette brochure reproche amèrement, entre autres choses, d'avoir exposé les doctrines de la réincarnation et du « karma » sans prononcer une seule fois le mot d'« évolution » ; cette réclamation est, selon nous, assez justifiée, et on ne pourra assurément en dire autant contre nous, puisque, bien loin de commettre un tel « oubli », nous avons au contraire présenté l'idée évolutionniste comme constituant le centre même de toute la doctrine théosophiste. C'est à cette idée qu'il convient de s'attaquer avant tout, car, si on en montre l'inanité, tout le reste s'écroule par là même ; c'est là une réfutation autrement efficace que celle qui consiste à développer, contre les théories du « karma » et de la réincarnation, des arguments de sentiment qui valent tout juste autant que ceux que les théosophistes présentent en faveur des mêmes théories. Naturellement, ce n'est pas ici que nous pouvions songer à entreprendre une critique détaillée de l'évolutionnisme ; mais nous avons voulu établir que cette critique, qui peut être faite assez facilement, est valable en particulier contre le théosophisme, parce que, au fond, celui-ci n'est qu'une des nombreuses formes qu'a revêtues l'évolutionnisme, point de départ de presque toutes les erreurs spécifiquement modernes, et dont le prestige à notre époque n'est fait que d'un monstrueux amas de préjugés.

---

[470] Conférence faite le 6 mars 1921, au siège de la Société Théosophique, par M. Georges Chevrier. – L'auteur est actuellement à la tête de la « section ésotérique » parisienne, ce qui donna quelque importance à ses déclarations.

[471] Janvier-février, mars-avril, mai-juin et juillet-août 1921.

Un autre reproche que nous rencontrons dans la même brochure est celui d'« une confusion quant à la nature des méthodes de connaissance auxquelles est attribuée la documentation théosophique ». Sans aller au fond de la question et sans rechercher si cette confusion était aussi grave qu'on veut bien le dire, nous ferons cette simple remarque : l'adversaire qui est en cause avait eu tout d'abord le tort d'attribuer aux théosophistes une « théorie de la connaissance », ce qui, en réalité, ne correspond pas du tout à leur point de vue, de sorte que la confusion qu'il avait commise était surtout, à ce qu'il nous semble, entre le point de vue propre du théosophisme et celui de la philosophie, plus précisément de la philosophie moderne ; et, certes, les théosophistes ont bien assez de sottises à leur actif pour qu'on ne vienne pas, par surcroît, leur prêter celles d'autrui ! À cette occasion, il est encore une observation que nous pensons nécessaire de faire ici : quelques-uns s'étonneront probablement que, dans tout le cours de notre exposé, nous n'ayons pas prononcé le mot de « panthéisme », et pourtant c'est à dessein que nous nous en sommes abstenu ; nous savons bien que les théosophistes, ou du moins certains d'entre eux, se déclarent eux-mêmes assez volontiers « panthéistes », mais ce terme prête à équivoque, et il a été appliqué indistinctement à tant de doctrines diverses qu'on finit quelquefois par ne plus savoir au juste de quoi l'on parle quand on l'emploie, et qu'il faudrait bien des précautions pour lui restituer un sens précis et écarter toute confusion. De plus, il est des gens pour qui ce seul mot de « panthéisme » semble tenir lieu de toute réfutation sérieuse : dès qu'ils ont, à tort ou à raison, donné cette dénomination à une doctrine quelconque, ils croient pouvoir se dispenser de tout autre examen ; ce sont là des procédés de discussion qui ne sauraient être les nôtres.

Il est, toujours dans la même réponse, un troisième point que nous ne pouvons, pour notre part, qu'enregistrer avec une grande satisfaction, car c'est un véritable aveu qui vient, d'une façon assez inattendue, corroborer notre propre manière d'envisager les choses : c'est, en effet, une protestation contre « une identification abusive de la Théosophie au Brâhmanisme et à l'Hindouïsme ». Les théosophistes n'ont pas toujours parlé ainsi, loin de là, et ils n'ont guère ici le droit de se plaindre, car ce sont eux les premiers auteurs responsables de cette « identification abusive », bien plus abusive encore qu'ils ne le proclament aujourd'hui ; s'ils en sont arrivés là, c'est que, au lieu de leur être avantageuse comme elle pouvait l'être au début, une telle identification est devenue fort gênante pour leur « Christianisme ésotérique », d'où une nouvelle contradiction à ajouter à toutes les autres. Sans prétendre donner de conseils à personne, nous pensons que tous les adversaires des théosophistes devraient en prendre bonne note pour éviter de commettre certaines fautes à l'avenir ; au lieu de prendre prétexte de leur critique du théosophisme pour insulter les Hindous, comme nous l'avons entendu faire, en caricaturant odieusement leurs doctrines qu'ils ne connaissent point, ils devraient, au contraire les regarder comme leurs alliés naturels dans cette lutte, car ils le sont effectivement et ne peuvent pas ne pas l'être : outre les raisons plus spéciales qu'ont les Hindous de détester profondément le théosophisme, celui-ci n'est pas plus acceptable pour eux que pour les Chrétiens (nous devrions plutôt dire pour les Catholiques, puisque le Protestantisme s'accommode de tout), et, d'une façon générale, pour tous ceux qui adhèrent à une doctrine ayant un caractère véritablement traditionnel.

Enfin, il y a un passage que nous tenons à citer, d'autant plus qu'il nous concerne en partie ; après avoir affirmé que le théosophisme « ne combat aucune religion » (nous avons montré ce qu'il faut en penser), le conférencier continue en ces termes : « C'est très joli, nous dira-t-on, mais il n'en est pas moins vrai que vous attaquez bel et bien la religion du seul fait que vous professez des idées contraires aux vérités qu'elle proclame. Mais, ce reproche, pourquoi ne l'adressez-vous pas à la science officielle et, tout spécialement, aux biologistes qui professent à la Faculté des Sciences des théories où le matérialisme trouve un total et définitif argument en faveur de sa thèse ?... Reconnaissez-vous donc à la Science des droits que vous refusez à la Théosophie, parce que, dans votre esprit, la Théosophie serait avant tout une religion, ou plutôt une pseudo-religion, comme l'écrit l'auteur dont j'ai signalé l'étude en cours de publication dans la *Revue de*

Philosophie ? C'est là une opinion à laquelle nous ne pouvons nous associer, et, bien que cherchant la vérité par d'autres méthodes que la Science moderne, nous sommes en droit de revendiquer le même privilège que le sien, celui de dire ce que nous croyons être la vérité »[472].

Nous ne savons ce que d'autres pourront ou voudront répondre à cela, mais, quant à nous, notre réponse sera des plus simples : nous ne professons pas le moindre respect à l'égard de la « Science moderne » et « officielle », de ses méthodes et de ses théories ; nous l'avons déjà montré ailleurs, et ce que nous disions tout à l'heure à propos de l'évolutionnisme en est encore une preuve. Nous ne reconnaissons donc à la science, non plus qu'à la philosophie, aucun droit de plus qu'au théosophisme, et nous sommes prêt à dénoncer tout aussi bien, le cas échéant, les fausses opinions des savants « officiels », à qui nous devons seulement reconnaître, en général, le mérite d'une certaine franchise qui fait trop souvent défaut aux théosophistes. Pour ceux d'entre ces derniers qui sont vraiment sincères, nous ne souhaitons rien tant que d'en éclairer le plus grand nombre possible, car nous savons qu'il est bien des personnes qui, entrées dans la Société Théosophique par simple curiosité ou par fantaisie de désœuvrés, ignorent tout de son histoire et presque tout de ses enseignements, et celles-là n'ont peut-être pas encore toutes subi la déformation mentale qui, à la longue, résulte inévitablement de la fréquentation d'un semblable milieu.

Nous n'ajouterons plus qu'un mot : si nous ne sommes pas de ceux qui aiment à parler « au nom de la Science » et qui mettent la « raison » au-dessus de tout, nous ne prétendons pas non plus le moins du monde parler « au nom de l'Église » ni nous n'aurions d'ailleurs aucune qualité pour le faire ; si quelques théosophistes se sont imaginé une chose de ce genre (et la conférence sur *L'Église et la Théosophie* paraît l'indiquer), qu'ils se détrompent. Du reste, nous ne pensons pas que même leurs contradicteurs ecclésiastiques aient jamais fait cela, ni qu'ils aient pu parler

---

[472] *L'Église et la Théosophie*, p. 8.

ou écrire autrement qu'en leur nom personnel ; l'Église, à notre connaissance, n'est intervenue qu'une seule fois pour condamner le théosophisme et déclarer formellement que « ses doctrines ne sont pas conciliables avec la foi catholique »[473]. En tout cas, pour notre part, l'attitude que nous avons prise à l'égard de ce que nous *savons* être l'erreur, et une erreur dangereuse pour la mentalité contemporaine, c'est en toute indépendance que nous l'avons adoptée ; nous ne nous associons à aucune campagne organisée, nous ne voulons pas même savoir s'il en existe, et nous nous permettons d'en douter quelque peu. Si les théosophistes veulent connaître les raisons de cette attitude qui est la nôtre, nous pouvons les assurer qu'il n'y en a point d'autre que celle-ci : c'est que, traduisant et appliquant mieux qu'ils ne le font la devise hindoue qu'ils se sont audacieusement appropriée, nous estimons qu'« il n'y a pas de droits supérieurs à ceux de la Vérité ».

---

[473] Décision de la Congrégation du Saint-Office, 19 juillet 1919 : *Acta Apostolicæ Sedis*, 1er août 1919, p. 317. – Cette décision a été commentée par le P. Giovanni Busnelli dans un article intitulé *Théosophie et Théologie*, publié dans la revue *Gregorianum*, janvier 1920, et dont une traduction française a paru dans la *Documentation Catholique*, 10-17 septembre 1921.

René Guénon

Déjà parus

OMNIA VERITAS

OMNIA VERITAS LTD PRÉSENTE :

**RENÉ GUÉNON
APERÇUS SUR
L'ÉSOTÉRISME CHRÉTIEN**

« Ce changement qui fit du Christianisme une religion au sens propre du mot et une forme traditionnelle... »

Les vérités d'ordre ésotérique, étaient hors de la portée du plus grand nombre...

OMNIA VERITAS

OMNIA VERITAS LTD PRÉSENTE :

**RENÉ GUÉNON
APERÇUS SUR L'ÉSOTÉRISME
ISLAMIQUE ET LE TAOÏSME**

« Dans l'Islamisme, la tradition est d'essence double, religieuse et métaphysique »

On les compare souvent à l'« écorce » et au « noyau » (el-qishr wa el-lobb)

OMNIA VERITAS

Omnia Veritas Ltd présente :

**RENÉ GUÉNON
APERÇUS
SUR
L'INITIATION**

«Nous nous étendons souvent sur les erreurs et les confusions qui sont commises au sujet de l'initiation...»

On se rend compte du degré de dégénérescence auquel en est arrivé l'Occident moderne...

OMNIA VERITAS

Omnia Veritas Ltd présente :

RENÉ GUÉNON
Autorité spirituelle et pouvoir temporel

« la distinction des castes constitue, dans l'espèce humaine, une véritable classification naturelle à laquelle doit correspondre la répartition des fonctions sociales »

L'égalité n'existe nulle part en réalité

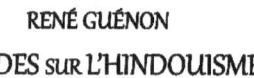

OMNIA VERITAS

Omnia Veritas Ltd présente :

RENÉ GUÉNON
ÉTUDES SUR L'HINDOUISME

« En considérant la contemplation et l'action comme complémentaires, on se place à un point de vue déjà plus profond et plus vrai »

... la double activité, intérieure et extérieure, d'un seul et même être

OMNIA VERITAS

Omnia Veritas Ltd présente :

RENÉ GUÉNON
INITIATION ET RÉALISATION SPIRITUELLE

« Sottise et ignorance peuvent en somme être réunies sous le nom commun d'incompréhension »

Le peuple est comme un « réservoir » d'où tout peut être tiré, le meilleur comme le pire

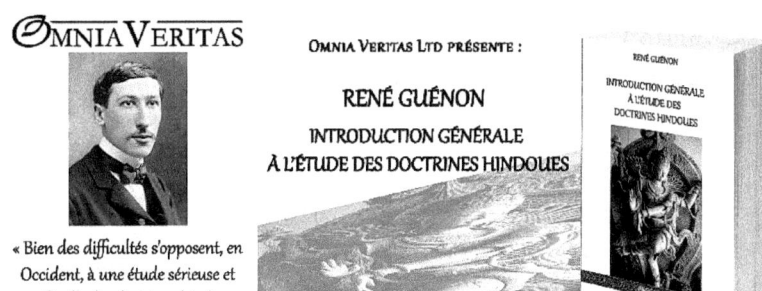

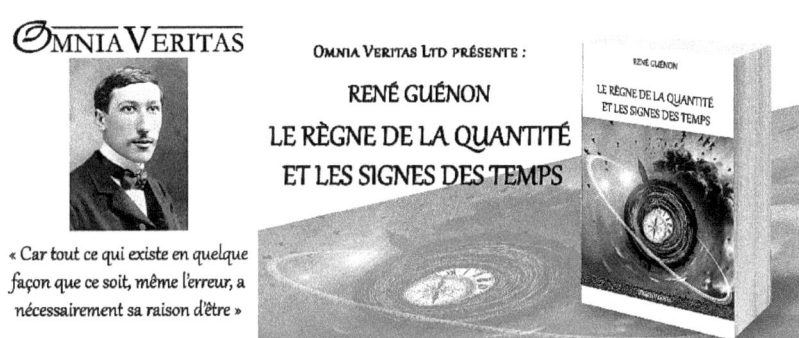

« Il y a, à notre époque, bien des « contrevérités », qu'il est bon de combattre... »

Parmi toutes les doctrines « néo-spiritualistes », le spiritisme est certainement la plus répandue

«La civilisation occidentale moderne apparaît dans l'histoire comme une véritable anomalie...»

... cette civilisation est la seule qui se soit développée dans un sens purement matériel

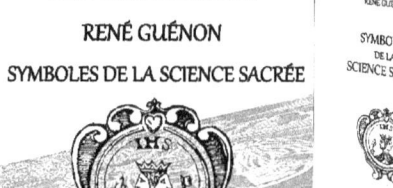

« Ce développement matériel a été accompagné d'une régression intellectuelle qu'il est fort incapable de compenser »

Qu'importe la vérité dans un monde dont les aspirations sont uniquement matérielles et sentimentales

www.ingramcontent.com/pod-product-compliance
Lightning Source LLC
Chambersburg PA
CBHW050131170426
43197CB00011B/1793